体育法前沿

FRONTIER OF SPORTS LAW

（第 4 卷）

田思源　姜世波◎主编

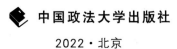
中国政法大学出版社

2022·北京

《体育法前沿》
编委会

卷首语：
新时代体育法学研究的使命与担当

田思源 *

体育法是一门新兴的法律学科，体育法学研究的后发优势使其得以迅速发展，与此同时，后发劣势所带来的研究基础浅、力量薄、创新弱的弊端也日益凸显，体育法学在重大学理问题和解决体育领域重点、难点、热点问题方面的研究还有待进一步加强。厚植基础、守正创新，将体育法学研究置于新时代之新的历史方位中，把握社会大变革的时代脉搏，积极为党和人民述学立论、建言献策，努力构建中国体育法学学科体系、学术体系和话语体系，为推动中国体育法治建设、健康中国建设和体育强国建设做出更多原创性学术贡献，是体育法学者的历史使命和责任担当。

提高政治站位，增强使命意识

习近平总书记指出，"法治和人治问题是人类政治文明史上的一个基本问题，也是各国在实现现代化过程中必须面对和解决的一个重大问题。综观世界近现代史，凡是顺利实现现代化的国家，没有一个不是较好解决了法治和人治问题的。"1999 年《宪法修正案》增加规定"中华人民共和国实行依法治国，建设社会

---

* 清华大学法学院教授、体育法研究中心主任、法学博士、博士生导师，中国法学会体育法学研究会常务副会长、学术委员会主任，北京市法学会体育法学与奥林匹克法律事务研究会会长。

主义法治国家。"这是新中国成立半个世纪以来我们党深刻认识到法治的作用，而就治国方略所作出的重大决策，从人治走向法治，翻开了我国民主与法治建设新的一页。全面依法治国是国家治理的一场深刻革命，是中国特色社会主义的本质要求和重要保障，必须把党的领导贯彻落实到依法治国全过程和各方面，坚定不移走中国特色社会主义法治道路。依法治体是体育治理体系和治理能力现代化的必由之路，当代中国体育法学研究应立足法治中国建设实践，深刻把握全面依法治国的政治方向，深刻领会习近平总书记关于体育的重要论述精神和习近平法治思想精髓，深刻认识体育是中华民族伟大复兴的标志性事业的重要意义，增强责任感、使命感，在百年未有之大变局中续写体育法治新篇章。

坚持人民的主体地位，"天地之大，黎元为先"

人民是国家的主人，人民当家作主是我国国家性质所决定的，人民立场是中国共产党的根本政治立场，是马克思主义政党区别于其他政党的显著标志，坚持以人民为中心，是习近平新时代中国特色社会主义思想和习近平法治思想的重要内容。坚持人民的主体地位，就要加强人权法治保障，保证人民依法享有广泛的体育权利和自由，就要着力解决好体育发展不平衡、不充分的问题，满足人民通过体育追求美好生活的新需求，实现"体育发展为了人民，体育发展依靠人民，体育发展成果由人民共享"的"共享发展"理念，形成"覆盖城乡、便捷高效、均等普惠"的体育公共服务体系，落实全民健身国家战略，不断提高人民健康水平。"天地之大，黎元为先"，体育法学者要树立为人民做学问的理想，坚守人民至上的真挚情怀，尊重人民主体地位，聚焦人民实践创造，自觉把个人学术追求同国家和民族发展紧紧联系在一起，努力做出经得起实践、人民、历史检验的研究成果。

立时代之潮头，发思想之先声

当代中国正处于风云激荡的深刻社会变革中，社会大变革时代为理论创造、学术繁荣提供了广阔的空间，这是一个需要理论和思想的时代，也是一定能够产生理论和思想的时代。每个时代都有其鲜明的时代主旋律和时代命题，体育法学研究既要有目标愿景，又要有问题意识，在历史和时代的大视野中，探寻体育法治运行的内在规律，增强体育法学研究的系统性、针对性、创造性。要聚焦时代课题，强化基础研究，注重实践创新，鼓励大胆探索，倡导说真话、讲道理，开展平等、健康、活泼和充分说理的学术争鸣，形成良好的学术氛围。学术为基、学风为要，要大力弘扬优良学风，推动形成崇尚精品、严谨治学、注重诚信、讲求责任的优良学风，营造风清气正、互学互鉴、积极向上的学术生态。要坚持真理，坚守底线，不忘初心，为时代发声，为人民立言，用我们的理论勇气和学术智慧，推动我国体育法学学术进步，推进我国体育法治理论创新发展。

目 录 CONTENTS

001　卷首语　新时代体育法学研究的使命与担当 _ 田思源

【特　稿】
003　大型体育赛事中的人权保护：缘起、实践与启示 _ 姜世波

【体育法治与体育法学】
027　2019 年体育法学热点话题及研究综述 _ 山东大学体育法治研究中心
051　中美体育法学研究的范式、材料和流派比较研究 _ 张耀文　吴伟彬

【体育法治与体育治理】
069　新冠肺炎疫情对体育赛事的影响：以不可抗力为视角 _ 朱文英　冯海玲
082　影响与应对：疫情下的职业体育政策检视 _ 姜　涛　康欣卓

【体育法治与体育产业】
107　我国体育用品质量治理模式转型研究 _ 李　健
124　论"中国国家队"联合市场开发的合法性 _ 乞雨宁

【体育法治与行业协会】

145　足球协会纪律处罚制度研究 _ 李　勇

165　陕西省跆拳道协会实体化改革与发展研究 _ 张思利　于　善　刘志云

【体育法治与奥林匹克】

179　从国际法看国际奥委会的法律地位和作用 _ 马福威

193　东京奥运会延期的合法性探析 _ 王睿康

【体育法治与反兴奋剂】

213　孙杨案引发的兴奋剂检查法律问题之探究 _ 吴　丹　率列夫　洪洁波

229　《世界反兴奋剂条例》可卡因违规处罚条款评析 _ 曾　惜

【学术动态】

251　择善而从

　　　——《美国职业体育法律问题研究》读后感 _ 梁　婧

258　2018 版《国际足联球员身份与转会规则》_ 董金鑫　译

276　2020 版《与体育有关的仲裁法典》_ 董金鑫　王彩凤　译

306　中国法学会体育法学研究会 2021 年学术年会综述 _ 晏　熙

大型体育赛事中的人权保护：
缘起、实践与启示

姜世波*

国际重大体育赛事（MSEs）比赛过程中展现出来的竞技体育精神和人文情怀，往往能够吸引全球广泛关注。对于 MSEs 的主办国而言，赛事的成功举办，可以使主办国（东道国）和主办城市向全世界展现一个积极的或者复兴的形象。因此，MSEs 的申办权成为近年来世界各国政府，尤其是处于经济转型期的国家竞相追逐的目标。但同时，随着近几年 MSEs 举办过程中人权风险的不断出现，如何处理好 MSEs 从申办到赛事运营全周期的商业和人权的关系，成为笼罩在国际体育管理机构和东道国政府头上的一片阴霾。国际体育管理机构、东道国政府以及赞助商们开始提出倡议，建议采取积极措施预防体育赛事中人权问题的发生，并且努力寻找针对发生在体育领域内人权侵害的救济途径。体育领域内的人权保护不再仅仅停滞在提出倡议、达成共识或者成功个案的阶段，它正在成为国际社会日益推动的全方位实践。这不能不引起像我们这样一个正在积极争取举办国际重大体育赛事的国度的重视。

一、体育与人权的联系由来已久

联合国前秘书长潘基文于 2016 年在纽约联合国总部举行的主题为"把举办大型体育赛事作为一种社会、经济和环境可持续发展工具的价值"的高级别会议上表示，举办 MSEs 有利于促进和平与人

---

* 山东大学（威海）法学院教授，博士生导师。

权，并说："奥运会等大型体育赛事在全球范围内的激励和凝聚作用是显而易见的，其影响力远远超越体育本身，并为促进联合国倡导的和平与人权等价值和目标提供了一个平台。"[1]体育运动在普及和推广人权方面发挥了不可忽视的作用，随着 MSEs 的兴起和发展，其所扮演的角色也越来越重要。

（一）早期体育运动对于人权事业的推进作用

1. 运动员对人权事业的推进

早在 20 世纪初期，就有运动员通过自己的行动阐释了在体育中尊重和保障人权的重要意义。在 1936 年柏林奥运会上，被誉为 "20 世纪最佳田径运动员" 且又被称为 "最卑微而又最伟大的运动员" 的杰西·欧文斯，顶着来自社会各界的歧视和巨大压力，以夺得四枚金牌的成绩成为该届奥运会的头号英雄。他的成功在当时虽然无法彻底改变人们的内心偏见，但对于非裔黑人来说仍是个令人振奋的消息，给他们带去了信心和动力。在 1968 年墨西哥城奥运会上，美国短跑运动员汤米·史密斯夺冠后和队友约翰·卡洛斯在颁奖仪式上做出了低头并且高举黑手套的动作，表示对种族歧视的抗议。这给他们的职业生涯带来了负面影响，国际奥委会认为他们的举动是把政治带入了体育，违反了《奥林匹克宪章》的原则，美国奥委会认为两人给美国带来了羞辱，他们在回国后受到了终生不得参加奥运会的惩罚。但这个举动所展现的是反对体育运动中种族歧视的态度，是世界民权运动的一个里程碑。这些运动员的努力，使人们重新开始审视体育中存在的种族歧视问题给体育运动带来的伤害。

2. 国际体育界对人权事业的推动

20 世纪中期以后，人权观念开始传播和普及，在运动员通过自己的行动争取人权的同时，国际体育界也开始将目光集中到体育运动中存在的人权问题上。

因种族隔离政策而对南非采取的抵制态度和惩罚行动最具代表

---

[1] 参见《联合国高级别会议讨论超大型体育赛事的可持续社会和经济 "遗产"》，载联合国官网：https://news.un.org/zh/story/2016/02/252042，最后访问日期：2019 年 3 月 24 日。

性。1970 年国际奥委会在阿姆斯特丹举行的第 70 届会议上取消了南非的会员资格；国际足联于 1976 年索韦托事件爆发后，在蒙特利尔大会上决定将南非彻底驱逐出国际足球大家庭；[2]体育领域内通过了《反对体育领域种族隔离的国际宣言》《反对体育领域种族隔离国际公约》等一系列抵制和制裁体育种族隔离行为的公约。在国际体育组织和国际社会的共同努力下，南非在全球体育领域遭到孤立。直到 1992 年，随着南非有关种族隔离的法律和政策的废除，南非才逐步得到国际体育联合会和国际奥委会的重新认可和接纳。

争取男女平等是人权发展的重要任务，国际社会在消除体育领域内的性别歧视方面取得了不可磨灭的成绩。古代奥运会一直禁止女性参赛，甚至不允许女性观赛，违者可能被判死刑，直到 1900 年巴黎奥运会，奥运赛场才出现女性运动员的身影。[3]奥林匹克主义的基本原则鼓励在所有层面和所有结构中促进妇女参与体育，国际奥委会为保障女性运动员的权利，于 1924 年通过决议承认了女性运动员的合法地位。1924 年，女性仅占参赛者的 4.3%，到2021 年东京奥运会，这个比例达到 48%，而伦敦奥运会则实现了所有国家女性均参与奥运会的伟大成就。[4]国际足联为保障妇女能够参与足球运动，已经允许女球员戴头巾参加比赛，并将逐步加大女足比赛的宣传和转播力度，逐渐缩小女足与男足之间的差距。[5]

国际社会一直致力于对弱势群体和特殊群体的保护工作。联合

---

〔2〕　"South Africa National Football Team", available at http://cncc. bingj. com/cache. aspx? q = South + African + National + Football + Team&d = 4796922007782182&mkt = en - US&setlang = en-US&w = 61A-tRcKgBmFYyK0wJd4YYCdTdB6pDA, accessed to 2019-3-26.

〔3〕　参见《体育黑历史：女性参加奥运会曾可能被判处死刑》，载新浪体育：http://2016. sina. com. cn/brazil/2016-08-10/doc-ifxuxnai9823323. shtml，最后访问日期：2019 年 3 月 26 日。

〔4〕　"Report of the 2018 Social Forum", available at https://www. ohchr. org/Documents/Issues/Poverty/2018SF/2019Report2018SocialForum_ CH. pdf, accessed to 2019-3-28.

〔5〕　"Fifa Activity Update On Human Rights"，载国际足联官网：https://resources. fifa. com/mm/document/affederation/footballgovernance/02/89/33/21/. activityupdate_ humanrights_ may2017_neutral. pdf，最后访问日期：2019 年 3 月 27 日。

国在 20 世纪中后期通过的《残疾人权利宣言》《关于难民地位的公约》《土著和部落人民公约》等一系列公约，以国际条约的形式保障弱势与特殊群体的权利和地位。目前，全世界已有奥林匹克残奥会、世界土著人运动会等专门针对特殊群体的运动赛事，难民也开始以难民奥林匹克运动员代表队的身份参加到奥林匹克盛会当中。

（二）体育权在当代已经发展成为一项新型基本人权[6]

体育权是一项基本人权，在国际社会已经逐步得到承认并达成共识，且被表述于一系列的国际人权文件中，如《世界人权宣言》第 22 条（每个人，作为社会的一员，有权享受社会保障，并有权享受他的个人尊严和人格的自由发展所必需的经济、社会和文化方面各种权利的实现）、第 24 条（人人享有休息和闲暇的权利）和第 27 条（人人有权自由参加社会的文化生活，享受艺术，并分享科学进步及其产生的福利）。虽没有明确提及体育权利，但体育却隐含于教育、文化生活、休闲娱乐的表述中。20 世纪 70 年代，体育权开始以明确的概念出现在国际人权文件中，代表是 1975 年欧洲国家成立的政府间体育和运动委员会制定的《欧洲大众体育宪章》，以及 1978 年联合国教科文组织通过的《国际体育教育、体育活动与体育运动宪章》，该宪章的第 1 条便提到了从事体育训练和体育运动是所有人的一项基本权利。现行《奥林匹克宪章》在 1996 年明确将"从事体育运动是一项人权"写入其中。

二、通过重大体育赛事全面促进人权的缘起：卡塔尔世界杯筹办期间暴露的人权危机

举办 MSEs 给主办国带来的好处显而易见，但其中存在的人权问题也随着世界对 MSEs 关注度的提升而浮出水面，除少数成功个案外，违反国际劳工标准或者侵犯人权的事件在 MSEs 中仍时有发生。2018 年俄罗斯世界杯在虐待劳工、种族主义等人权问题的讨论中落

---

[6]　参见姜世波：《论体育权作为一种新型人权》，载《武汉体育学院学报》2018 年第 4 期，第 44~50 页。

下帷幕，即将在卡塔尔举办的 2022 年世界杯也频频被曝出问题，这让国际体育管理机构和人权倡导者的目光集中到了这个争议颇多的 2022 年世界杯主办国身上。

"把世界杯放在北极举行，都比在卡塔尔要好上一万倍"，是卡塔尔取得 2022 年世界杯主办权时英媒记者的言论，当时人们认为这是英媒惯有的严厉和苛刻。[7]但随着新闻曝出卡塔尔为获得世界杯主办权而贿买选票的丑闻，[8]国际足联考虑到卡塔尔所处地理位置而导致的夏季高温，宣布将赛事调整到冬季举办，[9]以及曝出的卡塔尔侵犯外籍劳工人权的问题，这一切使国际社会开始质疑国际足联的决定是否妥当。

为举办这届世界杯，卡塔尔政府投入的预算高达惊人的 620 亿英镑，并招募了 50 多万名外籍劳工投入世界杯基础设施的建设工程，这些劳工多来自北非、中亚和东南亚等地区，其中尼泊尔人大约占 1/6。[10]在高额的预算投入和庞大的建设工程背后，却有新闻曝出卡塔尔在建设施工过程中，存在着拖欠工资、强迫外籍劳工进行高度危险作业等剥削劳工和强迫劳动的问题，甚至有上千名来自尼泊尔、印度和孟加拉等国的移民建筑工人死亡，这个数字在世界杯落幕时有可能达到上万，造成死亡的主要原因是高温下的连续工作和恶劣的生存环境导致的心力衰竭与脱水。卡塔尔政府遭到批评的另一个方面是，卡塔尔对于外籍劳工加入公会的禁止和限制以及卡法拉赞助体系的运作，导致外籍劳工在得不到雇主许可的情况下

---

〔7〕　参见《卡塔尔世界杯奴隶制赶工曝光，预计死 4000 人！中国名记却赞史上最佳》，载网易体育：http://sports. 163. com/18/0821/07/DPNE8HEN00058781. html，最后访问日期：2019 年 3 月 28 日。

〔8〕　参见王宏：《2022 年卡塔尔世界杯举办权贿选风波》，载《法律与生活》2014 年第 15 期，第 42~43 页。

〔9〕　"2022 FIFA World Cup to Be Played in November/December"，载国际足联官网：https://www. fifa. com/worldcup/news/2022 - fifa - world - cup - to - be - played - in - november-december-2568172，最后访问日期：2019 年 4 月 1 日。

〔10〕　"Qatar under pressure over migrant labour abuse"，available at https://www. the-guardian. com/global - development/2013/sep/26/qatar - migrant - labour - abuse，accessed to 2019-4-1.

无法离开该国，其人身、言论、集会自由受到了极大限制。[11]

在全球的持续关注下，世界杯组委会要求卡塔尔采取措施制止正在发生的人权损害行为，并将针对在卡塔尔发生的问题进行调查。迫于世界杯组委会的要求和社会的舆论批评，卡塔尔政府承诺将对卡法拉赞助体系进行改革，制定相关的福利标准和法律来保护移民工人的权益。[12]但人权倡导者对其承诺的诚意表示怀疑，国际劳工组织指出该承诺只是为了敷衍世界杯组委会和国际社会的谴责，而实际上，集体谈判权、结社自由和最低工资标准等关键问题在该承诺中并未被提及。

可以看出，即便卡塔尔政府做出承诺并制定改良措施，仍难以得到人们的信任。卡塔尔世界杯筹办过程中暴露出的人权危机，使MSEs所面临的合法性危机到达了一个临界点，国际社会对其存在的人权问题的关注和态度，直接影响到MSEs能否继续保持这种强大发展的势头和动力。如何使人们重拾并建立对MSEs中人权保护的信心和期待，如何在已出现的良好做法的基础上将成功的经验和实践延续下去，是国际体育管理机构、各国政府和相关赞助商需要考虑和解决的重要问题。

三、国际大型体育赛事中的人权风险日益受到关注

巴西在世界杯期间爆发了大规模的抗议热潮，罢工和抗议的队伍中出现了教师、宪兵和联邦警察等群体，黑客甚至攻击了巴西世界杯组委会的官方网站，声称"没有权利就没有世界杯"；[13]俄罗

---

〔11〕 参见文温莎：《卡塔尔世界杯建设中的奴役生活》，载《科学大观园》2014年第20期，第39~40页。

〔12〕 "Building a Better World Cup—Protecting Migrant Workers in Qatar Ahead of FIFA 2022", available at http://cncc. bingj. com/cache. aspx? q=Building+a+Better+World+Cup+%e2%80%93+Protecting+Migrant+Workers+in+Qatar+Ahead+of+FIFA+2022&d=48083 29436332580&mkt=en-US&setlang=en-US&w=tJEEnBoQ7G6KkxWAKNvj3zeJF59 uYbmi, accessed to 2019-4-1.

〔13〕 参见《巴西世界杯临近抗议事件频发 主场馆曝安全问题或停建》，载搜狐滚动新闻：http://roll. sohu. com/20140516/n399666833. shtml，最后访问日期：2019 年 4 月 1 日。

斯索契冬奥会和 2018 年俄罗斯世界杯存在严重的歧视现象；卡塔尔世界杯筹办阶段被曝出种族歧视和虐待劳工的问题。围绕着这些有关人权的争议和讨论，人们意识到，如同其他大型商业活动一样，MSEs 中也存在相似的人权风险和危机。2014 年 10 月至 2015 年 11 月，奥斯陆、波士顿和汉堡相继退出了奥运会的申办竞争，反映出人民和政府对于 MSEs 的合法性存在的担忧。想要使 MSEs 重新赢得人民和政府的信任，首先需要对其整个举办周期中存在的人权风险和危机进行剖析和解读，才能进一步确定最佳解决方案和措施。

（一）基础设施用地的征收、居民强迫驱逐和重新安置问题

MSEs 的基础设施建设的土地需求和收购是主办方面临的重要问题，这可能导致大量原始住民面临搬迁、无处可居甚至被强迫驱逐的命运。近几届 MSEs 几乎都有政府在没有按照国际人权标准进行充分协商或者给予适当补偿的情况下，使用武力从社区和当地企业手中夺取土地的问题。

2010 年新德里英联邦运动会期间，大约有 3.5 万个家庭因新德里公共土地征用而移出原居住地；南非世界杯举办前夕，有将近 2 万名居民从开普敦的非正式定居点移至城市边缘的贫困地区。[14]巴西世界杯开幕式前夕，5000 多名"无家可归工人运动"（MTST）的成员在圣保罗体育场前罢工抗议，原因是基础设施的征地导致将近 2000 户家庭被驱逐出贫民窟，[15]还有部分当地居民因房租的提高被迫搬离征地地区，据统计，在巴西共有近 25 万人收到了来自政府的逐客令。[16]

---

〔14〕 "Fair Play for Housing Rights, Mega Events, Olympic Games and Housing Rights", available at http://www. sportdevelopment. org. uk/index. php/subjects/62/524, accessed to 2019-4-2.

〔15〕 Adam Talbot, Thomas F. Carter, "Human Rights Abuses at the Rio 2016 Olympics Activism and the Media", *Leisure Studies*, 2018（1）, pp. 77-88.

〔16〕 "A Practical Guide to Designing, Planning, and Executing Citywide Slum Upgrading Programmes", available at https://www. ohchr. org/_ layouts/15/WopiFrame. aspx? sourcedoc =/Documents/Issues/Housing/InformalSettlements/UNHABITAT_A_PracticalGuideto DesigningPlaningandExecutingCitywideSlum. pdf&action=default&DefaultItemOpen=1, accessed to 2019-4-2.

征地计划、重新安置和补偿方案得不到充分和明确的考虑，就会成为 MSEs 举办周期早期一个潜伏的人权危机。如何适当地规划和解决重新安置、损害补偿的问题是摆在 MSEs 主办方面前的一个难题。

（二）基础设施建设过程中出现的强迫劳动、剥削工人和恶劣的生存工作条件问题

MSEs 比赛场馆的建设有严格的时间限制，要在尽可能短的时间内完成基础设施建设，尽可能地节约成本，所以可能出现强迫劳动和剥削劳工的问题，并且和全球建筑行业所处的困境一样，恶劣的以及缺乏安全保障措施的生存和工作环境造成的人员伤亡，也是 MSEs 面对的重大挑战。

俄罗斯世界杯期间，俄罗斯联邦政府为加快比赛用馆的建设进程，导致至少 17 名工人死亡，还有一些工人被拖欠工资和强迫劳动，工人在数座场馆组织多次罢工，抗议侵犯劳工权利的问题。在被称为"朝鲜人的血汗工厂"的圣彼得堡体育场的建设过程中，至少有 190 名朝鲜工人在零下 25 摄氏度的低温环境下工作。[17]这种现象同样发生在卡塔尔世界杯的筹办阶段，差别在于工作环境从极寒变成了酷暑。

这些问题被归结于不公平的分包商雇佣制度和不完善的人权保障救济体系，分包工人通常不知道自己被谁雇佣，为谁工作，发生侵害时不知如何得到救济。从俄罗斯世界杯到东京奥运会、残奥会和卡塔尔世界杯，或多或少都存在这样的问题。体育场馆和配套基础设施的建设是 MSEs 中强迫劳动和剥削劳工的高风险环节，制定良好的制度和缓解战略至关重要。

（三）安保和警务执行中的人权侵害问题

近几年 MSEs 中发生的恐怖袭击事件，使组织者和主办国在反恐方面投入了更多精力，但这在某些时候也成为政府限制言论自由、集会自由的借口，主要表现为对言论自由和集会自由的不适当限制、

---

〔17〕 "Russia/FIFA: Workers Exploited on World Cup 2018 Stadiums", available at https://www.ecoi.net/en/document/1401871.html, accessed to 2019-4-2.

武力镇压抗议等，这些情况在巴西接连承办的几届 MSEs 中或多或少都存在。

巴西世界杯中，在阿根廷与德国的比赛开战前，里约热内卢警方出动骑警镇压了由 300 多名抗议者发起的反世界杯游行活动，在镇压过程中警方全副武装并使用了催泪弹，造成数百人受伤，同时还有数百人被指控参与有组织犯罪而遭到围捕或任意拘留。[18]类似的案例还有很多，大多是警方使用不必要或者过度的武力驱散了和平的抗议活动。

巴西在申办 2016 年奥运会时承诺要为国家和人民创造更好的安全条件，为履行承诺，在奥运会期间，巴西的大部分安全部队被部署在里约热内卢，造就了一座高度军事化的城市，但相关问题仍然存在，数据显示，2016 年 4 月到 6 月期间与 2015 年同期相比，里约热内卢市被警察杀害的人数增加了 103%。[19]

是否能够提供和保证有效的警务、监督、控制和场馆安全，是否能够处理好维稳与警务执行过程中人权保护的微妙关系，是 MSEs 是否成功举办的一个重要评价标准，明确与规范警务执行的权力范围与合法性、合理性依据是解决这一问题的关键。

（四）MSEs 中存在的歧视问题

目前国际体育组织在努力提高女性参与体育运动的比例，扩大女性能够参与的比赛范围，但对女子项目的关注度和宣传力度仍明显低于男子项目，媒体在宣传和介绍女性运动员的新闻中仍存在使用攻击性和贬低性词句的现象。同时，虽然 MSEs 在消灭体育领域的同性恋歧视方面做了不懈努力，但人权活动者调查发现，150 多个国家的同性恋运动员有为了入选各自国家的奥运代表队而被迫隐藏性

---

〔18〕　参见《巴西警方使用催泪弹驱散反世界杯抗议者》，载中国日报网：https://world.chinadaily.com.cn/2014-07/14/content_17765224.htm，最后访问日期：2019 年 4 月 3 日。

〔19〕　"Rio Favelas Fear Police More Than Drug Traffickers: Survey", available at https://www.insightcrime.org/news/brief/rio-brazil-favelas-fear-police-more-than-drug-traffickers-survey/, accessed to 2019-4-4.

取向的经历。[20]因歧视问题，俄罗斯承办的近几届 MSEs 都受到了不少谴责。

在赢得 2018 年世界杯举办权后仅四天，俄罗斯族的球迷和来自北高加索地区的球迷发生冲突并导致一人死亡，但之后本该是悼念受害者的追悼会却变成了民族主义者宣传民族主义倾向的集会；在俄罗斯从事职业足球运动的克里斯托弗·桑巴等几名黑人球员，因对球迷的种族歧视和侮辱进行回应，而受到了来自俄罗斯足协的禁赛和罚金惩罚。[21]

在索契冬奥会开幕式前夕，同性恋维权人士因俄罗斯政府接连通过多项反同性恋法案而呼吁抵制索契冬奥会。2017 年俄罗斯有超过百名男子因性向而遭到暴力袭击，其中至少有 3 人死亡，而外国同性恋人士在俄罗斯也成为警察打击的对象，比如 7 月 21 日在摩尔曼斯克，有 4 名荷兰人被警方以同性恋言行为理由拘捕。[22]同性恋在卡塔尔同样非法，这使人们对卡塔尔世界杯期间同性恋球员和球迷可能遭受的待遇表示担忧。最近摩洛哥宣布将申办 2026 年世界杯，但由于摩洛哥早年通过了禁止同性恋的法律，国际足联表示，摩洛哥想要承办世界杯就必须采取措施或者废除同性恋方面的刑罚条例。[23]

（五）与 MSEs 赞助商和商业伙伴有关的人权问题

MSEs 的主办国政府为得到足够的经济支持确保赛事顺利进行，会寻求赞助商作为官方赞助或建立商业合作关系。随着官方赞助商和商业伙伴作用的日益增强，国际社会和人权倡导者开始关注与赞

---

[20] Lucy Amis, "Striving for Excellence: Mega-Sporting Events and Human Rights", available at https://www. ihrb. org/uploads/reports/2013-10-21_ IHRB_ Mega-Sporting-Events-Paper_ Web. pdf, accessed to 2019-4-4.

[21] 参见《世界杯在即 细数俄罗斯球坛的种族主义》，载界面新闻：https://www. jiemian. com/article/2168667. html，最后访问日期：2019 年 4 月 4 日。

[22] "Why Russia's Sochi Olympics are Now a Battleground for Gay Rights", available at https://edition. cnn. com/2013/08/10/world/europe/russia-gay-rights-controversy/index. html, accessed to 2019-4-4.

[23] 参见《摩洛哥申办 2026 世界杯 禁止同性恋法律成拦路石》，载搜狐：http://www. sohu. com/a/228802448_461392，最后访问日期：2019 年 4 月 5 日。

助商有关的人权问题，主要集中于为品牌维护而实施的对言论自由和贸易自由的限制，以及在供应链中存在的剥削劳工、雇佣童工、性别歧视等问题。

MSEs 的官方赞助商一般以提供经济支持或实物援助为条件，从赛事主办国获得销售产品的独家权利，国际体育机构会要求主办国政府制定相关制度或者法律，对其他经营者的贸易自由和言论自由加以限制，以保护赞助商的品牌权利，避免其遭受"伏击营销"。南非世界杯前夕，警察对约翰内斯堡地区的街头小贩进行驱逐，迫使其离开贸易区导致失去生计，在这一过程中，10 人被橡皮子弹击中并受伤。温哥华冬奥会和伦敦奥运会之前，两国政府根据奥运会主办合同制定法规，限制在场馆附近未经授权贩卖商品或摆设自动售货机。商贩的小规模贸易活动实际上并不可能给赞助商造成大的经济损失，但由于其对品牌的维护，却使很多当地居民失去生计，言论自由也受到了限制。[24]

为降低成本，提高收益，赞助商在全球范围内采购商品和原材料、生产相关赛事产品时，必将把目光投向劳动者价格低且权利保护力度较弱的地区，这时产品生产和供应过程中的人权风险也会随之提高。在东南亚国家为伦敦奥运会提供品牌球衣的工厂中，合同工被拒绝签订书面合同、恐吓工会成员、性骚扰的案例有很多；[25] 巴基斯坦雇佣童工制造足球的行为曾引起全球范围的抵制，即便各体育用品赞助商为保持良好的声誉和信誉，时常对生产制造环节进行抽查和监督，但雇佣童工的行为仍屡禁不止；[26] 巴西政府长期致力于

〔24〕 "Sponsors and Human Rights in the Sports Context Sporting Chance White Paper 3. 1", available at https://www. ihrb. org/uploads/reports/MSE_Platform%2C_Sponsors_and_Human_Rights_in_the_Sports_Context%2C_Jan._2017. pdf, accessed to 2019-4-6.

〔25〕 "Exposed: The reality behind London's 'ethical' Olympics", available at http://cncc. bingj. com/cache. aspx? q = + http% 3a% 2f% 2fwww. independent. co. uk% 2fnews% 2fworld% 2fasia% 2fexposed&d = 5020908764596164&mkt = en－US&setlang = en－US&w = dFHlPOFwMoHrPtHly07CsNiNU6nE2bPu, accessed to 2019-4-7.

〔26〕 参见《德媒曝"世界足球制造之都"巴基斯坦童工悲惨命运》，载网易新闻：http://discovery. 163. com/10/0319/09/624M0RMC000125LI_all. html，最后访问日期：2019 年 4 月 7 日。

禁用童工的工作，并取得了明显的成绩，但有报道称，巴西世界杯期间，巴西童工的数量有所回升，他们主要从事家庭清扫服务方面的工作。[27]

（六）申诉、援助和救济制度不完善、不健全

事后救济不能取代良好的计划和预防措施，但危机发生后能够获得及时、适当的救济仍然至关重要。

争端解决机制在国际体育领域发展得已经较为成熟且系统，但其设立不是为了专门解决 MSEs 中可能引发的所有与人权有关的问题，国际体育组织对于人权争端解决缺乏全面且系统的规划。按照《奥林匹克宪章》第六章的规定，须排他地由总部设在瑞士洛桑的国际体育仲裁法庭（Court of Arbitration for Sport，CAS）来裁决争议，虽然奥委会没有明令禁止运动员通过其他司法途径寻求法律保护，但对于其他途径作出的人权判决，奥委会一般采取较为消极的态度，这就间接排除了运动员选择通过其他司法途径解决人权纠纷。国际足联同样承认 CAS 的管辖，禁止将有关足球的纠纷诉诸普通法院，尽管《国际足联章程》补充了禁止合法索赔的正式例外，但实践中该禁止规定更像是一条铁律约束着球员的申诉选择。2015 年加拿大女足世界杯期间，几名球员向安大略省人权法庭提出申诉，理由是在比赛中受到了不同程度的性别歧视，虽然没有被阻止进入公共法庭，但后来她们受到了禁赛或禁止参加世界杯的威胁。[28]

同时，目前主要的国际体育组织尚缺乏常设的和具有约束力的人权制度，尽管他们有能力通过体育申诉机制保护、促进和执行人权制度，但这种常规机制尚未建立，致使即便制定了积极的法律法规，其执行在很大程度上仍依赖于规则当事方的自我约束和自我监管，导致有积极作用的文件仅仅停留在呼吁、倡导和口头允诺的层

---

〔27〕 参见《巴西童工问题日趋严重 世界杯期间"劳动"受关注》，载中华网：http://news.china.com.cn/world/2013-12/05/content_30807300.htm，最后访问日期：2019 年 4 月 7 日。

〔28〕 参见《美国女足国家队起诉美国足协性别歧视》，载大众生活网：http://www.dzshbw.com/news/2019/tiyu_0311/190677.html，最后访问日期：2019 年 4 月 8 日。

面，难以达到实质意义上的效果。

四、MSEs 人权促进的成功实践与努力

MSEs 在保护和促进人权方面并不是没有成功的案例，比如伦敦奥运会便有很多值得学习借鉴的地方，但在伦敦得到的成功经验，并没有传递到下一个 MSEs 的主办国。由于与人权有关的知识共享很少，这种经验在欠发达国家和转型国家中尤其难以传递，同样的人权挑战仍然反复不断地出现于 MSEs 的整个举办周期。

人们开始认识到，如何在已有的良好做法的基础上，制定更有效的战略和机制并将其延续，使社会和人民重建对体育的信任，是现阶段的重要任务，这个宏伟畅想的实现，与参与者的能力、合作意愿以及价值观念有着重要关联。近年来，国际体育社会开始积极应对人权问题，并且已经出现不少好的做法和成功实践。

（一）国际体育管理机构的努力

为符合新兴的国际人权标准，满足各方利益相关者的人权期望，国际奥委会、国际足联和其他国际体育管理机构，开始考虑国际社会要求改革候选城市的投标要求、主办城市协议的呼声。

国际足联以《国际足联章程》第 3 条 "国际足联致力于尊重所有国际公认的人权，并将努力促进对这些权利的保护" 为指导，在 2016 年初确定将人权纳入 2026 年世界杯的申办标准。根据修改后的申办规则，所有申办者在举行与 MSEs 有关的活动时应尊重国际公认的人权标准和要求。国际奥委会做出了对人权问题的原则性承诺，确定了 MSEs 需要为整个体育行业、各个主办国以及全世界留下持久的、积极的人权遗产的发展思路与目标，新的 2024 年、2028 年夏季奥运会和 2026 年冬季奥运会主办城市合同现将人权条款作为核心内容，通过签署合同，主办城市、国家奥委会和当地组委会做出承诺："保护和尊重人权，确保任何侵犯人权的行为能够以符合适用于东道国的国际协议、法律法规的方式，符合国际人权标准和原则，包括《联合国工商业与人权指导原则》的方式获得

救济"。[29]

近几年，国际奥委会和国际足联与联合国机构建立起战略联盟，致力于保护体育运动中弱势群体的人权，目前与联合国人权高专办、联合国儿童基金会、国际劳工组织和联合国难民事务高专办的合作效果显著。[30]为处理足球领域的种族主义问题，国际足联专门建立了新的反种族主义工作组，并在 2018 年世界杯预选赛中引入新的反歧视监控系统，以监测和报告比赛中可能存在的歧视问题。[31]

（二）主办国政府的成功实践

在不同的国家举办 MSEs，各主办国可能会面临不同的人权问题，各国政府采取的预防和救济措施以及成功的实践经验，值得我们学习借鉴。

在成功申办 2010 年冬奥会和残奥会后，温哥华便积极推动原住民参与奥运会的工作，与当地的土著民族签订了正式协议，承认其正式合作伙伴的身份，并承诺保障原住民参与到奥运会各个方面，这给当地的土著居民带来了将近 6000 万加元的商业机会。[32]基于温哥华冬奥会组委会的成功实践，国际奥委会开始承认土著居民作为奥运会合作伙伴的身份。

为了抑制足球比赛中因种族歧视和民族歧视而发生的球迷间以及球迷与球员间的暴力事件，危地马拉政府制定了"90-0"方案和"周五 24-0"方案，分别意指"90 分钟零暴力"和"24 小时零暴力死亡"，旨在于人权框架内创造有利于消除歧视、和平共处

---

〔29〕 "The Court of Arbitration for Sport: Where Do Human Rights Stand?", available at https://www.ihrb.org/focus-areas/mega-sporting-events/the-court-of-arbitration-for-sport-where-do-human-rights-stand, accessed to 2019-5-21.

〔30〕 参见《国际足联和联合国：12 年的富有成效的合作》，载国际足联官网：https://www.fifa.com/sustainability/news/y=2011/m=1/news=fifa-and-the-years-fruitful-collaboration-1371013.html，最后访问日期：2019 年 4 月 9 日。

〔31〕 参见《2018 年 FIFA 世界杯预选赛将引入歧视监控》，载国际足联官网：https://www.fifa.com/sustainability/news/y=2015/m=5/news=discrimination-monitoring-to-be-introduced-at-2018-fifa-world-cuptm-qu-2604235.html，最后访问日期：2019 年 4 月 10 日。

〔32〕 参见《加拿大原住民参与 2010 年冬季奥运会及残奥会》，载搜狐新闻：http://news.sohu.com/20080319/n255798899.shtml，最后访问日期：2019 年 4 月 10 日。

的环境。[33]

英国政府在保障和促进体育领域内的人权发展方面走在世界前列。伦敦奥运会以零死亡率完成了基础设施的建设，超过建筑行业健康和安全表现的平均水平；伦敦奥组委制定的可持续采购准则，将"道德贸易倡议"的基本准则纳入其中，限制赞助商在供应链中的采购行为以保护劳工的权益；[34]作为对可持续采购准则的补充，伦敦奥组委建立了较为健全的投诉和争议解决机制，为潜在的受害者提供救济。[35]

为消除国际社会对俄罗斯出现的歧视现象的担忧，俄罗斯联邦政府建立了反歧视监测系统，对世界杯期间出现的歧视行为进行监察并予以惩治。[36]俄罗斯世界杯组委会面向球迷、新闻记者和人权活动者等群体，组织召开了提高反歧视认识的研讨会，并在大学课程中加入了反歧视的内容。这些行动使歧视事件的数量得到了有效控制，并且对俄罗斯反歧视事业有着不可磨灭的影响。[37]

东京奥组委为成功举办 2021 年东京奥运会，组织了一系列人权尽职调查研讨会，从往届赛事的人权侵害事件中总结经验，分析商业活动可能对人权造成的实际或潜在的不利影响，制定了《2020 年

---

[33]　参见《联合国人权理事会第三世界会议议程项目 3 和项目 5》，载联合国人权理事会：https://www. ohchr. org/EN/HRBodies/HRC/RegularSessions/Session30/_ layouts/15/WopiFrame. aspx？sourcedoc =/EN/HRBodies/HRC/RegularSessions/Session30/Documents/A_ HRC_ 30_ 50_ ENG -. docx&action = default&DefaultItemOpen = 1，最后访问日期：2019 年 4 月 1 日。

[34]　"Human Rights Risk Mitigation in the Sports Context - Human Trafficking and Forced Labour Security and Policing–Sporting Chance White Paper 2. 3"，available at https://www. ihrb. org/uploads/reports/MSE_ Platform%2C_ Human_ Rights_ Risk_ Mitigation_in_ the_ Sports_ Context%2C_ Jan_ 2017. pdf，accessed to 2019-4-11.

[35]　"Remedy Mechanisms for Human Rights in the Sports Context - Sporting Chance White Paper 2. 4"，available at https://www. ihrb. org/uploads/reports/MSE_ Platform%2C_ Remedy_ Mechanisms_ for_ Human_ Rights_ in_ the_ Sports_ Context%2C_ Jan-2017. pdf，accessed to 2019-4-11.

[36]　参见《俄罗斯世界杯反歧视有新招》，载中青在线：http://news. cyol. com/yuanchuang/2018-06/08/content_17273829. htm，最后访问日期：2019 年 4 月 12 日。

[37]　"Report of the 2018 Social Forum"，available at https://www. ohchr. org/Documents/Issues/Poverty/2018SF/2019Report2018SocialForum_ CH. pdf，accessed to 2019-4-13.

可持续发展计划》，涉及整个供应链中的人权、劳工和正当商业行为等方面，并承诺奥运会的筹办将参考《联合国工商业与人权指导原则》，避免供应链采购阶段人权侵害事件的发生。[38]

（三）国际社会的努力

仅仅依靠国际体育机构和主办国政府，难以彻底消除体育赛事中存在的人权问题，很少有体育赛事的成功举办是独立完成的，与国际社会和人权组织的合作至关重要。

代表全球范围内 100 多个体育联合会、155 个国家商业联合会、1.8 亿名工人和 1 万多名运动员的人权的大型体育赛事会议，于 2015 年在英国威尔顿公园举办。与会者讨论了全球体育持续面临的人权挑战，指出需要采取更有效的合作战略，防止、减轻和纠正与MSEs 整个举办周期相关的人权侵害行为，确定了相关的长期解决方案，提出建立一个永久性学习中心的倡议，该倡议得到了国际体育社会的广泛支持。[39]得益于威尔顿公园会议取得的各方利益者的共识，由玛丽·罗宾逊担任主席的大型体育活动人权平台（The Mega-Sporting Events Platform for Human Rights，MSE Platform），在人权与商业研究所（the Institute for Human Rights and Business，IHRB）的推动下建立，该平台的建立是为了确保 MSEs 中取得的成功经验和积极遗产的交流和传递。[40]在 2017 年 12 月 10 日"国际人权日"前夕，MSE Platform 在日内瓦举行的"体育机会论坛"上宣布将发起成立一个新的、独立的"体育赛事与人权中心"，以帮助建立一个能保护、尊重和保障体育相关者人权的体育世界。该人权中心在 2018

---

[38] "The Tokyo Organising Committee of the Olympic and Paralympic Games, The Tokyo 2020 Olympic and Paralympic Games High-level Sustainability Plan", available at https://tokyo2020. org/en/games/sustainability/data/sus-plan-EN. pdf, accessed to 2019-4-15.

[39] "Report: Human Rights and Mega Sporting Events-Wilton Park", available at https://www. wiltonpark. org. uk/wp-content/uploads/WP1428-Report. pdf, accessed to 2019-4-15.

[40] "About the MSE Platform, Institute for Human Rights and Business", available at https://www. ihrb. org/megasportingevents/mse-about, accessed to 2019-4-18.

年已经建立并开始运转。[41]

联合国教科文组织第六届国际体育会议于 2017 年在喀山举办，会议期间通过的《喀山行动计划》提出通过体育运动实现性别平等以及增强妇女和女童权利的目标，保护、尊重和落实体育教育、体育活动和体育运动工作全体参与者的人权，并在全球倡导落实和推进该计划的实施。《喀山行动计划》提供了更为深入的视角和综合性的行动方案，对今后各利益攸关方的体育政策的后续人权框架的完善与发展影响深远。[42]

2018 年 10 月，联合国人权理事会在日内瓦举办 2018 年社会论坛，探讨并承认了利用体育和奥林匹克理想促进人权并加强对人权的普遍尊重的可能性，呼吁所有人在每项体育运动中捍卫人权。论坛报告中提到，在全球运动员的共同努力和争取之下，世界运动员总会发表了《全球运动员权利宣言》，阐述了运动员参加体育运动的权利、运动员的个人权利与法律权利等重要内容。同年，国际奥委会运动员委员会发表《奥林匹克运动员权利和责任宣言》，旨在保护运动员的权利，创造一个公平、干净、无歧视的体育竞赛环境。报告中还提到，《联合国工商业与人权指导原则》应作为体育领域人权工作衡量和问责的基准框架。[43]

（四）《联合国工商业与人权指导原则》的适用

联合国人权理事会于 2011 年通过的《联合国工商业与人权指导原则》（UNGP），得到人权理事会 47 个成员方的一致认可。它重申了国家有责任保护人民不受人权侵害，为企业减少风险、尊重和促进人权提供了蓝图，同时它构建了一个基准，利益相关者可以据此

〔41〕 "Diverse Coalition Commits to Establishing Centre for Sport & Human Rights in 2018", available at https://www. ihrb. org/megasportingevents/mse-news/coalition-commitment-centre-sport-human-rights-2018, accessed to 2019-4-24.

〔42〕 "Report of the 2018 Social Forum A/HRC/40/72", available at https://www. ohchr. org/Documents/Issues/Poverty/2018SF/2019Report2018SocialForum_ CH. pdf, accessed to 2019-4-26.

〔43〕 "Report of the 2018 Social Forum A/HRC/40/72", available at https://www. ohchr. org/Documents/Issues/Poverty/2018SF/2019Report2018SocialForum_ CH. pdf, accessed to 2019-4-26.

衡量公司的人权表现，衡量政府追究公司责任的合理性与合法性。[44]

UNGP 的三个重要支柱是：国家有义务制裁侵害人权的行为，保护人权不受侵犯；企业有尊重人权的责任；为受害者提供包括司法的和非司法的有效救济。根据该指导原则，所有利益相关者都有责任尊重所有国际人权标准。[45]

UNGP 的内容可以适用于 MSEs 的整个举办周期和所有类型的关系。2014 年格拉斯哥英联邦运动会的组委会第一个承认了 UNGP 的指导作用，并且报告了遵守 UNGP 而取得赛事成功的人权表现，认可其对于改善 MSEs 中存在的人权问题的作用。[46]近几年，在体育领域，越来越多的机构和政府将 UNGP 作为降低和有效管理与商业相关的人权风险的手段，重申了国家保护个人人权的义务，限制了赛事中可能存在的人权问题。

（五）全球赞助商的良好实践

国际社会对体育人权关注度和要求的提高，已经促使一些 MSEs 的官方赞助商和商业合作伙伴自发地在体育领域进行人权改革，并且呼吁改革主办城市招标标准和程序。赞助商开始加入贸易人权协会，寻找在供应链中实现商业目的与人权保护平衡的方法，并许诺在其工作场所自愿遵守 UNGP 和最低劳工标准，杜绝强迫劳动和贩卖人口的行为。

索契冬奥会期间，赞助商们公开反对俄罗斯通过的关于同性恋歧视的法律，通过谴责和拒绝合作的方式，给俄罗斯政府施加压力。为促进日本企业与非政府组织、非营利组织关于人权问题的交流，共同探讨和识别社会问题，分享实践经验，2012 年 9 月 CRT 日本公

---

[44] 参见 Radu Mares、张万洪：《工商业与人权的关键议题及其在新时代的意义——以联合国工商业与人权指导原则为中心》，载《西南政法大学学报》2018 年第 2 期。

[45] 《联合国关于工商业和人权的指导原则》，载联合国人权理事会：https://www.ohchr.org/Documents/Publications/GuidingPrinciplesBusinessHR_EN.pdf，最后访问时间：2019 年 4 月 28 日。

[46] "Host Actors and Human Rights Due Diligence in the Sports Context – Sporting Chance White Paper 2.1", available at https://www.ihrb.org/uploads/reports/MSE_Platform%2C_Host_Actors_and_Human_Rights_Due_Diligence_in_the_Sports_Context%2C_Jan_2017.pdf, accessed to 2019-4-28.

司牵头建立了"日本社会责任联盟"，在东京奥运会筹办阶段，该联盟积极发展全球网络，提高人们对 MSEs 中人权的积极和消极影响的认识，并主动督促东京奥委会加强落实 UNGP，拟定诸如人权声明和采购指导这样的政策倡议，建立系统的申诉机制。[47]

五、新时代 MSEs 给中国带来的机遇和挑战

随着 2022 年杭州亚运会和 2022 年北京冬奥会的临近，我们要把握住举办 MSEs 的机会，紧跟国际社会关注体育人权的潮流，充分尊重并保护人权，向全世界展现一个积极的、全新的大国形象，以一个复兴的世界强国的姿态迎接世界各国运动员的到来。鉴于国际社会近年积极推动 MSEs 中人权保护的新趋势，我国政府和体育界应当未雨绸缪，积极做好应对工作。

（一）积极履行我国在国际社会做出的人权承诺

我国应尊重《世界人权宣言》和我国加入的相关国际人权文件中的人权约定，尊重《奥林匹克宪章》等国际体育重要文件中的人权精神，以遵守和维护《中华人民共和国劳动法》为基础，以 UNGP 为参照，保护赛事基础设施建设和赞助商供应链中劳动者的合法权益不受非法侵害，并按照 UNGP 的要求，定期发布在人权保护方面所做的尽职调查的内容和结果，对发生的不利于人权保护的现象采取积极补救措施。在全国范围内建立监督监察机构，监督 MSEs 的可持续性与人权问题，保证人权标准的贯彻和实施。

（二）加强与国际社会关于 MSEs 人权促进的对话和交流

我国可以学习和借鉴其他国家关于 MSEs 中人权保护已经取得的成功经验和实践，加强与国际体育机构和国际人权组织关于人权问题的对话交流，共同探讨和识别人权问题，寻求最佳解决方案。MSEs 的人权保护离不开联合国、国际体育机构、主办国和非国家利

---

〔47〕　Hiroshi ISHIDA, Hiroki WADA, "The Implementation of the UN Guiding Principles into Daily Business Operations and the 2020 Tokyo Olympic and Paralympic Games", *Business and Human Rights Journal*, Vol. 2, No. 1, 2017, pp. 143-148.

益攸关方之间的共同努力，我国不能只局限于与政府间国际人权组织的合作，还要特别重视人权与商业研究所、大型体育活动人权平台等与国际体育组织具有密切合作关系的人权非政府组织的沟通和交流，全方面、多层次、宽领域地学习和借鉴成功的实践经验，坚持并积极传播我国的人权观念，展现一个包容的、开放的大国形象。

（三）通过强化立法和司法手段，加强对体育赛事活动中人权的保护

我国要强化或者出台促进体育中人权保护的法律、可持续的综合体育发展战略和方案，推进奥林匹克精神的传播，逐渐消灭歧视、社会排斥和边缘化等现象，协助边缘化群体尽快地融入社会。再有，目前体育赛场中球迷间相互指责谩骂的现象必须通过法律手段加以惩治。同时，通过普遍书面行为和人权行为守则，明确运动员、教练员、球迷等体育赛事参与者的权利，规定侵权时的救济措施，预防人权侵犯行为。应建立健全赛事期间的快速争端解决程序，为侵犯体育赛事参与主体人权的行为提供公正、快速、有效的解决方案与救济措施。

（四）做好 MSEs 的场馆基础设施的规划和移民安置工作

参考近几年 MSEs 筹办阶段发生的人权侵害事件和成功的实践经验，做好 MSEs 基础设施建设的规划和移民安置工作，要借助赛事移民工作提升人民的获得感和幸福感，杜绝野蛮拆迁和强制驱逐等行为。2022 年北京冬奥会要符合并满足 MSEs 组织者对于可持续发展的要求和愿望，有针对性地进行基础设施建设，比如在 2008 年北京奥运会场馆的基础上，进行改造或者扩建，达到可持续使用从而减少再投入成本的目的，同时促进 2008 年奥运会场馆的更新和再利用。要放眼未来，全面系统地完成 2022 年冬奥会和 2022 年亚运会的体育场馆、奥运村等配套基础设施的建设，留下积极的文化遗产，为未来的发展服务。

（五）加强对国际体育促进人权事业国际发展趋势的研究，加强人权教育

近些年来体育领域内促进人权发展的工作在国际上取得快速发展，国内体育学界和法学界学术研究机构应当紧密跟踪这些发展动

态，加强研究，为我国政府部门决策提供参考。教育对于推动人权发展意义重大，青少年的早期人权思想建设是未来改善人权观念的关键，近几年国际社会有不少关于体育和奥林匹克价值的优质教材，但并没有充分地惠及目标受众，我们可以制定合理的教学方案，将这些价值理念融入学校体育教学体系中，促进奥林匹克精神、人权理念和体育价值观在青少年阶段的传播。在 MSEs 全周期内，城建、城管、公安、体育、劳动和社会保障等相关行政部门执法人员的执法行为将代表国家和政府的形象，故应当采取教育培训措施，强化他们尊重和保障人权的意识，在执法过程中做到依法行政，文明执法，保护公民和法人的基本权利，在国际上树立良好的执法形象。

（六）善用媒体力量，妥当处理好网络人权舆情

信息化时代，媒体对于推广和普及体育的作用日益显现，正确运用新闻媒体的力量，将成为推动体育人权发展的有效手段。一方面，保护媒体的新闻独立和言论自由，彰显大国气度和开放襟怀，保障媒体获取客观公正的信息并宣传积极的新闻，要充分报道中国在人权领域取得的成就，在 MSEs 的申办报告中突出我国政府采取的人权保护措施，宣传好我国在履行 UNGP 方面所采取的良好做法。另一方面，鉴于在中国举办 MSEs 过程中，西方人权组织可能会过度放大某些现象，故应出台并执行严格有效的纪律措施和监管机制，避免媒体成为传播人权危机的工具。媒体管理部门应当充分准备，做好预案，建立赛事举办期间的新闻发布制度，及时澄清案件事实。同时，信息化时代的网络平台已经成为人们交流和互动的重要桥梁，要加强网络监管，禁止在网络平台传播与人权危机有关的言论，并且防范网络暴力的发生，避免对运动员的人权造成侵害。

六、结语

体育给个人、社会和国家带来了新的机会，为不同文化背景下的人群创造了互动机会，推动了和平事业、文化交流，消除了一切形式的歧视，让众人因同一件事而相聚，无论种族、性别、宗教或背景。但体育同任何社会活动一样，都可能产生消极的副作用，全

世界面临的挑战基本相同，只是因不同的文化而略有差异。

　　MSEs 是一种可选的活动，没有哪个政府被要求必须主办 MSEs，没有哪一家公司被迫去赞助 MSEs，都是自己做出的决定。因此各国政府没有理由不采取保障措施以确保人权在 MSEs 举办周期内的每个阶段都得到尊重。企业不应通过把自己的标识贴在体育场馆上来获得荣誉，却又在体育场馆建设过程中对事故袖手旁观。

　　近几年国际社会正在达成共识，需要制定更有效的战略，以预防、减轻和补救 MSEs 举办周期各阶段的人权侵害行为，要落实从事体育活动的权利，充分尊重人权，这不只是针对运动员，对所有和体育相关的人都应如此，而这个目标的实现离不开联合国、赛事组织者、主办国和非国家利益攸关方之间的建设性合作伙伴关系的努力。MSEs 建立在国家间和谐、团结和公平竞争的原则上，只有在尊重人权的道路上赢得良好声誉，这些体育比赛才能像过去一样继续激励后代，才能走得更远。

2019年体育法学热点话题及研究综述

山东大学体育法治研究中心

　　随着人们生活水平的不断提高，全民健身要求的日益旺盛，新时代全民健康成为国家战略，体育事业和体育产业的快速发展所产生的种种问题对依法治体工作提出了新要求，体育法学界积极回应这些新问题、新要求，形成了诸多研究热点。通过在中国知网以"体育法"为关键词进行计量可视化分析，总结出2019年与体育法学相关的热点话题主要有"体育法学""《体育法》""体育法治""体育组织""职业体育""体育纠纷解决""反兴奋剂""体育产权"等。本文以核心学术期刊论文为主，以有代表性的学术期刊论文为辅，对2019年国内体育法学研究成果进行回顾整理与分析，以便读者能够把握本年度最前沿的体育法学研究动态。

一、体育法学的发展现状与出路

　　虽然《中华人民共和国体育法》（以下简称《体育法》）早在1995年就已经制定颁布，但由于体育法学介于体育学与法学之间的边缘学科性质，学界关于我国体育法学学科属性的争议始终存在。廉睿等人认为体育法学话语体系的自给自足，是解决其自身内生理论建构的先天不足和外在制度实践实施困局的关键，同时也决定着其学科理论能否得以自我证成，是我国体育法学理论革新与制度优化的关键。[1]

我国体育法学学科建设起步较晚，体育法学属于新兴学科，在全国范围内也只有少数高校设有体育法学专业或体育法学课程，体育法学专业人才的教育与培养需要投入更多精力与资源。赵金程等人提出我国体育法学教材的出版较晚且教材内容单一，与目前社会发展相脱节，高等院校体育法学教材的更新修订工作迫在眉睫，且内容不应仅面对体育院校，还应扩展到体育教育与法学领域，加强体育法学教材的配套体系建设。[2]贾文彤认为体育法学的教材应借鉴有经验国家较先进的教育理念。目前国内体育法学教材以理论建构为框架，国外则以实务问题的解决路径为主，未来体育法学教材修订应注重体育法学的"活化"。[3]

赵毅等人对改革开放40年来我国体育法学研究的成就进行了归纳梳理，认为学界对"体育法学"的性质这一根本问题给予了初步解答，知识增量初步积累，体育法研究已经可以在基础理论、行业体育法和部门体育法领域总结现实问题，提炼学术话题并予以论证，研究成果开始为实践服务。未来我国体育法学的研究应增强问题导向意识，注重研究的内在法理与实践情怀，并将视野扩展到国际体育法学的领域。[4]

二、体育法治建设的成就与展望

2019年适逢新中国成立70周年，国家体育总局政策法规司《新中国体育法治工作发展研究》一文对新中国成立70年来体育法治的建设历程、理论更新以及新时代体育法治的发展方向进行了详细整

---

〔1〕 参见廉睿等：《中国体育法学："场域"调适、规范集成与方法自觉》，载《天津体育学院学报》2019年第2期。

〔2〕 参见赵金程、吴少强：《新时代高等院校体育法学教材修订探究》，载《运动》2019年第2期。

〔3〕 参见贾文彤：《体育法学教材若干理论问题分析》，载《山东体育学院学报》2019年第4期。

〔4〕 参见赵毅、王晓蕾：《改革开放40年来我国体育法学研究的成就、论题与展望》，载《成都体育学院学报》2019年第1期。

理与介绍，并提出了进一步加强体育法学研究，为法治建设提供理论支撑；加快体育立法进程，健全体育法规体系，建构体育权利体系；加强体育执法建设，进一步深化"放管服"改革；建立和完善体育司法制度，形成多元化体育纠纷解决机制；加强体育法治宣传与普法工作，形成体育行业全民守法的氛围等体育法治未来发展的设想。[5]

姜世波则从学术视角对我国体育法治建设的经验和教训进行了总结，指出我国体育法治始终伴随着依法治国和行政管理体制改革的进程，存在进程缓慢、立法粗放、执法不严、执法力量薄弱、体育纠纷解决机制不健全等问题，未来应实现立法由管理型转向权利保障型、优化执法机制、强化执法力量，建立专业化的体育纠纷仲裁和审判制度。[6]姜熙基于全面依法治国和全面深化体育改革的社会背景，认为新时代体育法治应着力实现人民体育权利的全方位保障和体育法治的多元共治，实现体育行政权力运行、体育产业发展、体育社会组织治理及体育争议解决的法治化，不断提升我国在国际体育法治中的话语权。[7]

三、体育法治制度设计研究

（一）体育法治的国内制度完善

在宏观层面，体育事业作为我国经济社会发展的重要组成部分，贯彻实施"依法治体"是法治建设对体育事业发展的必然要求，而政府带头深入推进体育领域的依法行政则尤为重要。徐士韦等人提出新时代实现体育依法行政的核心是法治思维，前提条件和制度保障是科学决策，必要环节是权力规制，重要手段是纠纷解决，有效

---

〔5〕 参见国家体育总局政策法规司：《新中国体育法治工作发展研究》，载《体育文化导刊》2019 年第 10 期。

〔6〕 参见姜世波：《改革开放 40 年我国体育法治建设的回顾与展望》，载《北京体育大学学报》2019 年第 1 期。

〔7〕 参见姜熙：《新时代中国体育法治路向论绎》，载《上海体育学院学报》2019 年第 3 期。

监督形式是信息公开。[8]在中央体育立法与地方体育立法关系方面，郭恒涛等人认为目前我国存在地方性体育法规与中央体育立法重复的现象，对于体育立法、体育法律关系相关主体及公民体育法治信仰都会产生消极影响，并提出"谨慎立法——遵循《立法法》等上位法""创新立法——以区域立法和综合立法为重点""科学立法——提高体育地方性法规立法质量""完善立法——注重地方立法质量评价与反馈"等四个方面的建议。[9]

在微观层面，公共体育服务是我国政府职能转型和建设"体育强国"的重要规划项目，随着群众对体育需求的不断提高，如何实现公共体育服务供求关系转型，提升服务的供给水平与供给质量，是目前公共体育服务建设需要解决的重要问题。张滨认为目前我国体育公共服务的供给主体单一、受众群体有限、供给方式简单、供给制度缺漏，未来应加快完善体育立法工作，将国家的宏观调控政策上升到法律层次，完善宏观调控工具法律制度。[10]戴羽等人认为我国公共体育服务领域长期以来存在着"软硬兼施"的混合法管理体制，未来应依靠多元化协同合作，发展和保障群众体育权，提升软法治理品质，实施全面的体育公共服务软法之治。[11]在职业体育的发展与法治建设方面，高升等人指出职业体育治理因劳资关系复杂化导致生产关系异化，媒体传播渠道的拓宽导致体育内容异化，未来应建立多层次治理结构以实现协调治理，寻找社会替代与补充机制以转变政府职能，强化软法在治理变革中的地位与作用，以社会责任导向作为未来治理效果评价的主要标准。[12]

---

〔8〕 参见徐士韦、时维金：《新时代中国体育依法行政实现路径研究》，载《体育文化导刊》2019年第9期。

〔9〕 参见郭恒涛等：《我国体育地方性法规与中央立法重复及防治研究》，载《武汉体育学院学报》2019年第7期。

〔10〕 参见张滨：《基于宏观调控法视域的体育公共服务供给的有效实施路径分析》，载《西安体育学院学报》2019年第2期。

〔11〕 参见戴羽、张健、徐帆：《体育公共服务的软法之治》，载《武汉体育学院学报》2019年第3期。

〔12〕 参见高升、王家宏：《职业体育治理的制度逻辑、现实冲突与协调思路研究》，载《天津体育学院学报》2019年第5期。

（二）体育法治的比较借鉴研究

目前有不少学者重视对国外体育法的研究，既有对全球体育法治建设的宏观介绍，也不乏对欧美等国体育法治建设情况的考察。

张琴等人基于宏观国际视野认为我国体育治理存在行政干预较多、经济手段简单粗放、法律手段普遍滞后的问题，而域外体育治理手段则是以经济为主、以行政为辅、以法律为基石的多样化综合协调运用，进一步提出我国体育治理应善用经济手段，惯用法律手段，慎用行政手段。[13]

彭国强等人对美国体育治理的思想渊源与特征进行研究，总结出美国强调制度设计的法治化。[14]南尚杰等人提出日本的体育治理体系是在法律的引领和主导下构建而成，基本框架包括政府治理和社会治理两项内容，政府的治理边界定位于"只管不办"，体育社会组织实际承担了"办"的职责。美日两国的实践经验对于我国体育治理法治化具有借鉴意义。[15]

四、体育权利的确认与保障

权利与权利本位是现代法学研究最重要的内容之一，公民体育权的研究是构建体育法体系的基础与前提。

（一）公民体育权的宪法确认与保障

新时代全面推进依法治国将更加注重宪法作用，提升宪法的实施水平。推动体育事业的法治化进程，需要在体育领域弘扬宪法精神，树立宪法权威，也要从宪法的视野对公民的体育权与健身权予以审视。

于善旭从宪法的角度对全民健身予以关注，提出对全民健身进

---

〔13〕 参见张琴、易剑东：《问题·镜鉴·转向：体育治理手段研究》，载《上海体育学院学报》2019 年第 4 期。

〔14〕 参见彭国强、舒盛芳：《美国体育治理的思想渊源、特征与启示》，载《上海体育学院学报》2019 年第 4 期。

〔15〕 参见南尚杰等：《日本体育治理体系及启示》，载《体育学刊》2019 年第 4 期。

行宪法探寻的任务，认为其具有以宪法为基础的法律地位，是体育事业的重心与基础，是应依法确认的公民基本权利。我们需要对《体育法》予以修改完善并充实相关法律法规，尽快落实全民健身的宪法地位，增强全民健身的宪法体现。[16]高景芳等人认为体育权是社会权的一种，体育权保障的国家义务亦突出了其社会权特征，作为社会权的体育权更注重立法与行政机关的收益型保障，而对司法机关的防御性保障关注较弱，同时也应注意强调体育权可能引发的财政、管理、道德危机。[17]

（二）社会体育权的法律确认与保障

社会体育目前已逐步成为衡量国家或地区社会经济、文明和精神发展水平的标尺，目前我国现代化社会转型以及社会阶层的结构性变化，使我国社会体育的需求和发展方向也随之发生变化。

黄鑫等人认为老年人体育权利体系由体育健身权、竞技权、表演权、优待权、受教育权、结社权和健康权共七部分构成，提出建立老年人体育供给体系、体育医疗机制、纠纷解决和权利救济机制。认为老年人体育纠纷多为民事纠纷，本质是一种权利冲突，未来老年人体育权的保障应以行政调解为主，坚持德法相结合的原则，并严格落实法律责任。[18]

残疾人体育在我国起步较晚，从残疾人体育事业发展及权利保障出发，林秋等人认为我国残疾人体育权利保障的相关法规政策不健全，公共服务供给不足以及公众偏见等是制约残疾人体育发展的重要原因。完善法规政策建设，丰富残疾人体育基本公共服务供给途径，加强残疾人体育权的宣传力度，是促进残疾人体育事业发展的关键。[19]

---

[16] 参见于善旭：《论我国全民健身的宪法地位》，载《体育科学》2019年第2期。

[17] 参见高景芳、甄奇颖：《论作为社会权的公民体育权》，载《西安体育学院学报》2019年第2期。

[18] 参见黄鑫、邹雄师：《我国老年人体育权的体系组成及其实现》，载《湖南工业大学学报（社会科学版）》2019年第1期；黄鑫、宋鑫：《我国老年人的体育纠纷及其解决路径》，载《体育成人教育学刊》2019年第1期。

[19] 参见林秋、鄙行辉：《我国残疾人体育权利保障路径研究》，载《哈尔滨体育学院学报》2019年第4期。

"城中村"是城市快速发展衍生的特殊地域空间，其居民应当同城镇居民平等地享受体育发展成果，但学界对"城中村"居民体育权鲜有研究。崔雪梅等人提出目前"城中村"居民出现了体育资源使用权、体育参与权和体育发展权等权利贫困的现象，原因在于社会排斥、体育话语权缺失及价值观念缺失，未来"城中村"体育建设应注重构建居民的体育参与价值理念，形成体育参与制度文化，确保"城中村"居民体育参与权的实现。[20]

（三）运动员权利保障

运动员是体育活动的重要主体，是体育关系的重要方面，保障运动员的合法权益是体育法研究的重要内容。

徐士韦以运动员权利保护为逻辑主线，通过对 2017 赛季中超处罚事件的分析，认为"严重的主观恶意"不应是"严重违规违纪"的逻辑起点，联赛裁判的职业化建设是运动员权利保障的重要抓手，依法治体与依规治体是运动员权利保障的根本出路，应通过行业自律和教化引导重构体育行业的生态环境。[21]

张孔军等人认为造成运动员与俱乐部之间劳资纠纷的根源在于劳资地位不平等，可根据《中华人民共和国工会法》组建职业运动员工会，以对抗俱乐部的强势地位，进而保障运动员的合法权益。[22] 陆广等人认为目前我国运动员维权主要通过自力救济、司法救济和行政救济三种途径，但分别存在效果差、成本高、随意性强的缺陷，通过对英美两国职业运动员工会的发展历程与立法建构的研究，提出我国可以以《中华人民共和国工会法》《中华人民共和国劳动法》等现行法律为法律基础，构建具备纠纷解决能力的、覆盖性广的工会体系。[23]

---

〔20〕 参见崔雪梅、孔垂辉：《都市人类学视角下的"城中村"居民体育参与权利的考察》，载《西安体育学院学报》2019 年第 5 期。

〔21〕 参见徐士韦：《建设体育强国进程中运动员权利保护的问题意识——以中超处罚事件为例》，载《武汉体育学院学报》2019 年第 2 期。

〔22〕 参见张孔军、张力：《建立我国职业运动员工会可行性研究》，载《广州体育学院学报》2019 年第 2 期。

〔23〕 参见陆广、邹师思、周贤江：《我国职业运动员工会之法律体系构建：域外经验与本土实践》，载《武汉体育学院学报》2019 年第 7 期。

吴义华等人认为职业体育劳资集体合同的签署应遵守上位法规定，并享受反垄断法的劳工豁免待遇，效力应高于运动员的个人工作合同、联赛章程和俱乐部章程。我国目前虽不适合实行劳资集体合同制度，但可赋予职业体育组织劳资自治权，加强对运动员个人合同的管理，实行国家治理与行业自治结合的共治模式。[24]

随着体育大数据的出现以及"数字体育"的兴起，徐伟康等人开始尝试从运动员权利保护的视角探讨运动员数据保护问题，认为单纯依靠人格权和隐私权不能有效保护运动员的数据权，提出应基于财产权赋予运动员数据收益权或者报酬请求权，并可以参照知识产权保护实行"使用许可"制度。[25]

欧盟委员会于 2017 对国际滑冰联合会（International Skating U-nion，ISU）作出反欧盟竞争法裁定，对国际体育组织经常使用的忠诚条款进行重新审视。黄世席认为欧盟委员会及其成员国竞争监管部门开始对国际体育组织的忠诚条款争端进行处理，基本包括体育组织修改相关规则、欧盟委员会终止调查和当事人和解等处理结果。该案可能会对"金字塔"式结构下忠诚条款的适用产生冲击，也许会成为削弱国际体育组织权利而加强对运动员等弱势群体权利保障的转折点。[26]

五、《体育法》的立法完善

伴随着《体育法》修改步伐的加快，《体育法》修改问题已经成为学界的研究热点。从价值体系、修法理念，到章节设计、条款用语，再到外国借鉴比较研究，学者对《体育法》的立法完善提出了诸多建议。

---

〔24〕 参见吴义华、周爱光：《关系契约视角下美国职业体育劳资集体合同的法律效力及启示》，载《体育学刊》2019 年第 4 期。

〔25〕 参见徐伟康、徐艳杰、郑芳：《大数据时代运动员数据的法律保护》，载《天津体育学院学报》2019 年第 5 期。

〔26〕 参见黄世席：《国际体育组织忠诚条款的合法性：基于欧盟竞争法的考察》，载《武汉体育学院学报》2019 年第 5 期。

（一）《体育法》的整体完善研究

田思源提出《体育法》修改要与"健康中国"战略对接，反映和体现国家健康战略，规定公民体育权利，促进公民健康，对国家公共体育服务做出制度安排，保障公民享受体育健康服务。[27]陈浩提出《体育法》的修改必须遵循《立法法》规定的立法精神和具体要求，修法工作要引领和推动体育事业的发展并依宪而行，明确体育领域各主体的权力、权利与义务，重新设置体育仲裁与授权立法等具体内容，提高《体育法》的明确性、针对性与可执行性。[28]

周爱光对美国、欧盟、日本等的体育立法进行总结，提出坚持党的领导、以人民为中心、以权利与义务为内容、全面融入社会主义核心价值观、以问题为导向、开拓国际视野的《体育法》修改的整体思路。[29]李红艳等人则对韩国《国民体育振兴法》的内容框架和立法特点进行了详细解读，为我国体育立法提供了有益的借鉴。[30]姜熙对30个国家的体育法文本和法律制度进行了系统分析与比较研究，提出应从体育价值定位、关键性概念界定、公民体育权确认和保障、体育行政机构的权责法定、体育社会组织的权责法定、体育纠纷解决机制建立、体育国际交往、体育产业、反兴奋剂、学校体育、运动员权益等11个方面对《体育法》进行修改与完善。[31]

（二）部门体育的立法完善研究

1. "健康中国"与"全民健身"背景下的群众体育立法

于善旭对建国70年来我国全民健身的发展进程进行整理，归纳

〔27〕 参见田思源：《"健康中国"视域下〈体育法〉与〈全民健身条例〉的修改》，载《上海体育学院学报》2019年第3期。

〔28〕 参见陈浩：《〈立法法〉视角下的〈体育法〉修改：目标与策略》，载《上海体育学院学报》2019年第3期。

〔29〕 参见周爱光：《中国〈体育法〉修改的总体思路——基于国外体育立法修法经验的分析》，载《体育学研究》2019年第3期。

〔30〕 参见李红艳、尹源培：《韩国〈国民体育振兴法〉的解读与借鉴》，载《西安体育学院学报》2019年第5期。

〔31〕 参见姜熙：《比较法视角下的我国〈体育法〉修改研究——基于30国体育法的文本分析》，载《体育科学》2019年第7期。

我国全民健身发展阶段，从国家提倡、国家保障与国家战略三个角度，阐释全民健身法治建设的潜力与重要性。[32]

田思源认为在《体育法》修改的同时应一并考虑对《全民健身条例》的修改。在"健康中国"视域下，《全民健身条例》的修改需要明确全民健身在实现全民健康中的战略定位，强化全民健身工作的组织协调，为公民健身权利的实现创造条件，并提出将《全民健身条例》上升为《全民健身法》的建议。[33]

2. 学校体育相关立法研究

张程龙等人认为，1990 年颁布、2017 年修订的《学校体育工作条例》无法适应现代经济发展、法治建设的需要，为了完善学校体育法律制度体系，更好地保护学生和体育教师的权利，《学校体育工作条例》的再次修改刻不容缓。[34]冯辉认为我国学校体育法规已逐步形成一定的体系，但现实中很多法规仍难以得到真正的落实，立法滞后于学校体育发展步伐，实际操作缺乏具体依据，监督与保障机制缺位，未来应加强地方立法，加大校园内的体育法规宣传力度，完善各级学校体育监管制度。[35]韦志明等人认为《体育法》中"学校体育"章节规定的权利义务配置失衡，义务规则的效力层次较低，未来修法工作应注重以权利保障为本位，从总体结构上对"学校体育"章节与其他章节进行协调规整，在"学校体育"章节中增设权利条款，并通过增设法律责任、责任主体和监管职责等内容增强义务条款的效力性。[36]高建新等人从学校体育公平教育、权利保障、救济与纠纷解决的角度出发，认为应提升学校体育立法技术与质量、完善法

---

[32] 参见于善旭：《从提倡到保障到战略：新中国 70 年全民健身事业的依法推进与提升》，载《体育学刊》2019 年第 5 期。

[33] 参见田思源：《"健康中国"视域下〈体育法〉与〈全民健身条例〉的修改》，载《上海体育学院学报》2019 年第 3 期。

[34] 参见张程龙、谭小勇：《新时代〈学校体育工作条例〉修改的法律审视》，载《体育科研》2019 年第 4 期。

[35] 参见冯辉：《完善我国学校体育法规的若干思考》，载《青少年体育》2019 年第 9 期。

[36] 参见韦志明、辛松和：《〈体育法〉立法修改之"学校体育"部分的法理分析》，载《体育与科学》2019 年第 6 期。

律法规执行与监督机制、建立多元化权利救济与纠纷解决制度。[37]

3. 竞技体育相关立法研究

杨国庆等人提出为深化竞技体育改革提供法律依据，为发展新型竞技体育关系拓展制度空间，为保障运动员权益确立根本遵循，是《体育法》"竞技体育"部分修法的三大目标，应在"总则"中规定竞技体育一般性条款，并制定《职业体育条例》，厘清运动员法律身份，规范运动员选拔行为，完备运动员权利保障制度，全面推进反兴奋剂工作，加大违法责任承担与执法力度。[38]

六、职业体育发展研究

(一) 职业体育组织

刘苏等人认为在"脱钩"的大背景下，要通过法律实现"依法治体"，确保脱钩改革的落实也是重要内容，要从实体和程序两方面解决体育领域内部法人治理机制缺位、行政权力异化和自治权性质界定不统一的法治困境，以实现体育治理实体化。[39]袁钢则认为需要通过法律授权来明确体育自治组织的权利来源和依据，政府体育行政部门应与社会体育组织建立契约型合作关系，通过完善法律、法规和组织章程，明确不同主体的权利义务。[40]

我国实现体育行业自治的难点在于如何处理好政府体育行政部门与体育社会组织的关系，汪文奇等人对两者传统上的关系进行了研究，认为两者之间存在政社同构、此消彼长、互相排斥、单项依附的关系，政府体育行政部门应通过吸纳、赋权和柔性控制体育社会组织以提升专业化和精细化，建立依附与合作并存的复合型治理

〔37〕 参见高建新等：《依法治国背景下我国学校体育法律法规现状及对策研究》，载《体育科技文献通报》2019年第9期。

〔38〕 参见杨国庆、闫成栋：《新时代我国竞技体育改革发展的法治保障——基于〈体育法〉竞技体育部分修改思路和内容的探讨》，载《体育科学》2019年第2期。

〔39〕 参见刘苏、汤卫东、许兰：《基于法治的自治——后脱钩时代全国单项体育协会改革的思考》，载《武汉体育学院学报》2019年第8期。

〔40〕 参见袁钢：《全国性单项体育协会改革的法治化路径》，载《体育科学》2019年第1期。

模式。[41]

周青山基于法治视野认为体育自治规则的合理性建构应以形式合理性和实质合理性作为判断标准，富勒的程序自然法八项原则便具有现实的参考价值，而实质合理性仍有赖于实践中形成的基本治理原则，我国应积极参与全球治理规则的制定，为国内体育治理明确治理方向和路径选择。[42]

（二）职业体育赛事的改革发展研究

1. 体育赛事的职业化研究

职业联赛商业化对于吸引社会资本进入体育赛事领域以促进体育产业发展意义重大，我国职业联赛改革势必将以简政放权、招商引资为发展趋向。

姜山等人认为取消赛前行政审批是推动赛事管理体制改革的关键，而监管机制的完善是推动联赛健康可持续发展的关键，商业体育赛事活动往往涉及诸多法律关系，其中行政因素的影响尤为明显，我国体育联赛改革应从建立体育赛事目录制度、完善体育组织治理结构、实行引导型行政措施和做好法律法规的有效衔接等几个方面入手。[43]

2018年，中国足协出台引援调节费制度和"四帽新政"以限制俱乐部的高价引援行为，在实现职业联赛财政平衡方面具有积极意义，但需要在政策内容、可操作性和合比例性方面进行细化修正。翁武耀等人认为调节费的"反避税"规则缺漏导致实践中俱乐部存在政策规避行为，费率设置过高与俱乐部预期利益的冲突阻碍了政策执行效率，加大了制度实施成本。[44]曹田夫等人认为中国足协具备制定"四帽新政"的主体合法性，"四帽新政"与《中华人民共

---

[41] 参见汪文奇、金涛：《新时代我国体育治理中政社关系新特征：依附式合作治理》，载《北京体育大学学报》2019年第4期。

[42] 参见周青山：《法治视野下全球体育自治规则的合理性建构》，载《天津体育学院学报》2019年第1期。

[43] 参见姜山、葛爽：《行政法视角下未来我国商业体育赛事发展研究》，载《沈阳体育学院学报》2019年第5期。

[44] 参见翁武耀、薛皓天：《中国足协引援调节费制度的法律问题评析》，载《成都体育学院学报》2019年第3期。

和国反垄断法》并不直接冲突，是足球俱乐部治理职业化的应有之义，但部分条款需要细化修正。[45]

郭志刚等人对西班牙《贝克汉姆法案》给西班牙职业足球带来的影响及原因进行探析，总结出我国应制定合理的财政优惠政策以满足职业足球的需求；制定税收政策、土地政策对职业足球进行扶持，以发挥政府宏观政策引导的职能；国家可通过立法活动对足协职能加以限制；政府应以公平竞赛原则为基本原则，并建立职业足球俱乐部的财政平衡制度等观点。[46]

2. 归化球员的法律问题研究

归化球员是全球化时代体育人才资本的正常流动，2019 年我国足球归化运动员的工作进展迅速，多个足球俱乐部为多名外国球员完成了入籍手续，虽然《中国足球协会入籍球员管理暂行规定》对归化球员在国内联赛的转会、注册、参赛等工作有了具体规定，但关于归化球员入籍前置程序以及国际赛事参赛资格的问题并未提及。

徐伟康等人认为归化最主要涉及的法律问题是国籍转换，正当性在于符合国际法基本原则、国际体育组织规则以及我国政策的要求，主要阻碍在于《中华人民共和国国籍法》对于入籍条件和双重国籍的限制，以及国际足联关于入籍资格和国际赛事参赛资格的监管。未来足球归化运动员工作的展开，要从降低入籍难度入手，适当对《中华人民共和国国籍法》的入籍规定做扩张解释，以默示容忍或有条件承认的方法解决双重国籍问题。[47]

张鹏认为运动员归化的核心问题在于国际赛事参赛资格，争议焦点在于体育国籍与法律国籍的区分，提出我国需要建立归化运动员参与国际赛事制度，强化与国际体育组织的规则衔接，区分归化政策与参与国际赛事资格制度不同的制度要求，将"明晰联系"原

---

[45] 参见曹田夫等：《中国足协"四帽"新政的法理分析》，载《体育与科学》2019 年第 1 期。

[46] 参见郭志刚、周爱光：《从西班牙〈贝克汉姆法案〉审视我国政府对职业足球的治理》，载《体育与科学》2019 年第 1 期。

[47] 参见徐伟康、陈晨、郑芳：《困境与选择：中国足球归化外籍球员的法律分析》，载《天津体育学院学报》2019 年第 2 期。

则设置为国际赛事参赛资格的获取标准。[48]

（三）职业竞技体育侵权与违法研究

竞技体育虽然极具观赏性，但其具有的高风险性、高对抗性往往也会造成人身伤害，公平责任的适用问题、竞技体育伤害行为的罪与非罪、体育暴力的刑法介入边界也会成为体育伤害事故的讨论热点。

冯德淦认为我国公平责任条款主要在过错要件欠缺、因果关系不明确、违法性阻却和加害行为缺失这四种类型的案件中适用。针对体育比赛中受害人的救济，应当寻找超越责任法的救济方式，不断推进我国体育保险制度的建设，化解受害人"救济难"的困境。[49]

霍俊阁认为实践中忽略了对刑事诉讼程序中非罪化辩护的程序探讨，建议拓展竞技体育过失伤害行为程序性非罪化的适用范围，将《人民检察院办理不起诉案件质量标准（试行）》中细化的不起诉条件纳入非罪化的应然范围，分类确定撤案方式，赋予检察官独立的不起诉决定权，便利体育过失伤害行为的撤案式与不起诉式非罪化处理。[50]

陈芹提出实现高风险性与刑法安全要求之间的平衡是明确刑法介入边界的关键，目前我国关于体育暴力的刑法介入边界主要有"以正当化事由为中心"和"以正当化事由之根据为中心"两个基本原则，有"运动规则""合理预见""表征故意"三个介入边界的具体标准，刑法的介入边界应当以社会相当性来划定，由个别的正当化事由向一般的正当化根据转变。[51]

段威认为运动员暴力事实上有其存在的合理性、合法性和合规性，因此刑事裁判介入需要考量竞技体育的本质、规则的价值、伦

〔48〕参见张鹏：《归化运动员国际赛事参赛资格法律问题研究》，载《体育科学》2019年第8期。

〔49〕参见冯德淦：《体育比赛中公平责任适用之检讨》，载《法律适用》2019年第10期。

〔50〕参见霍俊阁：《竞技体育过失伤害行为非罪化的程序性考察》，载《西安体育学院学报》2019年第6期。

〔51〕参见陈芹：《体育暴力中刑法介入的边界》，载《体育学刊》2019年第2期。

理的尺度和刑法谦抑性等因素，以确保刑法介入的同时不会影响到体育的暴力美学价值。[52]李强等人认为对我国竞技格斗类项目中"过当行为"的界定依据主要有体育规则界定和法律界定，对竞技格斗项目的定性、对体育规则和法律界定的判断标准的明确是界定过当行为的前提，应依据"行为与结果的同时正当性""告诉且同意原则"和"符合体育道德"三要素对是否属于过当行为作出合法、合理且正当的界定。[53]

体育比赛中存在的球场观众暴力行为，对于公共安全、社会稳定和体育文化传播有着巨大危害。刘龙基于犯罪学相关原理认为，球场暴力是与犯罪情景直接关联的犯罪行为，提出若想消减球场暴力行为，应当基于犯罪情景预防理论，通过消除匿名感、铲除暴力犯罪情景线索、提升现场安保质量、对暴力犯罪者从快公开惩戒等手段进行预防与处理。[54]

七、反兴奋剂治理

（一）WADA 反兴奋剂治理的评价与出路研究

WADA 自成立以来一直是全球体育反兴奋剂的主要力量，得到国际社会广泛的认可、信赖与支持，但在当今风云变幻的国际政治局势下，强权国家开始对 WADA 进行操纵，引起人们对于 WADA 在处理不同国家的反兴奋剂问题时存在"双重标准"的质疑。邢婉莹等人针对 WADA 等反兴奋剂机构公信力流失问题，提出应加快"去政治化"以维护其独立性，统一和规范治疗用药的豁免标准，净化药物检测程序，保障运动员与体育组织的合法权利。[55]

---

〔52〕 参见段威:《运动员竞技体育暴力刑事裁判中的事实建构》，载《上海体育学院学报》2019 年第 4 期。

〔53〕 参见李强、陈栋昇:《竞技格斗类项目中过当行为的界定依据及法律判析》，载《西安体育学院学报》2019 年第 1 期。

〔54〕 参见刘龙:《球场观众暴力传统理论解释质疑与犯罪学重建》，载《山东体育学院学报》2019 年第 3 期。

〔55〕 参见邢婉莹等:《政治博弈下世界反兴奋剂机构公信力的流失与重塑》，载《北京体育大学学报》2019 年第 3 期。

曹绍芳等人认为《世界反兴奋剂条例》（WADC）第 3.2 条关于当事人举证责任与权益后果推定规则的设置是为 WADA 提供便利，并非针对保障运动员权益而设置，加大了运动员的举证责任，长此以往可能会出现权力滥用的风险，造成 WADA 与运动员之间的利益失衡，应通过程序公正原则对 WADA 职权予以限制，尽量保障运动员的程序权利，合理平衡 WADA 与运动员之间的利益。[56]

杨春然等人发现反兴奋剂治理机制自多元化转向二元化以来，固有的利益冲突并未解决，目前基本存在两个改革方案：一是将社会组织纳入规制范围以扩张违规主体的方案，但其因容易造成反兴奋剂治理政治化而不被当前法律所允许；二是彻底摆脱成员方和国际体育联合会的影响，实行由 WADA 独立治理的一元化反兴奋剂治理机制，虽然该方案仍需完善，但是反兴奋剂机制改革的未来趋势。[57]

2018 年，欧盟出台的《通用数据保护条例》（GDPR）中关于反兴奋剂个人信息保护的规则给 WADA 造成了较大冲击，迫使 WADA 修改关于反兴奋剂信息获取规则。熊英灼等人认为 GDPR 的焦点问题是反兴奋剂信息保护和数据跨境运输的合法性，以及是否引入被遗忘权和数据可携带权，提出我国也应当注重数据保护义务条款的设置、反兴奋剂组织信息处理的内部审查以及个人信息数据的立法保障。[58]

（二）ADD 的法律解读与评析

2019 年 1 月 1 日，CAS 设立了专门的兴奋剂仲裁部门（ADD），并出台了《ADD 仲裁规则》对程序规则加以明确，ADD 是反兴奋剂机制改革的产物，享有从兴奋剂违规认定到处罚的全部权利。ADD 也成为年度研究热点，国内学者对此改革予以充分肯定。

---

〔56〕 参见曹绍芳、郭树理：《对 2015 版〈世界反兴奋剂条例〉3.2 条的评析》，载《首都体育学院学报》2019 年第 1 期。

〔57〕 参见杨春然、张晓菲：《论反兴奋剂治理机制的改革：扩张违规主体抑或独立化?》，载《天津体育学院学报》2019 年第 5 期。

〔58〕 参见熊英灼、董平：《后〈通用数据保护条例〉时代反兴奋剂信息的法律保护》，载《武汉体育学院学报》2019 年第 10 期。

周青山认为 ADD 的设立实现了反兴奋剂治理中检测与处罚的主体分离，实现了违规认定、处罚尺度与处罚主体的统一，ADD 的设立并未扩张 CAS 的权力，而是权力行使的流程优化，有益于提高公信力与公正性。我国应尽快熟悉 ADD 的兴奋剂处理工作流程和违规认定，并完善国内的反兴奋剂纠纷处理机制。[59]刘韵认为 ADD 的设立是对固化模式下传统兴奋剂管控体系的突破，《ADD 仲裁规则》强化了对实体正义与程序正义的二元追求，通过程序扶助制度保障当事人正当权益。虽然《ADD 仲裁规则》依然以严格责任规则作为认定与处罚准则，但我国可兼采比例原则，从多维度对运动员的正当权益予以保障，实现对正义的双元追求。[60]

八、体育纠纷解决

（一）国内体育纠纷解决的路径研究

徐士韦等人认为体育仲裁的适用前提是体育纠纷必须发生在竞技体育活动或相关事务中，应具备可仲裁性，当事人应具有民事权利能力，当事人之间需要具有仲裁协议或纠纷具有体育仲裁的强制适用性。[61]姜熙等人针对《体育法》规定的体育仲裁制度难以落实的问题，提出应建立高效、公正、开放、多元的体育纠纷解决体系，为纠纷主体提供更多的选择性，在"先裁后审""或裁或审""只裁不审"或"只审不裁"的四种制度安排中，"或裁或审"机制应具有最高优先级。[62]

杨磊结合 CAS 的仲裁规则与实践，认为强制性仲裁条款的效力认定有赖于各国国内法对体育纠纷特殊性的认同以及立法共识，未

---

〔59〕 参见周青山：《国际体育仲裁院兴奋剂仲裁机制评析》，载《武汉体育学院学报》2019 年第 5 期。

〔60〕 参见刘韵：《国际体育仲裁院仲裁规则的更新与重塑——以反兴奋剂部门为视角》，载《武汉体育学院学报》2019 年第 2 期。

〔61〕 参见徐士韦、倪京帅、时维金：《体育仲裁的适用范围分析》，载《体育科研》2019 年第 4 期。

〔62〕 参见姜熙、王家宏、谭小勇：《我国体育纠纷解决"或裁或审"制度研究》，载《体育学刊》2019 年第 3 期。

来我国应对强制性仲裁条款的有效性予以认可，允许当事人在诉讼与仲裁的纠纷解决手段中自由选择，明确参赛条款中提交仲裁的内容并非认定仲裁合意的必要条件。[63]

（二）国际体育纠纷解决的现状与启示

CAS 是目前主要的国际体育纠纷解决机构，在长期实践中形成了对处罚案件适用比例原则的传统。张鹏认为比例原则的适用依据是仲裁规则、体育组织规则和瑞士法律，主要在先验性规制、纪律处罚和合同违约三个领域发挥作用，在比例原则适用过程中，多重要素的冲突博弈是影响个案结果的原因。[64]

佩希施泰因（Pechstein）案对国际体育界的强制仲裁制度提出了挑战，为国际瞩目，我国亦有学者对此予以关注。郭树理认为，欧洲人权法院对这一案件的判决结果，间接承认了《欧洲人权公约》对强制性体育仲裁有效性的认可，体育组织仍能通过对 CAS 施加压力影响仲裁结果，他进而对 CAS 设立的合法性和正当性产生怀疑，认为 CAS 只有继续深化改革才能真正成为国际体育纠纷的最高裁决机构。[65]

2018 年 8 月，大连市中级人民法院对 CAS 作出的第"CAS2014/O/3791"号仲裁裁决作出承认与执行的裁定，成为国内先例。张春良对国内法院承认和执行的法律进行了分析，认为 1958 年《纽约公约》以及我国国内相关法律的适用规则，司法机关基于纠纷的形式要件、能力要件和实质要件进行的审查，当事人关于仲裁条款的约定成为关键。[66]

关于体育人权保护能否司法化，袁钢基于 CAS 的影响力及其正当性认为应推动国际体育组织尊重和保障运动员的人权，依据《联

---

〔63〕 参见杨磊：《体育仲裁中强制性仲裁条款效力认定的法律冲突——兼谈对我国体育仲裁立法的启示》，载《上海体育学院学报》2019 年第 3 期。

〔64〕 参见张鹏：《国际体育仲裁中比例原则适用研究》，载《武汉体育学院学报》2019 年第 1 期。

〔65〕 参见郭树理：《运动员诉权保障与〈欧洲人权公约〉——欧洲人权法院佩希施泰因案件述评》，载《武汉体育学院学报》2019 年第 9 期。

〔66〕 参见张春良：《国际体育仲裁院仲裁裁决在中国的承认与执行——基于我国承认与执行 CAS 裁决第一案的实证考察》，载《天津体育学院学报》2019 年第 2 期。

合国工商业与人权指导原则》，推动体育企业和赛事全举办周期注重运动员人权保障，完善尽责调查程序和有效的申诉程序。[67]

九、体育产业相关法律问题研究

（一）体育产业促进法治化研究

我国经济进入从高速增长到高质量发展的转型期，全面深化改革背景下的体育产业发展成为重头戏，尤其是自《国务院关于加快发展体育产业促进体育消费的若干意见》（国发〔2014〕46号）文件出台以来，体育产业发展迅速，但政策具有强制性弱、不稳定的弊端。姜世波等人认为应将政策有步骤地上升为法律，制定《体育产业促进法》等专门法律，明确立法形式、产业范围和发展定位，确立和保护体育产权，助力体育产业国际化，通过其先试先行带动《体育法》的修改与完善，逐渐实现由政策主导向法律引导的转变。[68]

另外，政府与市场在体育产业发展中发挥着不同的作用，如何处理二者之间的关系，是新时期实现体育领域全面深化改革的关键。姜熙等人认为新时代背景下二者关系应当定位于互补共进，逐步、分阶段地提升市场在体育资源配置中的决定地位，避免因过多的行政干预而导致市场失灵的现象，政府应以引导全局的姿态制定合适的产业政策，放松管制、开放市场、打破垄断，真正实现简政放权，并对体育社会组织的市场干预行为进行规制监管，创造良好的法治环境以推进依法治体。[69]

（二）体育知识产权研究

1. 体育赛事版权

近年来，我国体育赛事转播侵权案件频发，赵杰宏等人认为

〔67〕 参见袁钢：《基于国际体育组织应尊重和保障运动员人权视角的"Lex Sportiva"的正当性研究》，载《首都体育学院学报》2019年第2期。

〔68〕 参见姜世波、王睿康：《论我国体育产业政策的法律化——以国务院"46号文"为例》，载《武汉体育学院学报》2019年第10期。

〔69〕 参见姜熙、王家宏、谭小勇：《新时代全面深化体育改革中政府与市场关系之研究》，载《武汉体育学院学报》2019年第1期。

"三网融合"为赛事直播节目的网络盗播提供了便利，信息网络传播权、兜底权利等难以杜绝该类现象。[70]各地法院在处理该类案件时不同的判决结果引发了体育法学界关于体育赛事版权的法律定位和保障路径的探讨。

龚韬等人认为体育赛事转播权是转播机构对其制作的赛事节目和转播信号享有的著作权、广播组织权或录音录像制品权，赛事组织者享有的转播许可权也涵盖其中，是一种新型的复合型权利，提出应将体育赛事节目置于知识产权的框架中进行考量，权利应属于节目制作方，并基于节目的独创性对制作方享有的权利予以认定，对于体育赛事转播权的保护可从"转播许可权、著作权与邻接权""宏观、中观与微观"的多重角度寻求出路。[71]

华劼认为独创性和可复制性是体育赛事受版权保护的两个前提要求，从保护体育赛事组织者利益角度出发，有必要通过法律为其创设赛事直播权。虽然体育赛事本身不受版权及其相关权利保护，但体育赛事节目应受版权保护，具体保护路径要从作品或录像制品认定进行分别考虑，目前被认定为作品的情况更多。[72]

董慧娟等人认为目前体育赛事的拍摄技巧和编排已成为一种技术规范，独创性有所不足，故难以被认定为作品，而广播组织者权因适用主体的限定也难以成为赛事节目的版权依据，但若将赛事直播画面认定为录像制品，便可根据信息网络传播权对其进行有效保护。[73]张伟君同样认为直播画面是否按照"固定"要求被同步储存，是认定其作品或录像制品性质从而对其进行版权保护的前提。[74]

---

〔70〕 参见赵杰宏、马洪：《赛事直播节目网络盗播的规制困境与出路》，载《武汉体育学院学报》2019年第3期。

〔71〕 参见龚韬、刘智瑜、何炼红：《体育赛事转播权的多重解读及其类型化保护》，载《武汉体育学院学报》2019年第11期。

〔72〕 参见华劼：《体育赛事及体育赛事直播节目版权问题研究》，载《兰州学刊》2019年第7期。

〔73〕 参见董慧娟、汪超：《论体育赛事直播画面之著作权法保护方案》，载《中国发明与专利》2019年第5期。

〔74〕 参见张伟君：《从固定要求看我国〈著作权法〉对体育赛事直播画面的保护》，载《中国发明与专利》2019年第4期。

游凯杰提出鉴于我国部门法协调以及"著作权—邻接权"二分协调的内外协调机制，在《中华人民共和国著作权法》的框架下对体育赛事节目做扩张解释和立法完善是较为合理的路径。[75]

向会英对西方国家关于体育赛事转播权的相关规定进行了研究，指出体育赛事转播权的确立是全球发展趋势，将该权利认定为一种新型财产权和邻接权的复合权利更有利于对其的保护，俱乐部应当是赛事转播权的天然所有者，体育组织者是共同所有者。[76]孙高峰等人认为对于赛事转播权的集中出售，可进行利益分配的重构以实现利益平衡，在我国现有制度、立法和司法实务对其定性不清、权属不明的困境下，应当先建立体育赛事转播权的归属和利益分配制度。[77]

张婷等人认为欧洲现有的法律框架在传统和新型的知识产权和同源权利的合力下，已经可以较好地为体育产权提供保护，我国应当进一步完善现有法律，将体育赛事列入法律保护的范畴，在多部门之间建立协作保护机制，市场监管部门应加强对垄断与反垄断的监管。[78]管荣齐等人则提出我国体育版权的权利保护路径有一般财产权或商品化权、录像制品制作者权、广播电视组织者权、影视作品著作权、反不正当竞争法和专门法几种选择。[79]

2. 体育商标权

体育商标是体育相关产业的重要财产，培育自主性体育赛事和体育品牌，注重体育商标权的保护，需要相关立法工作的不断跟进。我国虽已成为世界最大的体育产品生产国和出口国，但自主体育品牌在国际体育市场并没有竞争优势。王晓贞认为争议商标是否涉及

---

〔75〕 参见游凯杰：《著作权法体系下体育赛事直播画面的权利保护》，载《武汉体育学院学报》2019 年第 2 期。

〔76〕 参见向会英：《比较法视野下欧美国家职业体育赛事转播权研究》，载《成都体育学院学报》2019 年第 1 期。

〔77〕 参见孙高峰、王家宏、王超：《论中国体育赛事转播权的利益分配之重构》，载《体育与科学》2019 年第 1 期。

〔78〕 参见张婷、张勍、毛维国：《欧洲体育赛事知识产权保护研究》，载《体育与科学》2019 年第 3 期。

〔79〕 参见管荣齐、李祥萌：《体育赛事转播权的保护路径选择》，载《中国发明与专利》2019 年第 4 期。

不正当竞争、是否有相关的法律依据，以及争议商标的相似性等因素是影响体育商标争议结果的重要因素，未来我国应注重强化企业的法律意识以避免可能产生的法律纠纷，尽快完善商标法律体系，加强商标的使用与保护。[80] 崔汪卫提出目前奥运特殊标志因立法不完善、多头执法不协调统一、知识产权保护意识薄弱等原因容易遭到侵权，奥运特殊标志权不适合通过我国现有法律体系进行保护，而是应当采取专门法保护的模式，建立一套专门的奥运特殊标志保护制度。[81]

（三）体育人力资本产权

随着体育参与主体的日渐多元化、国际化和职业化，运动员的价值得到不断开发，运动员人力资本成为稀缺资源，受到多方投资市场主体的青睐。但运动员人力资本产权的价值开发和交易在我国存在较多问题。

王茜等人将我国运动员分为"计划型""市场型"和"融合型"三种，投资主体分别对应为国家、市场和国家与市场融合，不同类型的运动员与投资主体之间的权利义务各有差异，我国可通过法律明确运动员人力资本的产权归属，尝试构建"市场法制型"的归属配置模型，规制体育管理职能部门的权力行使，调节市场与政府主体的行为选择，推进运动员人力资本产权归属配置的法治化建设。[82]

运动员个人价值作为体育无形资源被逐渐挖掘，运动员商品代言是重要渠道，近几年体育界曝出的商业代言纠纷也日渐复杂。胡宜等人认为目前相关立法缺漏、个人与组织冲突等问题阻碍了商业代言的市场化进程，接下来我国应注重法律法规先行，制定运动员商业代言的相关政策，合理划分各方权益，提升运动员代言的法律

---

〔80〕 参见王晓贞：《从典型体育商标争议案例探讨中国体育品牌的发展》，载《西安体育学院学报》2019年第2期。

〔81〕 参见崔汪卫：《我国奥运特殊标志权的检视与完善》，载《武汉体育学院学报》2019年第4期。

〔82〕 参见王茜、王家宏：《"融合型"运动员人力资本产权归属配置问题的法律研究》，载《体育科学》2019年第1期。

保障，简政放权以激发商业代言的市场潜力。[83]

张志伟认为举国体制下的运动员形象商业开发与利益分配的法治建设缺乏足够的正当性，与举国体制下形象财产权利主体的双重性相矛盾，运动员商业价值的开发方面受到过多约束且利益分配过于统一，应以国家为主，市场为辅，赋予运动员一定的自主开发权，设定最低收益分配比例，实现分配主体和分配比例的多元化、动态化。[84]

十、总结

通过对 2019 年体育法学研究成果的整理，可以发现以下几个特点：①新中国成立 70 周年和改革开放 40 周年以来，体育法学研究和体育法治建设的回顾成为焦点。②《体育法》修改和体育法治的宏观建构、微观问题剖析仍是炙手可热的讨论话题。包括像体育权利、全民健身与全民健康、学校体育法律保障、竞技体育（职业体育）的法治保障等问题。③回应国际、国内重大体育改革，如体育产业促进、球员归化、强制仲裁条款的效力、反兴奋剂的政治化和运动员个人权利保护等问题的研究。④基于法学视角以实践问题导向进行研究，为体育行业自治、运动员权利保障、体育知识产权保护、体育伤害行为认定与责任承担等问题探寻解决路径，实现理论研究反哺实践。

2019 年体育法学研究硕果累累，很多成果对于体育事业发展有重要意义，但仍存在以下几点问题：①在回应现实问题研究的同时，体育法学基本理论的研究有所削弱，这可能与多数成果是出于作者所主持和参与的各类纵向研究课题有关。近年来，国家社科基金、教育部以及国家体育总局的咨询类课题日益面向我国体育改革和发

---

[83] 参见胡宣等：《我国运动员商业代言问题研究》，载《体育文化导刊》2019年第 9 期。
[84] 参见张志伟：《现阶段运动员形象商业开发和利益分配制度的完善》，载《西安体育学院学报》2019 年第 1 期。

展，以倡导问题导向的研究为主，但多数学者为课题所困，反而对基本理论问题的关注有所减弱。②研究方法局限性较大，对最新的研究方法，如实证调查、大数据分析、多学科交叉研究等缺少应用，体现出体育法学研究工作者对最新科技发展、对最新社会科学研究方法的冷漠或者不熟悉。③通过对期刊论文的检索可看出，研究队伍中主要还是在体育法学领域研究多年的学者，后起之秀数量明显欠缺，后继乏人，体现了培养体育法学研究人才的紧迫性。④中国问题意识不够突出，不少研究没有紧密结合中国体制、中国特色提出中国方案，简单移植外国经验较多。比如对国家体制在法治体育中应当如何发挥作用，加强党的领导在体育治理和体育产业发展中的作用机制，体育社会组织治理结构的中国化，党建引领，德治与自治多元共治的法律机制等方面回应较少。党内法规体系已经成为中国特色社会主义法治体系的组成部分，但体育法学的研究对此基本上没有回应。

在"依法治体"的时代要求下，未来我国体育法学应向以下几个方向努力：①虽然十九届三中全会后才有关于体育治理现代化的研究，但十九届四中全会后，结合全会决定，研究体育法治如何回应并推动国家体育治理体系和治理能力现代化将成为未来一个时期的研究热点。②中央立法需要地方立法的配套实施与执行，接下来体育法学研究应在完善中央体育立法的基础上，兼顾对地方体育立法、执法和司法的研究。③体育法学基本理论决定体育法学能否得以自我证成，是体育法学理论革新与学科建设的关键。未来体育法学在对现实问题进行研究的同时，也应注重对体育法学基本理论的研究。④学者们要学习掌握实证调查、大数据分析、多学科交叉研究等研究方法，改变理论研究缺乏事实论证的现状。⑤无论是法学院教育，还是体育学院教育，特别是硕士生、博士生培养单位，应当加强对体育法学研究人才的培养。

中美体育法学研究的范式、材料和流派比较研究

张耀文* 吴伟斌**

托马斯·库恩（Thomas Kuhn，1922-1996）于 1962 年首次提出了"范式"一词，他认为该词有两种不同意义的使用方式，"一方面，它代表着一个特定共同体的成员所共有的信念、价值、技术等构成的整体。另一方面，它指谓着那个整体的一种元素，即具体的谜题解答；把它们当作模型和范例，可以取代明确的规则以作为常规科学中其他谜题解答的基础。"[1]范式的概念在自然科学和社会科学的研究中得到了广泛应用，体育法学研究应同时从范式的两种使用方式出发，发现体育法学研究的方法、材料和流派，为体育法学研究提供完善的理论向导和创新方式。

自 1995 年《中华人民共和国体育法》（以下简称《体育法》）颁布后，国内关于体育法学的研究呈现跳跃式发展的局面，但对美国体育法研究的内容较少。欲研究体育法，需要先对国内和国外关于体育法学研究的方法、材料进行审视，分析体育法研究的主要流派，以继往学而拓新知，为我所用，进而回应完善中国体育法的基本研究诉求。

---

　* 天津大学法学院博士研究生。
　** 上海体育学院讲师。

〔1〕 ［美］托马斯·库恩：《科学革命的结构（第四版）》，金吾伦、胡新和译，北京大学出版社 2012 年版，第 147 页。

一、国内体育法学研究的范式、材料和流派

体育法学作为交叉学科，研究者具有不同的知识背景。法学背景的研究者和体育背景的研究者由于原本学科知识结构和惯用研究方法的不同而习惯于采用不同的方法研究体育法。就此，关于体育法学的研究范式在方法层面呈现出有所殊异而共同发展的情况。

（一）传统法学方法

当下法学的基本研究方法二分为法教义学和社科法学的方法，就社科法学而言，体育法学的研究以从属于社科法学之法社会学为重点。

1. 法教义学

法教义学也可以称为规范分析方法，认为法律是规范而非价值，对于法律条文进行批判分析，基于条文进行适用研究。另外，从法律人最基本的法律思维来看，三段论处于核心地位，即按照大前提、小前提、结论的逻辑思维方式进行推理，结论是根据小前提即所依据的事实代入大前提得出的结果。法律谚语"目光在大前提和小前提间来回穿梭"，就是指法律推理要来回寻找、发现大前提和小前提。大前提通常是法律规定，重视规范的法教义学的前提正是寻找法律渊源，简称为"法源"。

对于体育法学研究而言，最重要的法源就是《体育法》。该法自实施以来，已经历 25 年多的时间，2009 年和 2016 年只是针对少数文本名称和部分行政审批要求做了删改，《体育法》并没有在结构安排和实质内容上进行全面修订，这也解释了当下体育法学研究关注该法修改的原因。除了《体育法》这一最重要的法源以外，根据国家体育总局官方网站《现行有效的体育法律、法规、规章、规范性文件和制度性文件目录》的统计，截至 2019 年，中国特色体育法律制度体系还包含 7 件行政法规、32 件部门规章、167 件规范性文件（群众体育 37 件、竞技体育 18 件、青少年体育 8 件、体育经济 37

件、劳动人事 35 件、其他 32 件）。[2] 此外，与体育相关的司法判决和各行业协会的规则等"软法"也是体育法学研究的"法源"。在这些"法源"的基础上，法教义学研究要求找到具体可以适用的法律，对它们的法律位阶、规范间的冲突及冲突如何解决进行研究。

2. 社科法学

社科法学则试图与其他社会科学结合起来，利用其他社会科学（如社会学、逻辑学等）研究法律与生活的联系和制约关系，包含以社会学知识分析法律建构合理性的法社会学，以经济分析的方法分析法律成本和收益的法经济学等新兴的研究方法。就美国法社会学而言，代表人物有罗斯科·庞德（Roscoe Pound，1870-1964）、本杰明·内森·卡多佐（Benjamin Nathan Cardozo，1870-1938）和奥利弗·温德尔·霍姆斯（Oliver Wendell Holmes，Jr.，1841-1935），为了反对自然法学的传统权利观念和分析法学派的形式主义，他们认为需要对社会利益进行广泛和有效的保护，如庞德提出"在任何一种情况下，社会控制（秩序的维持）有可能为最大多数人做最多的事情"。[3]

关于体育法传统法学研究方法较早的观点是，"制度性研究本身存在着难以克服的缺陷……对体育法律规范本身的关注居多，而从体育法律现象赖以产生和存在的广阔的背景中考察较少"，"未能引用和吸收当代法哲学、社会法学、分析法学……已有的研究成果和方法论"，主张法教义学到社科法学的转变。[4] "体育法学的方法论基础是法教义学。尽管在晚近，社科法学向法教义学发出诘难，但后者仍然是且应当是体育法学的主流研究方法"[5]，主张与大陆法系成文法传统相近的中国特色社会主义法律体系仍然要以法教义学为

---

〔2〕 参见田思源：《改革开放 40 年体育法治建设的中国化道路》，载《北京体育大学学报》2018 年第 11 期。

〔3〕 [美] 罗斯科·庞德：《通过法律的社会控制》，沈宗灵译，商务印书馆 1984 年版，第 34 页。

〔4〕 参见韩勇：《中国体育法学研究：从法解释学到法社会学》，载《体育科学》2010 年第 3 期。

〔5〕 参见赵毅：《晚近的体育法教材写作与体育法方法论变革——兼评刘举科、陈华荣主编〈体育法学〉》，载《体育成人教育学刊》2015 年第 6 期。

基础。关于此问题最新观点是，"未来中国体育法学发展应直面现实的体育法律现象、规律，可依循一条从实践出发的社科法学进路前行，以扩展研究体育法学问题的知识界限和方法论"〔6〕，即主张今后的研究应以社科法学为主。

有观点认为"我国体育法学研究范式存在政治法学、立法法学、解释法学和社科法学四种研究方法"〔7〕，这样的分类存在一定的问题。政治法学这一概念本身是自我矛盾的，不符合法治的一般精神；立法法学本身难以成为一种严格的法律方法，是不恰当的；解释法学仅是对现行有效的法律进行研究的法教义学的一部分，除解释法学外还包含法律续造等。因此体育法学在研究方法上存在的仅是法教义学和社科法学之争。

在主辅问题上，主张以法教义学为主的学者的价值考量和基本立场在于，当今法学领域研究的基本方法仍然是法教义学，故体育法的研究亦然应因循于此。主张以社科法学为主的学者则从体育法之体育社会的参与性出发，强调"活的"和现实中的体育法，力求从社会体育活动中获取体育法研究的养料。法教义学和社科法学各有独到之处，法教义学对于一国法的确信、法秩序的规范性与体系性研究和法律解释有重要意义；而社科法学则能更好地关注体育本身的社会价值，对于法教义学的研究基础——法律规范存在的不完善、缺乏对快速发展的体育产业的针对性和实效性的问题有改善作用。实际上，对体育法而言两种方法在本质和目标上是统一的，两种方法均是为解决体育法作为新进法律部门的众多独特问题和促进体育法的发展而服务的，就体育法的研究和教学而言应并行不废，体现在教科书中则应同时重视法律规范和实际案例，注重社会利益和社会政策的分析。

（二）传统体育方法

有体育学科背景的学者习惯运用体育社会学与体育文化学的研

---

〔6〕 参见汤卫东、张剑威：《直面体育实践：体育法学研究的社科法学进路》，载《武汉体育学院学报》2017年第7期。

〔7〕 参见孙国友：《回顾与瞻望：我国体育法研究范式之研究》，载《浙江体育科学》2013年第1期。

究方法研究体育法。"体育社会学是运用社会学的社会视角和研究方法研究体育与其他社会现象、体育与人之间的关系，以及作为一种社会制度的体育内部结构和作为一种社会文化活动的体育的发展规律的社会学分支学科"。[8]体育文化学的定义是"融健身、游戏娱乐、竞技、教育于一体的人类身体活动的一种文化模式"。[9]

体育社会学在研究方法上注重实践，主张实践和思辨研究的结合，常用的实践方法是通过问卷的方式进行社会调查。除了社会调查的方法外，体育社会学还采用社会学的中层理论进行研究，主要包含冲突论、符号互动论、结构功能主义等；概念工具包括社会的分层、地位、流动、网络和角色设置等。体育文化学"综合运用现代科学技术哲学、现代社会学、现代文化学……对现有体育文化的资料、观点、理论进行全面的梳理"[10]，在范式上趋向于对体育进行"互动、批判、建构"的文化学方法的转换。

习惯于从社会学角度研究体育法的学者，持社科法学的研究方法和进路应作为以后主要发展方向的观点，提出"体育的社会性奠定了体育法的社会性基础"，"体育法的属性最终也将会走向社会法属性"，运用"市民社会理论"来论证"体育法的社会法属性"，[11]这在很大程度上受到体育研究重视社会学方法的影响。因此，具有体育背景的学者主张的社科法学研究方法和其常用的体育社会学的研究方法在本质上是一致的。事实上，具有法律学科背景的体育法学者在研究中也自觉地将体育人文的方法应用到体育法研究中，"以体育人文视角写就体育法"，[12]体现体育的人文关怀本质。

---

〔8〕 参见卢元镇、于永慧：《给体育社会学一个准确的学科定位》，载《体育科学》2006年第4期。

〔9〕 薛有才：《体育文化学》，航空工业出版社2013年版，第18页。

〔10〕 参见王岗：《立足中国的体育文化基础理论建构——评薛有才著〈体育文化学〉》，载《浙江科技学院学报》2014年第2期。

〔11〕 参见胡旭忠、汤卫东：《论体育法的社会法属性——基于黑格尔法哲学的体育法本质解读》，载《成都体育学院学报》2014年第11期。

〔12〕 田思源主编：《体育法前沿》（第3卷），中国政法大学出版社2019年版，第244页。

（三）国内体育法学研究的学科方法

根据不同法学研究者的学科背景，在体育法的研究方法上有不同的趋向。具有国际法背景的学者偏重比较体育法和国际体育法的建构，郭树理对国际体育仲裁法庭（Court of Arbitration for Sport, CAS）的起源发展、制度和典型案例进行了详细论述，[13]他认为尽管中国体育事业的竞技体育"举国体制"独一无二，但是在全世界范围内，还有很多国家实行政府主导型的体育管理体制，因此比较借鉴的基本前提是存在的。[14]同时他也在比较视角下对各国典型具体的体育法律制度进行了梳理和总结。[15]黄世席提出欧盟体育法制是学术研究的对象之一，在介绍欧盟体育法制的基础上，他以国家为分类标准论述了主要国家的体育法律制度。[16]

具有法律史背景的学者偏重历史和比较法的方法，赵毅在体育法史方面通过对罗马体育法的研究，[17]发掘了大量体育法的原始文献，构筑了体育法厚重的历史基础，使体育法学界认真审视和客观面对作为古代法律文明巅峰之一的罗马体育法。[18]

具有宪法和行政法背景的学者多从立法角度出发，研究既存法律条文的问题和立法趋向。田思源的研究集中于《体育法》修改的若干核心问题，并对重要的体育行政法规进行了研究，总结了中国体育法治发展的基本经验并提出未来体育事业发展的法治对策，体现了中国特色社会主义新时代体育法治的最新发展方向。

此外，民法背景学者着重于体育侵权、劳动合同和知识产权等方面的研究。

---

〔13〕 郭树理主编：《国际体育仲裁的理论与实践》，武汉大学出版社 2009 年版，第 432~458 页。

〔14〕 郭树理主编：《外国体育法律制度专题研究》，武汉大学出版社 2008 年版，第 307 页。

〔15〕 郭树理主编：《外国体育法律制度专题研究》，武汉大学出版社 2008 年版，第 217~263 页。

〔16〕 参见黄世席：《欧洲体育法研究》，武汉大学出版社 2010 年版。

〔17〕 参见赵毅：《罗马体育法要论》，法律出版社 2017 年版。

〔18〕 参见王家宏：《法律与体育的古典碰撞：评〈罗马体育法要论〉》，载《广西大学学报（哲学社会科学版）》2018 年第 2 期。

虽然学科背景极大地影响着当前体育法学研究者的研究趋向，但需要说明的是这并非绝对。从事体育知识产权研究的张玉超是教育学专业的博士，没有法学和知识产权学科背景，但他结合国内外体育知识产权典型案例的分析和论证，研究了奥林匹克、赛事转播、民族传统体育和体育专有技术的知识产权保护问题，并提出构建和完善我国体育知识产权保护的对策。[19]

具有法学背景的体育法学者都非常关注体育案例的重要作用，也带动体育法学界形成了重视体育案例的趋势。在现代体育法研究上，学界开始关注体育法从"政策体育法"到"案例体育法"的研究方法论转向，通过对体育法案例的研究，分析法院裁判的司法立场和法律适用。[20]

二、美国学界体育法研究的范式、材料和流派

（一）以判例为研究材料

美国的法律体系属于两大法系之一的普通法系，其法律体系的构建主要依赖于判例形成的规则，之后的判决以遵循先例的方式来保证法律的稳定性和一致性。在美国法学研究中，案例就是最直接的来源，相当于大陆法系国家的学者对成文法律的重视。在体育法领域的相关研究亦是以案例为基础。

1. 案例研究方式——以"棒球规则"[21]的确立为例

"棒球规则"（Baseball Rule）的基础框架是由克兰诉堪萨斯城棒

---

〔19〕 参见张玉超：《中国体育知识产权保护制度研究》，知识产权出版社 2012 年版。

〔20〕 苏号朋、赵双艳编著：《体育法案例评析》，对外经济贸易大学出版社 2010年版；刘双玉主编：《体育运动人身损害司法典型案例精析》，人民法院出版社 2018年版。

〔21〕 棒球规则：棒球队或者他的业余层次的赞助组织，在大多数情况下，只要该队伍在界外球最容易造成伤害的区域提供了保护性座位，就不对被打到座位上的界外球伤害的观众承担责任。该规则是由棒球运动引起的美国侵权法上的规则，并非指棒球运动的比赛规则。

球展览公司案[22]和埃德林诉堪萨斯城棒球展览公司案[23]确立的。

在克兰诉堪萨斯城棒球展览公司案中，塞缪尔·克兰在密苏里州堪萨斯城的协会公园观看美国协会 AA 级小联盟球队堪萨斯城蓝军的主场比赛，购票时他可以选择外场围栏外的露天看台的座位，也可以选择内场旁边的座位并在有空位的情况下坐在他想坐的任何位置。在当时，每个进行专业比赛的棒球场都安装了防护栏，至少覆盖本垒板后面的区域，而协会公园的防护栏延伸到了第一垒和第三垒的任意一条罚球线，距离本垒大约 90 英尺（约 27.4 米）。克兰选择了后者，坐在内场没有防护栏的一个座位上，但比赛中他被一个界外球所击伤。于是克兰在杰克逊县巡回法院提起诉讼，认为堪萨斯城蓝军棒球队疏忽大意而要求其赔偿，并以"合理照顾义务"为由要求为所有看台座位设置防护栏。审判法院没有支持克兰的诉求，克兰上诉。在上诉审中，约翰逊法官在判决意见书中提出，"棒球队有责任为观众提供一些在比赛中不受界外球影响的座位，但不为所有座位设置防护栏；在存在有防护栏的座位时选择坐在无防护座位上的观众对自己因界外球造成的伤害存在疏忽大意，无法得到救助。"另一位法官杰克逊写道："一个人被邀请到有两个职位可供选择的地方，其中一个职位比另一个更不安全，如果他充分了解风险和危险，选择了更危险的地方，就不能说他具备合理的谨慎。这是过失法的基本规则。"该案援引了密歇根州最高法院的一个判例意见，"众所周知，在这些比赛中，棒球被迅速地抛出和击打；棒球很容易被错过或击打到或被扔到棒球场内野线外；而站在这些球可能到达的位置上的观众了解安全风险但自愿处于该位置并承担风险。"[24]

在埃德林诉堪萨斯城棒球展览公司案中，埃德林选择了和克兰

---

[22]　Crane v. Kansas City Baseball & Exhibition Co., 153 S. W. 1076, 168 Mo. App. 301 (1913).

[23]　Edling v. Kansas City Baseball & Exhibition Co., 168 S. W. 908, 181 Mo. App. 327 (1914).

[24]　Blakeley v. White Star Line, 154 Mich. 635, 118 N. W. 482, 19 L. R. A. (N. S.) 772, 129 Am. St. Rep. 496 (1908).

一样的内场位置，但埃德林选择在防护栏后观看比赛。由于球穿过了防护栏上的破洞，致埃德林受伤。法官约翰逊的判决意见书援引的判例之一就是前述的克兰案，他认为埃德林选择的是内场但具有防护栏的位置，不同于克兰选择的内场没有防护栏的位置的情况。初审法院和上诉法院均支持了埃德林，确立了克兰案规则的例外，即"棒球队疏于维护阻止界外球进入看台区的防护栏，当界外球穿过防护栏而导致损害时，观众不存在无法避开球的过失"。

"棒球规则"通过克兰案和埃德林案基本确立，在随后相似的棒球伤害案件中，法官一般会援引这两个案件作为判案的依据，在基本规则的基础上继续发展"棒球规则"。[25]

在这样的体育侵权案件中，法官援引先前的相似判例互相讨论规则的合理性，在判决书中确立普通法的基本规则，在判决书的附带意见（Dictum）部分提出重要的说理，极大地促进了体育法规则的创制和发展。针对判例，学者们在一些法律评论或法律杂志上进行个人解读，丰富了体育法规则。戈登·希尔顿的《法庭中的界外球：棒球观众伤害作为案件的第一印象》[26]提出，"令人惊讶的是，第一批达到上诉法院级别的案件（即克兰案和埃德林案等）直到1910年代初才出现，这是商业化棒球诞生近半个世纪之后的事"，为了探寻目前棒球界外球伤害的司法源头，他在分析克兰案和埃德林案时代背景的基础上对案例进行了评述。正是法官和学者对体育法案例的重视和研讨，使得美国体育法学快速成长并日益显示出其独特性。

---

　　[25]　如在 Kavafian v. Seattle Baseball Club Association, 181 P. 679（1919）案件中，华盛顿州最高法院根据克兰案推翻了先前支持坐在防护栏之外而受伤的观众的判决；在 Wells v. Minneapolis Baseball & Athletic Association, 142 N. W. 706（1913）案件中，明尼苏达州最高法院提高了球场告知义务的标准，对于不懂得棒球场基本情况的观众，棒球场应给予危险说明。

　　[26]　J. Gordon Hylton, "A Foul Ball in the Courtroom: The Baseball Spectator Injury as a Case of First Impression", *TULSA L. REV.*, 38, 2003, p. 485.

2. 主流教科书的体育法案例设置

雷·亚瑟等著的《体育法：案例与材料》自 1990 年[27]首次出版以来，至 2016 年已经出版到第 8 版，[28]通过对判例和相关材料的说明，分为业余体育、职业体育、体育活动的刑事与民事责任三编撰写。2017 年出版的钱皮恩的《体育法概要》第 5 版[29]更新了如奥班农诉全国大学体育协会案、詹金斯诉全国大学体育协会案、国际足联腐败案等与体育法最新发展相关的材料。2018 年出版的保罗·韦勒等著的《体育与法律：文本、案例与问题》第 6 版，[30]其主要案例部分涉及了专业和业余体育运动的法律问题，如由全国大学体育协会管理并受第 9 章约束的大学体育体系的相关内容、国际奥林匹克运动的运作等。这些多次再版的体育法经典教材无一不体现了案例在体育法研究中的重要作用，案例是教科书编写最为核心的内容。

教科书在适用对象上有所区分，如前述书目有的会说明适用于本科生和研究生。多依斯·科顿和约翰·沃洛汉的《关于娱乐和体育管理人员的法律》第 7 版[31]提供了大约 275 个有指导意义的案例，为将来希望在娱乐和体育管理领域深耕的学生提供智识支持。琳达·夏普等著的《体育法：管理方法》[32]提出为教练、行政主管和专业体育组织等提供更有效和更成功的管理方式。尽管如此，这些最新出版的书目仍然是以案例为核心的，在出版介绍上都会突出大量案例的精析内容。

教科书在案例的分类上目前主要有两种方式，一种是雷·亚瑟

---

[27] Ray Yasser, et al. , *Sports Law*: *Cases and Materials*, Cincinnati: Anderson Publishing Co. , 1st edition, 1990.

[28] Ray Yasser, et al. , *Sports Law*: *Cases and Materials*, Durham: Carolina Academic Pr. , 8th edition, 2016.

[29] Walter Champion T. , Jr. *Sports Law in a Nutshell*, Saint Paul: West Academic Publishing, 5th edition, 2017.

[30] Paul C. Weiler, et al. , *Sports and the Law*: *Text*, *Cases*, *and Problems*, Saint Paul: West Academic Publishing, 6th edition, 2018.

[31] Doyice J. Cotten, John T. Wolohan, *Law for Recreation and Sport Managers*, Dubuque: Kendall Hunt Publishing, 7th edition, 2016.

[32] Linda A. Sharp, et al. , *Sport Law*: *A Managerial Approach*, Abingdon: Routledge, 3rd edition, 2014.

等著的《体育法：案例与材料》按照业余、职业体育等不同的体育类型划分案例类型；另一种是按照运动领域划分案例类型。《棒球与法律：案例与材料》[33]借鉴了包括法院判决、仲裁裁决、法律评论文章、报纸故事和博客文章等材料，在文化、历史的背景下介绍棒球相关案例和背后的法理。《自行车运动与法律：你作为骑行者的权利》[34]为自行车骑行者解答了关于动物突袭、道路故障、路怒族、骚扰等与骑行有关的法律问题。

（二）体育法课程开设及实践活动

1. 美国法学院与体育学院概况

从 1998 年开始，隶属于马凯特大学法学院的全国体育法协会展开了关于美国法学院体育法课程的学习调查，分别于 1999 年、2003 年、2009—2010 年、2011 年进行了共计四次调研，对课程的开设、老师和体育法杂志等进行研究。

根据最近一次 2011 年的网络调研，全美大多数法学院继续提供至少一门体育法课程。总体而言，被调查的学校中有 84%（198 个中的 167 个）提供至少一门体育法课程。在少数几所没有提供体育法课程的学校中，许多学生通过参加学生组织或竞赛获得一些体育法的学习机会。同时，有几所学校提供不止一项体育法课程。1999 年，11%（116 个中的 13 个）的学校提供了不止一门体育法课程。2003 年，这一比例上升至 21%（80 个中的 17 个）。2010 年的调查结果类似，25%（55 个中的 14 个）的学校提供了不止一门体育法课程。2011 年的网络调研发现，只有 17%（198 个中的 34 个）的学校提供两门或以上的体育法课程，但学校数量（34 个）仍然是早期调查中的两倍。[35]体育学院的体育法课程开设更为普及，根据美国国

---

〔33〕 Louis H. Schiff, Robert M. Jarvis, *Baseball and the Law: Cases and Materials*, Durham: Carolina Academic Press, 1st edition, 2015.

〔34〕 Bob Mionske, Lance Armstrong, *Bicycling and the Law: Your Rights as a Cyclist*, Boulder: VeloPress, 2007.

〔35〕 "National Sports Law Institute, 2011 Sports Law Internet Survey", available at https://law. marquette. edu/national-sports-law-institute/2011-sports-law-internet-survey, accessed at 2019-7-27.

家运动和体育教育协会（National Association for Sport and Physical Education，NASPE）的资料，体育法是体育管理专业本科和硕士的必修课程。[36]

法学院除了课程开设比例达到84%以外，佛罗里达州海岸法学院、马凯特大学法学院和杜兰大学法学院3所学校（6%）为学生提供获得体育法专业证书的机会；12所学校（6%）出版体育法律评论或期刊。170所学校（84%）有学生体育法学会；5所学校（洛约拉法学院、马凯特大学法学院、佛蒙特法学院、宾夕法尼亚州立大学迪金森法学院和托马斯杰斐逊法学院）设有体育法学院或研究中心；被调查的学校中有40%（20所）会宣传他们参加体育法模拟法庭竞赛的学生团队，这比2003年调查发现的16%（80个中的13个）有所提升。[37]

2. 中国高校的体育法课程概况

目前在体育法研究群体方面已经呈现出法学院和体育学院共同研究的态势，但在体育法课程开设上，根据高岩的统计，在24家开设体育法课程的院校中，[38]体育法课程基本开设在体育学院，主要面向体育专业的学生。目前专门开设体育法必修课的政法院校或法学院极少，只有具有体育法研究传统的山东大学、湘潭大学、武汉大学等学校的法学院开设有体育法课程，有学者提出应该"在法学院中开设体育法课程……从而促进学科发展"。[39]

国内关于体育法的研究成果多发表在综合性的体育学刊和法学期刊上，关于体育法研究的专门学术期刊不多，目前董双全创办的《体育与法》电子期刊在汇聚体育法前沿情况、关注体育焦点案例方

---

〔36〕 NASPE, *Sport Management Program Standards and Review Protocol*, Oxon Hill, MD: AAHPERD, 2000.

〔37〕 "National Sports Law Institute, 2011 Sports Law Internet Survey", available at https://law.marquette.edu/national-sports-law-institute/2011-sports-law-internet-survey, accessed at 2019-7-27.

〔38〕 参见高岩：《我国高校体育法课程开设现状与分析》，首都体育学院2014年硕士学位论文。

〔39〕 参见杨垠红：《国际化视野下的体育法教学之探索》，载《体育成人教育学刊》2015年第6期。

面取得了一定成就。各个高校创办了一些体育法研究机构，如中国政法大学体育法研究中心、华东政法大学体育法学与体育产业研究中心等，但均以教师研究为主，学生的参与度较低。

（三）律师是重要的研究群体

以美国当前体育法研究的主流杂志《马凯特体育法评论》（*Marquette Sports Law Review*）为例，其在1990年创办之初被称为《马凯特体育法杂志》（*Marquette Sports Law Journal*），一开始的研究群体主要是教师和一些学生，主要内容是编辑和撰写国家体育法律前沿事件的评论（Comment）。它不同于综合性体育杂志或法律杂志，因其专注于体育法领域，故创办之初面临着关注领域较窄、优质稿件来源少和读者受众面窄的问题。解决上述问题的思路有两种，一是将杂志涵摄范围扩大到体育法、娱乐法等领域，[40] 二是吸引从事体育法实践的律师共同参与文章的撰写和出版，以提高期刊质量和增加关注群体。《马凯特体育法评论》在保持关注领域不变的情况下选择了后者，从而发展成美国今天最重要的专业体育法杂志之一，而不是体育法与娱乐法并重的杂志。

目前在国内体育法研究群体中，体育法律师的参与热情很高。中国法学会体育法学研究会也吸收了大量的律师会员。体育法学研究的兴盛不应仅体现在律师参与学术杂志的程度上，体育法律师在参与体育法实务的本职工作外，应参与到体育法学术会议、体育法的制定修改等实践过程中。

（四）宪法意识与平权意识

1620年11月11日，一艘名为"五月花"的大帆船上，来自英国的清教徒为了创立一个大家都能受到约束的自治基础，在即将登陆美洲时签订了一份公约，创立了一个基于被管理者同意的自治团

---

[40] 如创办于1999年的《弗吉尼亚体育法杂志》（*Virginia Journal of Sports and the Law*），2001年后更名为《弗吉尼亚体育法和娱乐法杂志》（*Virginia Sports and Entertainment Law Journal*）延续至今；也有的娱乐法杂志通过更名为娱乐法与体育法杂志这种扩展领域的方式发展杂志，如华威大学（University of Warwick）主办的《娱乐法》（*Entertainment Law*）更名为《娱乐法和体育法杂志》（*Entertainment and Sports Law Journal*）。

体，这份公约被称为《五月花号公约》（The Mayflower Compact）。该公约对美国的影响持续至今，是美国信仰自由、宪法、法律等重要政治文献的基础。

"美国体育法研究重点更倾向于'体育与法'，如职业体育与反垄断，性别平等与第九修正案，都是与国家法密切相关的"。[41]美国的体育法学研究表现出重视宪法规定的权利的特点。在今天的美国体育法学研究中，由于 1972 年颁布的《教育法第九修正案》（Title IX）保护女孩子和妇女在学校、学院和大学中免受歧视，以及此后棒球等拒绝女性参赛的运动、大学体育的规章制度建构等体育平权问题成为体育法的热点话题，故与之相关的论文数量汗牛充栋。比如布兰登对高校体育项目具体分析后认为，高校不必为了达到第 9 条的要求而减少体育项目，而是要在平等对待女性运动员的基础上区分个别不平等的项目，"从理论上讲，这将平衡男女运动员、大学和整个社会的竞争利益，同时也将延续第 9 条提出的性别平等的目标"。[42]布列塔尼·K. 普齐指出，第 9 条已经在促进男女平等参与方面发挥了巨大的作用，不应该被废除；通过对棒球运动的分析，他指出棒球不应属于第 9 条豁免的部分接触型运动，应当让女性平等地参与棒球运动。[43]

就目前国内体育法研究而言，对于体育法的宪法研究集中在《体育法》的修改和公民体育权利的论述上，如田思源从宪法角度提出对体育基本法到体育促进法的立法建议，[44]"体育权利目前仍为推定权利，由《宪法》第 21 条第 2 款和第 47 条推定而来，属第 47 条之其他文化事业"，提出体育法修改的核心是保障公民体育权利的

---

[41] 参见韩勇：《美国体育法学发展及对中国的启示》，载《体育与科学》2015 年第 3 期。

[42] Brandon Kai Golden, "Evaluating Opportunity in College Sports (Title IX)", 22, 2016, *CARDOZO J. L. & GENDER*, p. 335.

[43] Brittany K. Puzey, "Title IX and Baseball: How the Contact Sports Exemption Denies Women Equal Opportunity to America's Pastime", *NEV. L. J.*, 14, 2014, p. 1017.

[44] 参见田思源：《我国〈体育法〉修改理念分析——兼论〈体育事业促进法〉的制定》，载《法学杂志》2006 年第 6 期；田思源：《对"体育基本法"的反思——再论"体育事业促进法"》，载《法学杂志》2013 年第 3 期。

实现。[45]黄鑫、符丁友认为"修改《体育法》应从宪法着手，明确体育权的内涵"。[46]但我国关于体育平权的法律专题研究还较少。

三、结论

（一）课程开展与配套制度需完善

当下国内体育法与宪法、民法、刑法等主流法学学科的课程开设数量和规模相差甚远，随着国内体育事业的发展和对专业型体育法律人才的需求，法学院应该在体育学院已经较为领先开展课程的情况下增开体育法课程，重视实质性的体育法学研究，加强与有体育法课程建设经验的体育学院之间的交流。在课程之外，应该配套体育法的模拟、仲裁法庭，鼓励学生参与体育法研究并加入体育法杂志运行的相关工作中，鼓励学生考取体育经纪人等体育相关证书，参与到体育法的学术会议中。

（二）重视体育法案例的精细化研究

我们具有与大陆法系相似的成文法传统，在司法实践中更重视成文法的解释和三段论的适用，不像英美等普通法系国家那么依赖判例。但最高人民法院的"指导案例"对各级人民法院的司法判决具有指导和促进同案同判的作用，说明判例研究在我国同样具有非常重要的意义。体育法学尚属于年轻的学科，对于司法实践中的体育伤害、运动员劳动合同纠纷等典型案件的分析，有助于体育法学的成长和体育法相关案件的准确裁判。在案例的具体研究上要体现精细化的特点，可以按照社会体育、学校体育、业余体育、职业体育等不同体育法律部门研究案例，也可以按照民事体育法律侵权、刑事体育犯罪等传统部门法研究案例，还可以以某一运动作为判例研究的分类标准，如美国存在对棒球法制和自行车体育法判例的研究。

---

〔45〕 参见田思源：《〈体育法〉修改的核心是保障公民体育权利的实现》，载《天津体育学院学报》2011年第2期。

〔46〕 参见黄鑫、符丁友：《公民体育权利保障与〈体育法〉修改》，载《广西社会科学》2016年第1期。

（三）研究方法与研究群体的宽容并蓄

在当前体育法学领域中，研究方法存在法教义学和社科法学主次关系的争论，但在实践操作中，如教科书的编写和课程的讲授上并不存在无法弥合的缝隙，所以两种方法并行不悖更有助于体育法学汲取不同研究方法的营养而发展壮大。除了这两种研究方法以外，体育法史的方法在挖掘体育法的历史资源上无可替代，这需要我们重视体育法的东西方根源，一般而言对西方的研究以古希腊、古罗马为起点并已经取得了一些成就，而本土历史资源的挖掘则需要体育法学者共同努力。在研究群体上，体育法学会及相关政府部门应推动体育与法学专业的教师、学生、律师携手并进，共同参与到体育法治的建设过程中。美国的《马凯特体育法评论》以及《体育律师杂志》（Sports Lawyers Journal）便是体育法研究共同体一致努力的成果。

（四）体育商业化是体育法学发展的根本动力

目前美国是体育商业化最好的国家，美国体育法学发展的根本动力正在于体育商业化和职业体育的兴盛。美国职业棒球大联盟（Majcor League Baseball，MLB）、美国职业篮球联赛（National Basketball Association，NBA）等在商业化的长期推动下已经发展为世界闻名的赛事。在这样的体育产业背景下，市场对于体育经纪人、体育法律师等专业体育法人才的需求极大，同时对专业性的要求提高，体育侵权、运动员与俱乐部的劳资纠纷等案例为体育法学的研究提供了源源不断的材料。此外，商业化本身的风险，如球员合同溢价、假球等不规范现象，需要通过对体育法学的进一步研究予以预防和避免。

新冠肺炎疫情对体育赛事的影响：
以不可抗力为视角*

朱文英**　冯海玲***

引　言

无人能预料到，2020 年这场席卷全球的新冠肺炎病毒疫情（以下简称"新冠疫情"）对世界各国的经济和社会生活均产生了极其严重的影响，体育领域也未能避免。因新冠疫情，各国的国内及国际赛事都受到很大程度的影响，体育赛事被暂停、延期甚至取消，或者空场举行比赛。如中国网球协会在 2020 年 2 月 14 日发布了关于延期和取消举办 4 月份赛事的通知。在爵士队球员新冠病毒检测呈阳性后，NBA 宣布暂停比赛。欧洲足坛五大联赛中，意甲宣布停摆，德甲、西甲、法甲先后宣布空场。[1]阿森纳俱乐部于 2020 年 3 月 11 日凌晨宣布当晚曼城主场与阿森纳的英超比赛将推迟进行，原因是阿森纳球队曾接触新冠肺炎确诊者需接受隔离，这是英超首次因新冠肺炎疫情而延期比赛。[2]2020 年东京奥运会也被迫推迟至

---

　* 山东省高等学校人文社科研究计划项目"比较法视野下体育赛事转播权问题研究"（J10WB55）阶段性成果。

　** 潍坊学院政法学院教授。

　*** 潍坊市中级人民法院法官。

〔1〕 参见《受疫情影响，欧洲五大联赛除英超外悉数宣布空场或暂停》，载澎湃新闻：https://www.thepaper.cn/newsDetail_forward_6440890，最后访问日期：2020 年 3 月 11 日。

〔2〕 参见《阿森纳被隔离 英超首次因疫情延期比赛》，载百度：https://baijiahao.baidu.com/s? id=1660855649552669213&wfr=spider&for=pc，最后访问日期：2020 年 3 月 11 日。

2021年举办。体育赛事的停摆给各方当事人带来了不同程度的影响。本文拟以新冠疫情的不可抗力认定为切入点，从合同法视角探讨新冠疫情对体育赛事不同主体产生的影响，并确定不可抗力条件和不可抗力条款背景下的损失分配和分担。

一、不可抗力的认定

认定是否构成不可抗力，是确定是否作为免责事由的前提和基础。

（一）不可抗力事项的范围

不可抗力，是指人力所不可抗拒的力量，它包括某些自然现象（如地震、台风等）和某些社会现象（如战争等）。[3]特别是作为合同中的免责情形，不可抗力在各国的法律中均有体现。不论当事人在合同中有无约定，一般不影响其作为免责条件的法律作用。"不可抗力"在《中华人民共和国民法典》（以下简称《民法典》）第180条、第590条均系合同责任的法定免责事由。第180条规定了不可抗力作为免责事由并对不可抗力进行了界定："因不可抗力不能履行民事义务的，不承担民事责任。法律另有规定的，依照其规定。不可抗力是不能预见、不能避免且不能克服的客观情况。"第590条则是在"合同编"中就作为违约责任的免责情形进行了规定，该条规定："当事人一方因不可抗力不能履行合同的，根据不可抗力的影响，部分或者全部免除责任，但是法律另有规定的除外。因不可抗力不能履行合同的，应当及时通知对方，以减轻可能给对方造成的损失，并应当在合理期限内提供证明。当事人迟延履行后发生不可抗力的，不免除其违约责任。"

就不可抗力事项的范围，各国的规定并不相同。麦卡获耶（Mc-Cardie）大法官认为，不可抗力可以包括战争、罢工、立法和行政干预（如禁令）、意外的设备故障，但不包含正常的坏天气（除了非

---

[3] 参见罗万里：《论不可抗力的风险分配与公平原则——兼与王利明、崔建远教授商榷》，载《河北法学》2000年第1期，第135~137页。

常规风暴）和经济上的因素（如欠缺资源）。[4]普通法中没有"不可抗力"概念，如果当事人因意外情势而导致履行不能，在法律上可获得救济法律依据是"合同受挫"。但是，"合同受挫"在普通法中的适用极其严格，该原则仅在"发生了极端的情况改变导致严格履行合同不再公正与合理"时方可适用。而在国际贸易合同中的不可抗力情形均由当事人约定，该约定也是不可抗力情形发生并引起争议时法官或仲裁庭裁决的依据。《联合国国际货物销售合同公约》第 79 条使用的是"障碍"（impediment）一词。国内有学者将不可抗力分为不可抗力条件与不可抗力条款，[5]前者是指法律规定的不可抗力致使不能履行时债务人免负违约责任的情形，后者是指当事人在合同中约定超过法律规定的部分，王轶教授在讲座中又将其分为重申型（重复不可抗力条件）、排除型（排除不适用）、扩张型（扩大使用条件）和限缩型（缩小适用条件）条款。笔者采纳国内学者的观点。

就体育赛事而言，除非赛事在全封闭的体育馆举行，绝大部分体育赛事是在露天或者半露天赛场举行，因此，体育赛事受外界因素的影响很大，国际赛事考虑的因素则更多。赛事组织者对不可抗力条款的约定会非常全面细致，无论是限缩型、排除型，还是扩张型的情形一般都会进行详细列举，并作出概括性规定。

（二）新冠疫情符合不可抗力

根据我国相关法律的规定，不可抗力的认定应当从三方面进行：不能预见、不能避免并不能克服，就我国发生的新型冠状病毒感染肺炎疫情这一突发公共卫生事件，是否构成不可抗力，也应当看该事件是否符合这三个要件。就不能预见而言，以现有的技术条件和一般认知，包括医院一开始也无法确定该类疾病的性质。就不能避免而言，无论政府出台的相关防控措施和应急处置措施是否及时，对社会大众来说，病毒扩散及传染的速度都是无法避免的，再加上

---

〔4〕 杨良宜：《合约的解释：规则与应用》，法律出版社 2015 年版，第 384 页。

〔5〕 参见崔建远：《不可抗力条款及其解释》，载《环球法律评论》2019 年第 1 期，第 48~57 页。

临近春节，人员流动颇大，每一个携带病毒的患者在自己没有察觉的情况下，在短暂的瞬间就可以传染给周围的人，虽然政府采取果断措施，但是对普通民众而言，自身客观上不能对疫情的产生和发展进程施加影响，而普遍的行动受限又导致各项民事活动无法实施，不能根据自己的意愿进行各种行为也已经不可避免。就不能克服而言，政府采取强硬的应对措施，例如严格限制城乡交通，导致交通停滞而无法正常出行，应当属于无法克服的情形。从目前世界各国的疫情发展和普遍采取的防控措施来看，也符合上述的三项条件。此外，需注意境外的法律文本、判例及学说大多不强求三个"不能"同时具备。如《国际商事合同通则》第7.1.7条规定："若不履行的一方当事人证明，其不履行是由于非他所能控制的障碍所致，而且在合同订立时该方当事人无法合理预见，或不能合理地避免、克服该障碍及其影响，则不履行一方当事人应予免责。"因此，本次新冠疫情显然符合法律上不可抗力条件的构成，应当认定为不可抗力。

（三）新冠疫情构成不可抗力的法律效力

无论是不可抗力条件还是不可抗力条款，认定不可抗力的根本目的在于，当其发生时，没有或者无法履行合同义务的当事人如何与对方进行风险负担和损失分配。毕竟发生不可抗力对双方都会造成损失或者损害。也即不可抗力条件或者条款旨在限制或者免除违约责任，可以说是违约纠纷的最后解决工具。[6]适用不可抗力的法律后果包括免除违约责任（合同部分或全部不能履行的）和解除合同（合同目的无法实现的）。英国1943年《法律改革（受挫合同）法案》、美国《统一商法典》及《第二次合同法重述》都从不同程度上对"合同受挫"的法律后果进行了明确的规定。按照普通法的传统，"合同受挫"会导致合同自动终止，当事人未履行的合同义务被免除，但是对方已经支付的款项可要求返还，已经产生的费用在正当的情形下，法院会允许一方保留全部或部分。在国际贸易领域，依意思自治原则，如果国际商事合同当事人对不可抗力的定义、法

---

〔6〕 参见韩强：《新冠肺炎疫情作为不可抗力的法律分析》，载《人民法院报》2020年2月17日，第7版。

律后果、责任分担做出了约定，则合同当事方应该按照约定优先适用。

如上所述，新冠疫情构成不可抗力条件已经无可置疑。但是，在当事人约定的不可抗力条款的情形下，就需要考察在认定为不可抗力之后，在体育赛事的各方主体之间如何分担风险和损失。既然体育赛事的各方主体均为合同关系，合同约定就是默示的"法律"，新冠疫情既然已经发生，那就需要考察体育赛事各方当事人在不可抗力事项的约定中是否能够涵盖本次疫情。如果双方当事人约定的不可抗力条款不能包括此类疫情，如没有类似的表述如疾病、流行病、公共卫生事件等，也没有兜底性条款如"包括但不限于""等其他意外情势"这样类似的表述，那么就不能适用不可抗力条款，当事人就应当根据约定履行合同义务。2020 年 3 月 1 日，在东京举办的马拉松赛事中，3 万多名大众跑者无缘比赛。对于大众跑者，赛事组委会并未退还报名费，因为根据东京马拉松《报名条约》第 22 条第 1 款规定："由于降雪、大雨、强风、雷暴、龙卷风、赛道周围建筑物起火而造成的赛道无法通行的情况，将退还报名费；或者是由地震及全国瞬时警报系统（战争及恐袭除外）导致比赛中止的情况，也将退还报名费。其余造成比赛取消的情况则不予退费。"〔7〕组委会给出的理由即为疫情不属于条约中规定的任意一种退费情况。

另外，如果合同约定能够将新冠疫情纳入不可抗力条款，因本次疫情而导致赛事暂停、延期、取消等，那么当事人双方就应当解决因新冠疫情而导致的各方损失。此时，需要看双方的就该事项约定的补救措施，或者事后进行磋商以寻找基于公平原则的风险负担和损失分配的可行性方案。但是，值得注意的是，体育赛事的很多合同都是周期性合同（除非只举办一场赛事即结束），而且周期较长，如赞助合同、转播合同等，赞助商和转播商都事先完成了付款义务，因新冠疫情而导致赛事暂停、延期、取消，即使符合约定的

---

〔7〕 参见李子枫：《东京马拉松向中国跑者致歉：所有大众跑者都需另付报名费》，载凤凰网：http://sports.ifeng.com/c/7uC9WuvYSbu，最后访问日期：2021 年 12 月 20 日。

不可抗力情形，合同一方也很难行使解除权，从而解除合同。

二、新冠疫情对赛事组织者的影响

每一项赛事，无论规模大小，持续时间多久，赛事组织者都会进行充分的准备，并进行了巨大投入，也与各方当事人签订了各类合同，如与运动员签订了参赛合同（报名表）、与观众签订了票务合同（出售门票）、与赛事赞助者签订了赛事赞助合同、与赛事转播商签订了转播合同（如果有转播的话）等一系列合同。一旦赛事被暂停、延期、取消或者空场比赛，赛事组织者受到的影响最大。

（一）对赛事组织者的影响

1. 赛事延期、取消或者空场比赛

比赛的赛程都是在比赛之前很早就确定的，而新冠疫情的持续蔓延，赛事参加者为了自身安全，会选择退出比赛。据最新消息，2020 年 3 月 24 日，国际奥林匹克委员会（IOC）主席托马斯·巴赫与日本首相安倍晋三达成一致意见，东京奥运会将推迟至 2021 年举办，这也将是现代奥林匹克运动历史上第一届被推迟举办的奥运会。[8] 为举办奥运会，日本已经投入了 3 兆日元（约合人民币 1933 亿元）。[9] 而在此决定之前，因为新冠疫情，加拿大、澳大利亚奥委会已经决定退出东京奥运会。体育赛事因本次疫情而延期、特别取消或者空场比赛，将会给体育赛事组织者带来重大的损失，因为赛事组织者已经进行了前期投入甚至已经完成所有的赛事准备。此外还包括来自异地观众的旅游业、餐饮业、住宿业消费的损失。日本媒体曾报道，日本关西大学名誉教授宫本胜浩推算出，若取消奥运会，日本经济损失将达 4.5 兆日元，约合人民币 2881 亿元，延

---

〔8〕 参见《史上首次！东京奥运会将推迟至 2021 年举行》，载中国奥委会官网：http://www.olympic.cn/news/olympic/2020/0325/313110.html，最后访问日期：2020 年 3 月 25 日。

〔9〕 参见《已投入近 2000 亿元！东京奥运会对日本意味着什么？一图看懂》，载腾讯财经：https://finance.qq.com/a/20200305/027378.htm，最后访问日期：2020 年 3 月 20 日。

期一年损失也达 6400 亿日元。[10] 与其他比赛不同的是，根据《东京奥运会主办合同》的约定，奥运会延期、终止的权力并不在东京奥组委而是在 IOC。

2. 赛事组织者的合同履行受到影响

在赛事筹备过程中，赛事组织者会与相关当事方签署各类合同，包括体育设施建设、交通设施建设、转播权销售、赞助协议、运动员参赛、安保协议、比赛标识、比赛奖牌等很多类型的合同，至于合同份数更是无法计算。这些合同的履行会因为新冠疫情而受到影响，甚至无法继续履行。这也是对赛事组织者产生重大的影响的方面。因新冠疫情而使合同无法履行的情况下，赛事组织者或者合同相对方能否援引不可抗力条款就显得更加重要和关键。而如果选择延期，赛事组委会的绝大部分合同则可以顺延（延期），合同当事人的风险和损失会小得多。这是从经济利益的角度进行考量，应该是东京奥运会虽然没有充分的依据但还是做了延期的重要原因之一。

（二）赛事组织者不可抗力条款的适用

如前所述，在新冠疫情的情形下，赛事组织者是否应当对合同各方承担违约责任，需要考察与各方当事人的合同约定。特别是在国际性的体育比赛中，国内法的适用显然受限，合同约定更为重要。虽然赛事组织者对不可抗力有详细的约定，但是体育赛事在开赛之前很久就已经做了准备，而发生新冠疫情，对于赛事组织者的前期投入而言，一旦赛事暂停、延期、取消等，赛事组织者的损失可想而知，此时，需要考虑到不可抗力所导致的风险及损失分担。如东京马拉松赛事组织者也认为已经完成了前期投入，交通管制计划、安排安保措施和医疗救援系统、赛事奖牌、赛事服装、装有芯片的号码簿等具有时效性的用品都已制作完毕，"实际上，赛事物资已经完成了生产和订购，大部分的花销也都在赛前筹备阶段就产生

---

〔10〕 参见《东京奥运会或因疫情延期史上首次，日本损失有多大?》，载百度：https://baijiahao.baidu.com/s? id = 1662037586394361627&wfr = spider&for = pc，最后访问日期：2020 年 3 月 20 日。

了。"[11]因此，赛事组委会的理由应当得到支持。因此，如果赛事组织者与体育赛事当事人的合同中约定了不可抗力的条款，无论国际赛事还是国内，无论哪种约定类型（限缩型、扩张型还是排除型），无论是不可抗力条款是作为免责条款还是作为约定解除条件，在当事人各方之间都应当具有法律约束力，当事人都应当按照合同的约定享有权利，履行义务。笔者以为，对于国内赛事，赛事组织者可以援引不可抗力条件，对于因取消、推迟或者空场比赛造成的违约，不承担违约责任。而对于国际赛事，如果没有约定，则不宜援引不可抗力条件，应当主要考察合同的约定即不可抗力条款。例如，随着东京奥运会延期至 2021 年，东京奥组委接下来的主要工作包括正视和处理与各方签订的所有合同，特别涉及履行期限的合同，如果尚未履行或者尚未完全履行，合同当事人必需进行变更（如延迟履行期限）或者解除，而解除合同更意味着是否应当承担违约责任。笔者以为，东京奥组委对于其国内的合同，可以援引《日本民法典》的不可抗力条件及合同中的不可抗力条款，而对于国际商事主体的合同，则应当适用不可抗力条款，并和合同相对人进行充分协商，寻找可供解决的方案和救济途径，以降低和分担因东京奥运会延期所造成的损失。

需要注意的是，因为疫情导致的比赛延迟、取消或空场比赛，对赛事组织者的损失更在于门票损失。因为观众无法观看比赛，一般都会将已购门票的价款退还给购票观众或者更换新门票。这对体育赛事组织者而言损失巨大。例如，随着爵士球员戈贝尔被确诊感染新冠病毒，NBA 不得不紧急宣布暂停本赛季剩余比赛。目前 NBA 各队的常规赛总轮次剩余 17 轮至 18 轮不等，常规赛剩余总场次为 256 场。如果 NBA 常规赛全部取消，那么单单门票一项的损失就会达到 4 亿美金。[12]且该项损失为直接损失，只能由赛事组织者承担。

---

〔11〕 参见《东京马拉松退赛不退费？主办方：筹备花了太多钱，实在无力承担》，载腾讯新闻：https://xw.qq.com/cmsid/20200220A064Q700? f=newdc，最后访问日期：2020 年 3 月 14 日。

〔12〕 参见《NBA 停赛经济损失无法估算！常规赛若取消 门票一项损失超 4 亿美金》，载百度：https://baijiahao.baidu.com/s? id=1660931277438614216&wfr=spider&for=pc，最后访问日期：2020 年 3 月 17 日。

但是，也有些比赛愿意退还球迷的门票。如 2019—2020 赛季意甲第二场米兰德比的比赛，由于新冠疫情，已经购票准备从中国出发朝圣梅阿查的球迷，不得不放弃现场观赛的计划。针对这一特殊情况，国际米兰俱乐部官方决定，全力配合中国购票球迷退票需求。而根据俱乐部常规政策，球迷购票后不得退票，只能将票转让给他人。[13]

三、对参赛运动员的影响

作为体育比赛的核心构成要素，运动员是体育赛事必不可少的主体。参加比赛是运动员的必需过程，而新冠疫情所导致的赛事推迟、取消，对运动员必定会产生诸多影响。

（一）运动员退赛

鉴于新冠疫情的蔓延，运动员可能为了自身的安全和健康放弃参加本次比赛，也可能因为新冠疫情所采取的防控措施如停止交通运输从而导致运动员无法参赛，发生运动员退出比赛的结果。如因为巴西发生了"寨卡"病毒疫情，美国奥委会就向本国的各协会运动员传达内部建议，如果担心"寨卡"病毒影响健康，可以选择不参加 2016 年巴西里约热内卢奥运会。[14] 对国际重大赛事而言，赛事组织者、赛事赞助者以及观众都会有损失：赛事组织者的支出成本会增大，赛事赞助的影响力降低，观众的赛事关注度降低。如果运动员特别是明星运动员的退赛，会降低比赛的激烈程度和对观众的吸引力。

（二）运动员参赛资格

在当前新冠疫情世界性蔓延的情形下，很多赛事只能暂停、延期或者取消，但很多的赛事涉及上一层级或者后续赛事的比赛资格问题。以奥运会参赛资格为例，原则上，所有运动员需要通过其国

---

〔13〕 参见《国米官方帮中国球迷退票 因疫情无法赴意观看米兰德比》，载腾讯体育：https://sports.qq.com/a/20200204/014791.htm，最后访问日期：2020 年 3 月 21 日。

〔14〕 参见《寨卡病毒让里约奥运失色，却为科研医疗添彩》，载观点中国：http://opinion.china.com.cn/opinion_99_151399.html，最后访问日期：2020 年 3 月 14 日。

家奥委会参加比赛，而每个国家奥委会都会设置奥运会的参赛条件。运动员必须在参加的国际比赛或者国内比赛中取得符合条件的成绩才有资格参加奥运会。而无论是国内还是国际赛事，该类资格赛对运动员的影响非常大，直接关系到其是否具有进入奥运会的资格。即使无法比赛，以其他赛事成绩替代，对有些运动员还是有影响的，因为运动员的运动状态各不相同。体育赛事成绩也会随着其身体状态发生变化。因韩国疫情暴发，韩国世乒赛已经延迟至六月份，我国的乒乓球运动员的训练和参赛计划受到严重影响。因为国乒队将参加在卡塔尔举行的国际乒联 2020 赛季第二站的比赛，为了保护运动员，而整体选择放弃了匈牙利公开赛（第三站）的比赛。世乒赛正是检验队员能力、确定最终奥运名单的良机，但延期后的举办时间距离奥运开赛过近，届时名单应已确定，这就让国乒失去考察队员的好机会。[15]当然，这可能会对其他运动员带来机遇。

（三）运动员排名

众所周知，体育领域的很多赛事特别是职业赛事，是通过体育赛事取得的比赛成绩确定分数即积分，然后根据积分进行排名，职业俱乐部也是如此。如果体育赛事被延迟，对运动员的运动状态会产生影响，比赛排名不一定受到影响。但是如果取消赛事，必定会影响运动员的排名，也会严重打乱职业联赛赛季和职业俱乐部的比赛节奏，例如比赛分组、比赛晋级（当然也会影响到赞助商、转播商的各方利益）、运动员成绩积累（如进球数量等体育赛事表现都会关系到赛季最后的奖项评选），这也是俱乐部情愿空场比赛也不愿意取消比赛的重要原因之一。

此外，因为体育赛事的取消，运动员的工资收入、商业代言收入等也会受到直接影响。

---

〔15〕 参见魏超然：《釜山世乒赛延期 国乒备战受影响》，载《羊城晚报》2020 年 2 月 16 日，第 A9 版。

四、对赛事赞助者的影响

在现代体育运动中，无论何种规模的比赛都有体育赞助的介入，并已经成为体育运动不可分割的部分。体育运动的发展已经离不开体育赞助的支持，而体育赞助企业也从体育运动中获得了巨大的利益。赞助体育赛事并通过赛事进行广告宣传已经成为企业品牌宣传和产品营销的重要途径，赞助费更是节节攀升。

而本次新冠疫情的迅速扩散及因此而采取的防控措施所导致体育赛事暂停、延期、取消或者空场进行，赞助商的利益肯定会受到损失。但是，在体育实践中，体育赞助商与赛事组织者的赞助合同一般是赛事举办之前很久就已经签订并履行（特别是赞助费用已经支付完成），特别是对于大型赛事的顶级赞助商来说，商业赞助具有周期性，体育赛事的暂停、延期、取消或者空场比赛，显然影响了赞助商的利益。特别是赛事取消，赞助商在很大程度上丧失了对本次比赛的预期目标。在此种情形下，赞助商是否可以要求赛事组织者承担违约责任，或者退还赞助费？与此相对应的，赛事组织者是否能够依据不可抗力免除自己的违约责任？

是否可以适用不可抗力条款以及如何适用，还是要看双方的具体约定。毕竟体育赛事受自然因素影响较多，赛事组织者和赞助商都会考虑到不可抗力因素。需要注意的是，如果双方约定的不可抗力的范围不包括疾病（如本次疫情），赛事组织者将不能适用不可抗力条款；如果包括或者根据合同条款能够推定出不可抗力条款能够包括本次新冠疫情，那么在赞助商要求承担违约责任时，赛事组织者就可以援引不可抗力条款，据此要求免除自己因赛事延期、取消或者空场比赛而导致的违约责任。

笔者以为，在实践中，绝大多数体育赛事的赞助是周期性的（依据比赛的周期确定）。相对于比赛周期，此次新冠疫情显然是短暂性的。虽然赞助商的利益受损，赛事组织者不承担违约责任，但是更为可行的、可替代的救济方案就是在下一个周期的赞助费用谈判时，赞助商可以向赛事组织者提出适当降低赞助费数额，赛事组织者也应当考虑到赞助商在上一个周期的利益损失，并基于诚信原则，进行利益平衡或者补偿。此外，如果是体育赛事延期，那么赛事组织者与赞助商的赞助合同也应当顺延，此时对于赞助商来说也是一件好事，延长了品牌的宣传时限。

五、对赛事转播者和观众的影响

随着通信技术的进步以及现场比赛场地或赛程的限制，通过网络观看比赛已经成为现代生活的重要组成部分，从而导致体育赛事转播权价格的不断飙升，出售转播权也就成为体育赛事组织者的重要收入来源，并且在总收入的占比持续增加。在新冠疫情背景下，体育赛事的取消对于取得赛事转播权的转播商来说损失肯定会很大；而体育赛事的延迟只是时间的推迟，受到的影响不会很大；空场比赛相反则会增加在线观看比赛的数量，无法去现场观看比赛的观众就只能通过网络观看比赛。至于赛事组织者因为此次疫情是否应当承担违约责任，笔者以为，赛事转播权的取得一般周期很长，即使双方的转播权合同中有约定，实践中实施起来还是有很大的难度。如果比赛延期，双方当事人可以通过协商顺延合同。而转播商更大的损失不是与赛事组织者的转播合同，而是在于基于转播权与其广告商签署的广告位因无法转播比赛而可能面临的广告费的损失，以及可能与其他广告商的广告位冲突而面临的问题。此时，转播商就可以考虑适用不可抗力条款以免除自己的违约责任。

对于欲观看体育比赛的观众，延迟、取消或者空场比赛，观众最受影响的是门票、交通费用、住宿或者转播权订购费用（如通过网络观看体育赛事发生的额外的订购费）等金钱项目支出。这些费用是很多观众都事先预定并已经支出的项目。因为新冠疫情，如果比赛被取消或者空场比赛，观众能否要求退票，需要看赛事组织者的票务规定。如果购票规则中有不可抗力的规定并规定不能退票，那么该约定属于不可抗力条款，观众应该无权退票。据日本报纸《朝日新闻》报道，根据东京 2020 奥运会购票协议，因为天气、战争、暴动、暴乱、恐怖袭击等造成的无法控制的损害，公共卫生、国防造成的紧急事态，导致比赛不能进行的情况下，组委会作为法人无法履行退票的义务。[16]虽然东京奥组委辟谣该新闻不符合事实，但是，新冠疫情显然符合约定的不可抗力条款（即公共卫生），如果因此导致奥运会延期或者终止，组委会无义务退票。不过很多国内赛事一般则是做退票处理，如果是比赛延期，可以考虑兑换新门票作为替代方案（当然也可以退票）。例如美国 NBA 赛事因为新冠疫情被整体推迟，凯尔特人队出台措施，"已经购买的被推迟比赛的门票将在比赛重新安排后兑现。如果比赛之后被取消或空场进行，球迷可以通过各大购票平台选择兑换未来的比赛门票或退款。"[17]而观众的交通费用、住宿费用，显然属于普通的民事合同，这方面的费用即使合同有约定，也构成了不可抗力条件（因为涉及公共利益），交通费用、住宿费用均应予以退还。

六、结语

随着新冠疫情在全球的蔓延，世界经济正在遭受巨大损失，体育产业也未能避免。体育赛事的延期、取消或者空场比赛除了上述所列损失，还有周边产品、旅游收入的锐减等，进而影响整个体育产业。笔者认为，新冠疫情应当属于不可抗力，但是，是否由体育赛事相关的当事人确认为不可抗力条款，要具体考察各方的合同约定，在此基础上确定是否可以免除违约责任。此外，此次疫情对体育保险的发展应当是一个利好时机，期望体育赛事组织完善保险条款，将此类情形纳入保险，因为保险就是确保在遭受风险情形下的有效的救济手段，各方当事人应当利用商业保险降低自己的损失。

---

〔16〕 参见《东京奥组委：奥运若终止延期不能退票不符合事实》，载新浪体育：http://sports.sina.com.cn/others/others/2020-03-18/doc-iimxyqwa1490010.shtml，最后访问日期：2020 年 3 月 18 日。

〔17〕 参见《凯尔特人出台已购球票处理方案：比赛重新安排后兑换新门票》，载百度：https://baijiahao.baidu.com/s? id = 1661089063126506780&wfr = spider&for = pc，最后访问日期：2020 年 3 月 17 日。

影响与应对：疫情下的职业体育政策检视

晏　涛* 　康欣卓**

　　新冠肺炎疫情的突然造访，深刻地改变了 2020 年的人类生活。无论东方西方，疫情给经济发展和社会秩序都带来了巨大的冲击。对餐饮、旅游、教育、交通运输、文化娱乐等诸多行业的冲击尤其严重，且在可见的未来仍难摆脱疫情的余波影响。同样，主体属于第三产业的职业体育，也成了疫情之下的重灾区。[1] 受疫情影响，职业体育赛事纷纷被叫停，往日喧嚣的球场寂静了下来，本应属于球赛的精彩画面无奈让位于纪录片的光影，预定的赛期被迫打乱，热情的球场庆祝动作如今被视为违反防疫规定，活跃于职业体坛的明星运动员纷纷中招，裁员、减薪、违约等法律问题也接踵而来。疫情的持续甚至再度加剧蔓延，将对职业体育产业继续产生重大的影响。有鉴于此，实有必要及时梳理和总结在疫情发展的不同阶段，各国职业体育所受到的现实影响和各国应对疫情所采取的有关政策，进而提出相对长远的绸缪之计。

---

　　* 　中国政法大学副教授。
　　** 　中国政法大学体育法硕士研究生。

　　〔1〕 疫情对体育的影响，是全方位的，不止及于职业体育。比如对奥运会的影响，也是引起强烈关注的重要命题。但是本文的研究对象只限于职业体育，因为作为独立产业的职业体育，有着相对成熟、特定的运行体系，并直接关系到相当规模的运动员、教练员等从业人员的职业利益。选取这一命题，可以提取出一些大体类似的规律性认知，谨此说明。

一、主流职业体育赛事的停滞与恢复

（一）疫情初期各国职业体育的停摆及类似举措

疫情暴发初期，以欧洲足联欧洲联赛（UEFA Europa League）、美国职业篮球联赛（NBA）等为代表的主流职业体育赛事大多正处于赛季进行中。不同国家出于对新冠肺炎的认知程度及各自文化传统的差异，在疫情初期对于职业体育赛事是否停办也呈现出不同程度的犹疑。到三四月间，随着疫情的迅速蔓延，人们的观念开始趋向一致，形成共识，本年度的职业体育赛事已经无望正常进行，于是相继宣布采取停赛、空场、取消或者其他举措。

2020 年 3 月 12 日，效力于犹他爵士队的法国中锋鲁迪·戈贝尔成为 NBA 球员中第一例被检测出患有新冠肺炎的病例，随着戈贝尔的确诊，NBA 迅速宣布无限期停赛，[2] 以期保证球员、球队和球迷们的安全。包括美国职业篮球联赛（NBA）、北美职业冰球联赛（NHL）、美国职业足球大联盟（MLS）在内的多个职业体育联盟宣布因新冠肺炎疫情蔓延而暂停本赛季的比赛，当时尚未开战的美国职业棒球大联盟（MLB）则将新赛季原定的开幕时间推后至少两周。[3]

同样地，受到疫情影响，意大利政府要求意甲联赛暂时改为空场举行，而对于空场比赛还是对观众开放，是否取消剩余的 12 轮联赛，各方莫衷一是，争执不下。[4] 但是很快，随着疫情日益加剧，意甲和西甲先宣布比赛延期，英超等英格兰职业足球赛事也因为有人员确诊而宣布"停摆"，法甲和德甲也都宣布暂停比赛。同时，欧

---

[2] 参见《NBA 无限期停摆！疫情之下，国际体坛将何去何从？》，载西安新闻网：http://news.xiancn.com/content/2020-03/13/content_3564928.htm，最后访问日期：2020 年 11 月 2 日。

[3] 参见《美国体育赛事"停摆"或将延长》，载凤凰新闻：https://ishare.ifeng.com/c/s/v004A8Z8C9xBazj--bh1KLJflFZfVUdCdr--tKf043q9Gni1CLkdlH8EH5pzFEwDhc4vYx? spss=np&aman=ft248xdaf33b49ee5y185，最后访问日期：2020 年 11 月 2 日。

[4] 参见李佳寅：《疫情下的意甲一团乱》，载《环球时报》2020 年 3 月 10 日，第 12 版。

足联也宣布欧冠联赛等职业足球赛事暂停举办，延期举行。[5]

至于传统的网球四大满贯公开赛，除了澳网在 1 月开赛得以正常完赛以外，法网宣布延期，温网宣布取消，美网也一度面临延期和取消的危险。[6]而网球赛程遭此变更，四大满贯之外的其他赛事也不可避免地受到拖累，如在每年 9 月举行的职业网球赛事，就因为法网单方宣布延期至此时段而无疑注定了被排挤的命运。

在我国，2020 年初春节前后正是疫情高潮之时。与欧美主流职业体育赛事一样，中国超级联赛（"中超"）和中国职业篮球联赛（CBA）也无奈宣布停摆，前者是被迫延期开赛，后者则是被迫暂停比赛。可以说，覆巢之下已无完卵，在波及全球的新冠疫情面前，各国的职业体育赛事都只能中断，从而无可避免地出现巨大损失。

（二）疫情缓解，各国职业体育赛事相继复工

在大多数体育发达国家，职业体育赛事已成为一个重要的产业，而且这一产业还具有明显的辐射特性，对于旅游、交通、餐饮、酒店、娱乐、传媒、制造等其他行业有着带动和牵引作用。疫情导致职业体育赛事如前所述的停摆，带来的不止是职业体育行业的直接经济损失，还间接影响到多个行业，造成所在国相关产业的重创。因此，在疫情相对稳定之后，各国职业体育赛事也纷纷复工，但是鉴于疫情依然在一定范围内反复和蔓延，体育赛事主管部门在复赛的同时也出台了一系列防疫措施，这就是所谓的带疫复工。

职业体育赛事能够复工，得益于所在国政府的决策支持。韩国职业足球联赛（K1 联赛）是较早复工的。2020 年 4 月，基于疫情的缓解，韩国政府开放了对"户外运动"的限制，大型体育赛事得以顺利进行。之后，西班牙政府也批准了西甲的部分恢复训练计划。2020 年 5 月中旬，德甲成为欧洲五大足球联赛中第一个复工的联赛，

---

〔5〕 参见《欧洲五大足球联赛全暂停下周欧战赛事全推迟》，载央视新闻客户端：http://news. stcn. com/2020/0314/15728913. shtml，最后访问日期：2020 年 11 月 2日。

〔6〕 参见《今年网坛四大满贯命运：仅澳网完赛+温网取消法网延期 美网场馆变医院》，载腾讯网：https://new. qq. com/rain/a/20200402A08KVA00，最后访问日期：2020 年 11 月 2 日。

并制定了强制性的医疗防疫指南。综合来看，国外各大赛事的复工建立在所在国国内政策调整的基础上，进而对复工后的防疫措施进行细致的规定。

与国外联赛相比，我国的职业体育赛事采取了较为保守的态度。中超和 CBA 先期的态度是暂不恢复、继续停摆，以防止疫情的反弹。实践中，CBA 曾对在赛区内违反防疫规定的球员进行禁赛处罚，这样的处罚对于所有赛事参与者都有威慑作用。直到 2020 年 7 月上旬，国家体育总局发布了《科学有序恢复体育赛事和活动推动体育行业复工复产工作方案》的通知，[7]决定在严格的防疫措施之下，有序重启中超等职业体育赛事。相比国外松散的疫情防控政策，我国职业体育的防疫措施更加严格，这也确保了复赛之后中超和 CBA 都得以顺利进行。

事实上，从世界范围内各职业体育联赛复工复产后的措施来看，疫情对职业体育的影响依然很大，但是总的来说并未引起太大恐慌。运动员的工作和生活基本步入正轨，很多赛事均是空场举行，运动员的比赛自由受到一定约束，仅仅因为运动员之间的简单接触并不会导致大规模的病毒感染和死亡，相反，此时应该对观众及球迷的情绪给予更多关注，对观众的回归做出妥善安排，对场馆的人群集聚进行必要的限制，而对运动员而言，做好安全防疫措施以及自我约束足矣。

二、疫情之下职业体育赛事中的应对措施

在带疫复工的情况下，相关部门在职业体育赛事中推出了多种应对措施，以尽可能降低感染风险，维护球员、观众及公众的健康。

（一）限制观众入场的措施

职业体育赛事，本质上是为了愉悦观众而进行的。失去了观众

---

〔7〕 参见《体育总局关于印发〈科学有序恢复体育赛事和活动推动体育行业复工复产工作方案〉的通知》，载国家体育总局官网：http://www.sport.gov.cn/n316/n336/c954815/content.html？from=timeline&isappinstalled=0，最后访问日期：2020 年 11 月 2 日。

的参与，赛事在某种程度上就成了无本之木。疫情导致 NBA 停摆之初，曾有多名球员表示，不会在没有观众的情况下比赛，勒布朗·詹姆斯即曾有过此种言论。这深刻地代表了众多职业体育从业人员对体育赛事本身的理解。

然而，形格势禁之下，人们意识到，在疫情尚无有效的医学应对手段能予根治之前，求全责备，只能让职业体育深陷泥淖，甚至导致行业的灾难。最终，在主流职业体育赛事中，运动员们都作出了妥协，接受了空场或准空场作赛的现实。韩国 K1 联赛是最早恢复的职业体育赛事之一。联赛被安排在空场环境中进行，球员在比赛期间不可以为进球做庆祝动作，球员之间设置了安全距离，甚至同一球队的队员也不可以相互交头接耳，在比赛期间握手也被禁止。[8]随后陆续恢复的各种职业体育赛事，也都采取了限制观众入场的措施。

（二）社交距离的保持

新冠疫情的大范围蔓延，使各国公众普遍意识到，人与人之间距离的保持，即物理意义上的区隔，是降低、防止感染的重要措施。而在职业体育中，不同项目都有一些长期以来形成的赛场礼仪。疫情之下，对这些礼仪分别做出一些调整，以满足安全社交距离的要求。

NBA 提出球员应该用"碰拳"取代"击掌"来和球迷打招呼，避免接触球迷的笔、球、球衣等签名物品，[9]德甲球员不能拥抱庆祝，要保持安全的社交距离，禁止握手，不管是赛前、赛中还是赛后，除了登场球员之外，所有人都按照规定戴着口罩，就连场边的教练组和替补席成员以及摄像师也不能例外。为激发球员的激情和欲望，还在看台放置纸板人以及球迷的球衣和围巾。[10]

〔8〕参见肖赧：《韩国 K 联赛本周末重启"不得交头接耳"引争议》，载《北京青年报》2020 年 5 月 7 日，第 A08 版。

〔9〕参见《NBA 无限期停摆！疫情之下，国际体坛将何去何从？》，载西安新闻网：http://news. xiancn. com/content/2020-03/13/content_3564928. htm，最后访问日期：2020 年 12 月 2 日。

〔10〕参见《德甲复工的背后：疫情怎样改变足球？》，载凤凰新闻：https://ishare. ifeng. com/c/s/v0045oGEE8Lktj3LL3KdMgFJ3WOFq9d1vsKS2ByEXBXC3SbtJWa78Zzfckdjd2B8Cni7？spss=np&aman=fm248Qdafr3b4qee5P185，最后访问日期：2020 年 11 月 2 日。

（三）赛场防护措施的要求

新冠疫情的防控主要在于物理上的阻断，因此，避免球员之间、球员与工作人员之间以及赛事中其他各种直接的人与人接触，就成了普遍的防控措施。

佩戴口罩是最典型的做法。在多个国家，民众对于戴口罩这一看似举手之劳的小节，却有着深深的抵触，以至在疫情之后一个相当长时段内，仍然无法在公众中统一普遍佩戴口罩。在这种大环境之下，甚至曾有"劣币驱逐良币"的现象，即佩戴口罩出行的人，反而会因为路人侧目而忧谗畏讥，深感不安。随着时间的推移和疫情的蔓延，这种现象终于有所改观，佩戴口罩的行为逐渐成了更占上风的行为方式。在职业体育中，佩戴口罩则是更早被接受、被要求的行为。

减少人与人之间的身体接触也是普遍采取的做法。例如在法国网球公开赛中，传统的由球童在比赛间隙递给球员毛巾的做法，就因疫情而取消了，改为由运动员自己去场边去取。

（四）集体项目换人名额的改变

在职业足球领域，国际足联于 2020 年 5 月初发布了足球比赛换人新规则，由以往足球比赛单场实行 3 人轮换制，调整为增加到 5 人，这在一定程度上减小了疫情之下球员过度疲劳和受伤的可能性。[11]西甲、意甲、德甲等主流足球联赛，也都采用了 5 人轮换制。英超是欧洲"五大联赛"中唯一坚持 3 人轮换制的赛事，但这一做法受到一些业内人士的批评，认为这增加了球员受伤的风险。综合来说，由于疫情导致 2020 年初的各大联赛的停摆，使得相应的赛期被压缩，在恢复比赛之后，一周双赛在很多国家都成为常态，赛季结束的时间也相应较晚，导致夏季窗口球员普遍欠缺调整时间，这种多年固定的赛程的打乱，确实加重了球员的负荷，增大了伤病的风险，因而，这种换人制度上的改变，是较为合理的举措。

（五）整体赛制的改变

以足球为代表的诸多职业体育赛事在传统上都是采取联赛赛制，

---

〔11〕 参见《国际足联允许单场比赛的换人名额增至 5 个》，载 FIFA 官网：https://fifaofficial.cn/detail/2034，最后访问日期：2020 年 11 月 2 日。

通过定期举行比赛，填充观众每周闲暇时间，成为其茶余饭后的生活日常，这也是职业体育较之于业余体育最大的不同之处。没有这种循环往复、定期提供的赛事观赏服务，就无法获得维持行业生存的门票收入、赞助收入、转播权收入等。

但是，正因为职业体育是一个汇集八方来客、将陌生人群在特定时间内高密度汇聚在有限空间的行业，因此其与多个服务行业相似，都容易成为传播疫情的温床。为了在疫情之下谨慎复赛，许多联赛对赛制进行了一定的改变。我国的职业足球赛事——中超联赛的改变，是一种根本性的赛制变更，将联赛变成了类似赛会制的比赛，其中最大的变化就是将主客场制的赛事改为了在特定的赛区集中比赛。这一做法已经成功地保证了本赛季中超联赛的完成，且在下赛季仍有可能继续施行。美国 NBA 在泡泡（bubble）内封闭比赛的做法，也改变了主客场的传统赛制，而将比赛全部放在奥兰多的迪士尼园区内，并发布了长达 100 多页的复赛安全手册，实施严格的防疫规定。

赛制的改变，对于那些跨国跨境举办的职业体育赛事来说，在操作上更为复杂。但是为了防控疫情，也往往不得不为之。2019—2020 赛季的欧冠联赛和欧罗巴联赛，在淘汰赛阶段因疫情中断，恢复之后，就在四分之一决赛和半决赛采取了两个赛制变更举措，即集中赛地举办和实行单回合淘汰制。这样，往年主客场双回合的赛事，变成了欧冠联赛在葡萄牙举行，欧罗巴联赛在德国举行，淘汰赛单场决胜。虽然事急从权，但欧足联主席切费林认为赛制的改变取得了不错的效果，不排除未来继续沿用这一赛制的可能。[12]我们认为，在职业体育非常强调主场因素的大环境下，这种赛制不可能成为常规，但倘若疫情在下赛季未能得到有效控制，则切费林的设想的确有很大可能成为现实。

亚足联旗下的重要赛事亚冠联赛，也在重启之后进行了赛制的

---

[12] 参见《欧足联主席：将考虑在未来延续欧冠单回合制淘汰赛》，载新华网体育频道：http://sports.xinhuanet.com/c/2020-08/24/c_1126404523.htm，最后访问日期：2020 年 11 月 2 日。

变更，集中赛地举办。东亚区的比赛集中在卡塔尔多哈举办。中国参加亚冠的四支俱乐部广州队、上海海港、北京国安和上海申花，在中超联赛结束之后转战卡塔尔多哈进行将近一个月的集中比赛。

三、疫情之下赛事举办国的入境政策

体育领域的抗制措施，能在赛场之内直接抑制疫情传播。而赛场之外如何应对疫情，则是间接、深远、根本性的防控之策。在各国疫情态势千差万别的情况下，限制入境政策就成为对职业赛事影响最为重大的公共政策。

（一）海外多数国家的入境政策

大体从 2020 年 3 月开始，疫情在全球大范围蔓延，各国的入境政策也发生了相应的变化。例如，俄罗斯当时宣布，自 3 月 18 日至 5 月 1 日，禁止所有外国公民和无国籍人士入境，外交人员、航空公司、海运和内河航运工作人员及有俄罗斯长期居留证的人员除外。新加坡自 3 月 23 日 23 时 59 分起，所有短期访客（不含新加坡公民、永久居民和长期准证持有者），无论国籍，无论来自国外何地，均不得入境新加坡或在新加坡过境转机。3 月 25 日 23 时 59 分起，自英国、美国返新加坡人员将从机场被直接送往政府指定的酒店，按照"居家通告"隔离 14 天。[13]

美国从 3 月 20 日起，暂停了在世界各地使领馆的所有常规签证服务，之后相继连美墨边境和美加边境都关闭了。自 5 月 26 日 23 时 59 分起，暂停接受 14 天内到过巴西的外国旅客入境，美国公民、永久居民及其直系亲属除外。英国从 6 月 1 日起，恢复运营了其位于北京、上海、广州、重庆的签证中心，而从 6 月 8 日开始，英国要求所有的入境者在提供旅行史的同时，在入境后进行 14 天的自我隔离。德国从 3 月 17 日起，执行欧盟关于非欧盟国家公民禁止入境

〔13〕 参见《前往国家（地区）入境临时管制措施查询系统》，载国家移民管理局官网：https://www.nia.gov.cn/n741435/n907688/n1234186/n1248051/index.html，最后访问日期：2020 年 11 月 2 日。

的限令，非欧盟公民如因奔丧、应诉等特殊事由需要入境，需携带相关证明，外交官和受欧盟国家邀请参与抗击疫情的医生、护士等专业人员不受此限制。

在普遍性的防疫入境政策之下，职业体育在有的国家成了一个豁免区域。以美国为例，在职业体育赛事因疫情停摆数月之后，6月1日，国土安全部代理部长查得·沃尔夫签署命令，解除对部分国家职业运动员进入美国境内参加比赛的限制。沃尔夫表示，"同创造紧急经济利益相比，职业体育赛事更显著的价值，在于对国家荣誉感和国民团结性的促进与提升……当此新冠疫情肆虐的特殊时期，美国人民需要依靠体育找回希望和信心"。根据该豁免条例，中国、欧盟、英国、爱尔兰等数十个国家的职业运动员可以入境美国参加比赛，运动员的相关团队人员、家属也可获得同等权利。NFL、NBA、ATP 等 8 个职业体育联盟因此得以重新开赛。[14]

2020 年 5 月 17 日，俄罗斯政府发布命令，取消了针对外籍运动员、教练员的入境限制，命令涉及的对象，是那些同俄罗斯体育机构有劳动关系的外籍人员，并要求这些人员入境之后进行必要的医学观察和为期 14 天的强制隔离。[15]

英国在疫情暴发初期，停摆了职业体育赛事，政府也要求从国外入境英国的人员必须隔离 14 天。如果延续这样的隔离规则，那么，在英超等赛事恢复之后，英国俱乐部去国外客场比赛后回国要被隔离，而国外俱乐部来英国参赛前也要被隔离。显然这会影响到英国俱乐部的欧战征程。[16]于是，后来随着疫情形势缓解，英国对一些精英体育运动实施较为宽松的检疫规则。职业足球、F1 赛以及

---

[14] 参见《美国国际旅行禁令部分解除，外籍职业运动员可入境参赛》，载搜狐新闻：https://m. k. sohu. com/d/455041222? channelId = 1&page = 1，最后访问日期：2020 年 11 月 2 日。

[15] 参见《俄罗斯取消针对外籍运动员、教练员的入境限制》，载证券时报网：http://kuaixun. stcn. com/ss/202005/t20200517_ 1842135. html，最后访问日期：2020 年 11 月 8 日。

[16] 参见《放宽规则：球员入境英国将无需隔离 14 天利于踢欧战》，载环球网：https://sports. huanqiu. com/article/3yTIjxziFaZ，最后访问日期：2020 年 11 月 8 日。

斯诺克，都可获得这样的"特殊运动检疫豁免权"。[17]随着疫情的常态化，英国在疫情反复之后，仍然延续了对职业体育的这种豁免政策。2020年10月31日，鲍里斯·约翰逊首相宣布，为对抗新冠疫情扩散，英格兰地区将从11月5日至12月2日实施第二次全面封锁。但是，在为期4周的封锁中，包括英超在内的精英赛事可以在空场条件下继续进行。[18]

（二）中国的入境政策

疫情发生之后，尤其是在世界范围内蔓延之后，我国采取了严格的入境政策，这在很大程度上起到了良好的效果，既没有让职业体育赛事受输入疫情的影响，也没有让职业体坛成为威胁全社会抗疫效果的渊薮。

2020年3月下旬，针对疫情蔓延的现状，我国进行了入境政策的必要调整，暂停外国人持目前有效来华签证和居留许可入境。外国人如来华从事必要的经贸、科技等活动，以及出于紧急人道主义需要，可向中国驻外使领馆申办签证。[19]2020年4月旬，我国国内疫情得以控制，但全球性的疫情危机日益严重，对需要出入境参与体育赛事的运动员来说，存在巨大的阻碍。

疫情之下，我国运动员出国参赛后，回国入境面临严格管控。我国女子综合格斗运动员张伟丽，2月份到达美国，在拉斯维加斯3月8日举行的UFC女子草量级冠军赛中，击败波兰挑战者乔安娜卫冕成功。受疫情的影响，她一直滞留在美国，直到4月20日才从美国抵达天津，得以回国。回国之后，根据新型冠状病毒肺炎防控的

---

〔17〕 参见《斯诺克享受"检疫豁免"部分国家球员参加世锦赛将无需进行检疫》，载中国体育新传宽频：http://v.zhibo.tv/dong-tai/toutiao/907208.html，最后访问日期：2020年11月8日。

〔18〕 参见《英国封锁，精英赛事被"豁免"》，载环球网：https://baijiahao.baidu.com/s? id=1682209409108658151&wfr=spider&for=pc，最后访问日期：2020年11月8日。

〔19〕 参见《中华人民共和国外交部、国家移民管理局关于暂时停止持有效中国签证、居留许可的外国人入境的公告》，载外交部官网：https://www.fmprc.gov.cn/web/wjbxw_673019/t1761858.shtml，最后访问日期：2020年11月8日。

相关政策，她需要被隔离 14 天并遵守相关的防疫规定。[20]此后出国参赛的运动员，也大体面临同样的政策。例如网球运动员张帅出战 2020 赛季法国网球公开赛，根据新冠病毒防疫规定，回国后面临"7+7"的集中隔离。[21]出国参加亚冠联赛的广州队等足球队，也是如此。

除了中国运动员外，在我国职业体坛效力的外援归队，也成为复杂、棘手的问题。在 3 月下旬暂停外国人持目前有效来华签证和居留许可入境之后，只有从事必要的经贸、科技等活动，以及出于紧急人道主义需要，外国人才可以申请来华，职业体育被排除在外。北京国安外援奥古斯托于 2019 年 12 月份回到巴西之后，因疫情影响直到 2020 年 7 月初才回到中国，在接受 14 天的隔离观察后得以归队。严格的防疫政策，给我国职业体育带来了严重影响。在 2020 年 10 月的国际足球比赛日中，隶属中超联赛而入选本国国家队的现役外援国脚只剩下 4 人，这是中超进入"烧钱时代"以来外援数量的最低记录，反映了中超联赛目前对国际高水平球星的吸引力大幅下降的现实。虽然这一现实的形成，还存在中超实施限薪政策的原因，但是疫情也是另一重要原因。[22]

2020 年夏，国内疫情得到一定控制之后，很多赛事也得以有序开展。此时国外疫情仍然处于紧张阶段，部分西方国家开始选择"带疫解封"，具有很大的风险，对此，国家体育总局于 7 月初印发了相关方案称，为科学应对西方国家"带疫解封"产生的影响，切实做好北京冬奥会测试赛及相关筹备工作，除北京冬奥会测试赛等重要赛事外，今年内原则上不举办其他国际性体育赛事和活动；其

---

〔20〕 参见《一图读懂：〈新型冠状病毒肺炎防控方案（第六版）〉》，载国家卫生健康委员会官网：http://www.nhc.gov.cn/xcs/fkdt/202003/d9819382f 6fd45839ddf00ec7 92bd428. shtml，最后访问日期：2020 年 11 月 8 日。

〔21〕 参见《解读〈新型冠状病毒肺炎防控方案（第七版）〉》，载国家卫生健康委员会官网：http://www.nhc.gov.cn/cms-search/xxgk/getManuscriptXxgk.htm？id=c74c 4148a8ca47b1bc46f9a79048fb70，最后访问日期：2020 年 11 月 8 日。

〔22〕 参见《10 月国际比赛日零出场？中超"外援国脚"加速消失》，载足球报：https://www.163.com/dy/article/FO4KSC1805299LQ3.html，最后访问日期：2020 年 11 月 8 日。

次，不邀请境外裁判员参加；对尚处境外的运动员、教练员不要求近期返回，如返回须制定专门的防控方案，严格执行入境防控措施。[23]

根据国内外疫情发展的形势变化，我国入境政策在总体严格的情况下，也在进行微调。2020 年 8 月初，中国驻欧洲多个国家的大使馆发布了《关于为持中国有效居留许可的相关外国人提供签证便利的通知》，放宽了对外国人入境的限制，允许来自法国、德国、英国等 36 个欧洲国家的护照持有者申请中国签证。2020 年 9 月，入境政策更改为，自 9 月 28 日 0 时起，允许持有效中国工作类、私人事务类和团聚类居留许可的外国人入境，相关人员无需重新申办签证。[24]对于职业体坛来说，这意味着外援回归受到的限制变得宽松，当然，前提是要遵守中国国内的防疫规定，以及国外疫情形势不出现大的反复。

入境政策可以说是疫情之下对职业体育影响最为直接、最为严重的法律问题之一。高水平的职业体育赛事，普遍具有跨国性、开放性。我国的相关职业体育组织，一方面要遵守国内严格的入境政策，另一方面还要遵守作为国际性、区域性体育机构会员单位的义务，二者之间求得平衡，非常重要。只注重前者，放弃参加国际性、区域性重要赛事，有时可能会带来被停赛、处罚的后果，甚至可能影响到 2022 年北京冬奥会的顺利举办，那样对我国国际声誉反而会造成消极影响。所以，在疫情的缓急程度与职业体育的参与利益之间掌握一个动态平衡非常重要。

四、职业体育明星在疫情中的表现

疫情防控对于人们的生命健康权非常重要，而体育运动员作为

---

〔23〕 参见《体育总局关于印发〈科学有序恢复体育赛事和活动推动体育行业复工复产工作方案〉的通知》，载国家体育总局官网：http://www.sport.gov.cn/n316/n336/c954815/content.html？from=timeline&isappinstalled=0，最后访问日期：2020 年 11 月 8 日。

〔24〕 参见《中华人民共和国外交部、国家移民管理局关于允许持三类有效居留许可外国人入境的公告》，载外交部官网：https://www.fmprc.gov.cn/web/wjbxw_673019/t1817369.shtml，最后访问日期：2020 年 11 月 8 日。

从事高度社交型职业的特殊群体，对此更不应忽视。如前文所提，疫情之后各国都出台了相关政策进行防控，然而，却有一些运动员无视风险，逾越防疫边界，实施违规行为，许多球员罹患新冠，其行为无论对自身或者球队，都会产生不良影响。

（一）运动员面对疫情的傲慢与轻率

2020年初，疫情首先在我国传播。当时乃至之后一段时间，国外许多运动员对于新冠疫情都未能提高警惕，表现出傲慢与轻率的态度，这也往往令其自食其果，罹患新冠。

如前所述，效力于 NBA 犹他爵士队的球员鲁迪·戈贝尔是 NBA 首例确诊新冠肺炎的球员。他本人对疫情的漠视态度近乎荒唐，居然在采访结束后，夸张地表示自己对病毒的不屑，弯腰——触摸麦克风与录音设备。结果，翌日就被宣布新冠阳性。戈贝尔确诊后，其队友多诺万·米切尔也宣布感染新冠病毒。由于戈贝尔的不当行为，一度引发了队友对其的不满和抵触。而在 NBA 复赛之后，休斯顿火箭队球员丹纽尔·豪斯违反赛区防疫规定，私自带女性进入园区，导致豪斯本人被迫接受隔离，无缘参加后续比赛，其逃避疫情防控的态度值得批评。

网球名将德约科维奇在职业网坛停摆的日子里，牵头在巴尔干地区四个国家巡回举办慈善赛，导致多人感染新冠病毒。[25]疫情期间，组织比赛而且球员频繁赛外聚集实属大忌，德约科维奇的操作未免有明知故犯之嫌。尤其是在其他球员确诊新冠之后，由于德约科维奇本人无症状，他拒绝在克罗地亚当地进行检测，回到塞尔维亚后才进行检测，结果也被确诊新冠。[26]这种做法无疑存在着扩散疫情的风险。事后，德约科维奇向外界道歉，并宣布居家隔离14天。

英超曼城队后卫沃克24小时之内3次违反隔离规定，开车前往其妹住处和一群朋友参加生日聚会，停留4小时，然后再次驱车前

---

〔25〕 参见 CNN 官网：https://edition.cnn.com/2020/06/23/tennis/novak-djokovic-coronavirus-adria-tour-spt-intl/index.html，最后访问日期：2020年11月8日。

〔26〕 参见《网球名将德约科维奇新冠阳性 主办表演赛致多人感染》，载新浪财经：http://finance.sina.com.cn/wm/2020-06-23/doc-iircuyvk0104368.shtml，最后访问日期：2020年11月8日。

往他父母的家中，看望 30 分钟后离开并回到了住处，第二天一大早又被人拍到了约朋友外出骑车，沃克这种明显放纵的行为也面临警方对他的罚款。[27]沃克的队友福登，则是在为国征战期间，离开英格兰队所在酒店的"承包"区域，前往该酒店另一个独立的区域和两名女性会面，这不仅违反了冰岛当地的新冠病毒防疫政策，同时也违反了英格兰队的防疫规定，福登本人也因此遭受处罚。[28]

牙买加短跑运动员博尔特在自己 34 岁生日会上邀请多人，后感染新冠病毒，[29]让博尔特此前宣传抗疫的形象轰然倒塌。法国《队报》曾爆料，内马尔感染新冠病毒，很可能是在度假期间感染。[30]许多案例都让人慨叹，运动员对疫情的怠慢和不屑，带来的后果非常严重。

（二）感染新冠肺炎的运动员及其康复状况

疫情之下，职业体坛诸多名将纷纷"中招"，确诊阳性。长长的而且仍在不断增长的名单里，既有杜兰特、约基奇、维斯布鲁克、德约科维奇、博尔特、内马尔、C 罗、伊布拉希莫维奇这样的明星运动员，也有西蒙尼、阿尔特塔等明星教练员。最初人们对名单中出现明星还会有惊讶之感，但数月之后，已变得司空见惯。

总体来看，虽然这些"中招"的运动员直接遭受到疫情的干扰，但在之后的赛事中，大多能够恢复。德约科维奇尤为突出，在恢复之后的各大赛事中，德约科维奇的状态良好，更是在 9 月 21 日的罗马赛中夺冠，成为赛会五冠王。[31]西甲复工后，武磊的表现也是令

---

〔27〕 参见《太阳报：沃克 24 小时内三次违反隔离条例，将面临罚款》，载球头条：https://www.qtt.net/article/255456.html，最后访问日期：2020 年 11 月 8 日。

〔28〕 参见《曼城球员福登就比赛期间违反防疫规定发表道歉声明》，载搜狐新闻：https://www.sohu.com/a/417066815_120188879，最后访问日期：2020 年 11 月 8 日。

〔29〕 参见 Foxnews 官网：https://www.foxnews.com/sports/usain-bolt-tests-positive-for-covid-19，最后访问日期：2020 年 11 月 8 日。

〔30〕 参见《法媒：内马尔感染新冠病毒 巴黎官方称共有三人感染》，载网易体育：https://sports.163.com/20/0902/21/FLI505EB00058781.html，最后访问日期：2020 年 11 月 8 日。

〔31〕 参见《反超纳达尔 德约科维奇 36 冠独占大师赛冠军榜头名》，载央视网：https://sports.cctv.com/2020/09/22/ARTIrerpuKtQyuOc3Ngcr1mw200922.shtml，最后访问日期：2020 年 11 月 8 日。

人称赞，感染新冠病毒并没有使其实力衰退，他甚至一度拿下最佳球员，给了球迷和观众肯定的交代。[32]威斯布鲁克也曾感染新冠，但很快痊愈，在复赛后的两场比赛中，场场都能砍下30分的高分，并且场场都送出了盖帽。[33]

确诊运动员的这种表现，某种程度上缓解了人们对新冠肺炎的恐惧。人们意识到，从遭受疫情影响的人群来看，主要集中于中老年人群体，这类人群因自身免疫力相对较差，常患有慢性基础性疾病，抵抗疾病的能力相对较弱，因此患病风险高，死亡率也较高。而运动员自身的身体素质较好，抵御风险的能力较强，很多属于轻微症状，即使患病后，恢复情况也很乐观，因此，在运动员之中，并未出现太严重的死伤后果，这在一定程度上助力复工之后的各大赛事得以顺利运转。不过，新冠疫情迄今仍未得到遏制，人类距离完全了解、掌控这一恶疫尚需时日，新冠对于人体在生理层面上的真正影响，也有待长期予以关注。

五、疫情之下职业体坛面临的主要法律问题

从职业体育自身的特点来看，与业余体育相比，职业体育具有稳定性。它在发展过程中，已经拥有了固定的从业人员、体育场馆等基础设施，其营收也主要来自体育赛事转播、门票和商业推广，尤其以体育赛事转播为主，与业余体育中门票收入占很大来源形成对比，这种收入的稳定性保证了其财政收入，也增加了其复工的可能性。反观东京奥运会等业余体育，其具有偶然性和临时性，疫情严重使东京奥运会不得不延期举行，日本政府为奥运会投入的体育

---

[32] 参见《官方全场最佳！西甲重启后武磊光芒万丈，评论员：比维尔纳强》，载凤凰新闻：https://ishare.ifeng.com/c/s/v004l0hF3VUedKUL7XJzDO3--ZDoAPqnS--96lXel--amL2ILG5LflkhmZdQTm7u5Rba1Zz? spss=np&aman=fk248sdafV3b4Eee52185，最后访问日期：2020年11月8日。

[33] 参见《性格最像科比之人 新冠痊愈后依然劲爆 今日带队战胜联盟第一》，载新浪网：https://k.sina.com.cn/article_6427302629_17f18dae5001011v1l.html? from=sports&subch=nba，最后访问日期：2020年11月8日。

场馆被搁置，餐饮、交通、住宿等行业受挫，犹如蝴蝶效应，牵一发而动全身，这种缺乏周期性的行业无法在突发情况面前保持稳定。所以总的来看，在世界范围内，职业体育将会比业余体育更加坚挺地运行、开展，但只要疫情一日未被根治，就将始终面临着由此带来的各种法律问题。或者说，体育领域的法律纠纷因之而空前增多了。

（一）疫情之下的裁员和降薪政策

疫情之下，许多行业举步维艰，对部分行业而言，为维持运转，只能无奈采取灵活用工和裁员的方式。在职业体育行业，很多俱乐部面临资金危机，裁员和降薪成为"自救特色"。

1. 裁员

职业体育俱乐部作为提供观赏型赛事服务的经营实体，也是以营利为目的。当经济不景气时，为了自身发展也会出现裁员的现象。[34]新冠疫情无疑造成了经济不景气、俱乐部举步维艰的困局。疫情发生后，西班牙拉斯帕尔马斯是第一家宣布暂时解雇一部分员工的西班牙足球俱乐部，之后裁员成为风潮，欧洲各足球联赛的裁员新闻接踵而至。

从法理层面分析，职业体育中的用工制度，大体上还是属于一种广义的劳动法律关系。即便运动员与俱乐部之间签订的是否属于劳动合同尚有争议，但在许多方面确实属于劳动法律关系。就我国职业体育俱乐部而言，如果在疫情之下裁员，应当符合《中华人民共和国劳动合同法》的相关规定，援引其中"生产经营发生严重困难"的条款或者"因劳动合同订立时所依据的客观经济情况发生重大变化，致使劳动合同无法履行"的条款，进行裁员。在此需要注意的是，疫情之下体育俱乐部的裁员至少分为两类：一类是俱乐部内服务型、保障型用工的裁员。这一类裁员，和普通的劳动关系没有区别，俱乐部在满足法定条件要求的情况下予以裁撤即可。另一类则是运动员、教练员的裁员。这些人员尤其运动员重新就业不同

---

[34] 参见聂清德：《金融危机下职业体育俱乐部的现状及对策》，载《网络财富》2009年第5期。

于普通行业，需要满足注册、转会等行业内手续要求。所以，对其进行裁员一方面需要配合球员转会的需要，为其妥善办理相关手续；另一方面，如在赛季中期所属联赛无法办理转会租借手续的话，则俱乐部应支付较之窗口期裁员更高的补偿金额。

2. 降薪

较之于裁员，降薪以便共克时艰，是更为常规的做法。澳大利亚全国橄榄球联赛（NRL）在赛事停摆期间高管降薪25%，德国足球甲级联赛的豪门拜仁慕尼黑和多特蒙德也宣布降薪。2020年3月，巴塞罗那俱乐部要求球员减薪70%以帮助俱乐部度过难关，球员们则反对俱乐部此举措，队长梅西在反对减薪的同时还以个人名义捐款100万欧元支持医疗事业，后来迫于形势压力，俱乐部与球员微妙地达成了降薪协议，[35]但俱乐部仍在寻求让球员们继续降薪的方式。德甲的门兴格拉德巴赫、柏林联俱乐部也先后宣布疫情期间球员将不会领到薪水。CBA为应对疫情带来的冲击，决定公司首席执行官降薪35%，总监及以上级别人员分别降薪15%~30%，此外，NBA也宣布球员降薪25%，[36]以应对疫情危机。

虽然与裁员相比，降薪这一举措似乎更有柔性，也考虑到了对球员利益的关照，但是现实中，很多球员降薪如失业，尤其是大幅降薪。如何使降薪更加合理，降薪的幅度如何控制，降薪的对象应当是谁，成了职业体育俱乐部面临的难题。

3. 裁员和降薪的具体操作

无论是裁员还是降薪，都是为了使俱乐部保持存活、继而长久健康运行而采取的无奈之举，在采取这一措施时，需要坚持协商原则。俱乐部和球员教练员应积极协商，充分交换意见，以恰当方式，平等对待、尊重每一个球员和教练员的诉求，以求得劳资双方的妥协。在这种谈判中，球员个体往往力量微弱，成立球员工会是疫情

---

〔35〕参见《西甲豪门巴塞罗那足球俱乐部降薪70%获球员支持 梅西公开发声耐人寻味》，载中国小康网：http://www.chinaxiaokang.com/wenhuapindao/tiyu/2020/0331/929985.html，最后访问日期：2020年11月8日。

〔36〕参见《NBA联盟与球员工会已就减薪方案达成一致》，载NBA中国官网：https://nbachina.qq.com/a/20200418/002933.htm，最后访问日期：2020年11月8日。

之后显得更为迫切的重要问题。

如果谈判不成，俱乐部单方面裁员或者降薪，需要按照法律和行业相关规则进行，不能无视相关人员的合法权益。在足球领域，国际足联《关于应对新冠疫情足球管理问题指南》（Covid-19 Football Regulatory Issues，以下简称"指南"）和中国足协《关于男足职业俱乐部与所属球员、教练员合理调整薪酬、共克时艰的倡议书》（以下简称"倡议书"）是两个重要的文件。

根据指南提出的指导原则，[37]如俱乐部未能通过有效的协商机制与球员或教练员就调整原合同条款达成一致从而考虑按照本俱乐部的统一方案单方面做出调整的，俱乐部尤其应当整理、提供充分的材料用以证明或说明：①俱乐部已尽力尝试与该球员或教练员友好协商。②俱乐部的实际经济状况。③薪酬调整的幅度属于合理范畴。④实施调整后，球员或教练员的净收入水平情况。⑤俱乐部的单方调整方案是否适用于全队。

降薪的方案要合理，应当兼顾俱乐部和球员的利益，求得适当的平衡。在制定降薪方案时，要针对人员的不同、工作量的大小以及薪资的高低采用不同的降薪比例。中国足协倡议书中就对疫情期间调整球员及教练合同及薪酬的事宜有较合理的设定，[38]建议降薪参考比例为30%至50%之间，对税后月收入少于或等于10 000元人民币的球员及教练员，不建议俱乐部调整其薪酬；对税后月收入少于或等于20 000元人民币的球员及教练员，不建议俱乐部延迟支付其任何比例的薪酬。以上方案是顺应时局、对目前的不利状况进行分析之后做出的解决方案，总体来说较为合理。

（二）疫情之下职业体育赛事转播权的利益博弈

拥有职业体育赛事的转播权，既蕴含着巨大的利益，也伴随潜

〔37〕 参见"Covid-19 Football Regulatory Issues"，载 FIFA 官网：https://resources.fifa.com/image/upload/1714-covid-19-football-regulatory-issues.pdf? cloudid = x9q8h6zvyq8xjtfzmpy9，最后访问日期：2020 年 11 月 8 日。

〔38〕 参见《关于男足职业俱乐部与所属球员、教练员合理调整薪酬、共克时艰的倡议书》，载中国足球协会官网：http://www.thecfa.cn/lstz/20200508/28619.html，最后访问日期：2020 年 11 月 8 日。

在的危机，毕竟商业活动的回报与风险始终共存。如果一项赛事拥有数以万计甚至数以亿计的粉丝，那么这些粉丝为了观看赛事，会在同一时段打开直播，随着赛场内瞬息万变的局面，关注每一分钟的比赛内容，甚至不愿错过任何一个镜头。购买了赛事转播权的平台，则拥有赛事期间广告位销售的权益。广告主为了将自己的品牌曝光在观众面前，花费重金投放于赛事尤其是高水平的职业体育赛事。广告和有偿观看，支撑起了体育赛事转播权背后的巨大利益。

对于持权转播平台来说，最大的危机莫过于赛事转播权的取消。2020 年 9 月 3 日，英超联赛官方宣布取消与 PP 体育的合作，[39]同日，PP 体育也发布声明，宣布与英超解约。[40]9 月 17 日，腾讯体育官方宣布与英超联盟达成合作，正式成为英格兰足球超级联赛内地及澳门地区独家新媒体转播平台，将全程转播英超 2020 到 2021 赛季剩余全部赛事。

PP 体育与英超解约的背后蕴含着很多问题，这些问题在疫情期间被放大并暴露出来。PP 体育认为，疫情之下英超赛事价值由于停摆、空场而大幅缩水了，因此应当重新评估价值。而英国国内的天空体育和英国电信体育，确实是在疫情之下，得到了英超的大幅退款，但 PP 体育却没有得到这样的待遇。有报道披露，之所以出现这种"双标"情形，是因为天空体育等在跟英超联赛谈转播权时，签订有相应的退款条约；而为了获得在中国市场的独播权，PP 体育在签订合同时忽略了这些英超方不大乐意签订的条款。[41]

就法甲的转播权，法国《队报》在法甲停摆之后于 3 月透露，法甲联赛常年的转播商"Canal plus"已表示，将暂时搁置向法甲支

---

〔39〕 参见《英超官方宣布：和中国电视转播商苏宁旗下 PP 体育终止合作》，载新浪财经：https://baijiahao.baidu.com/s？id = 1676813497403346918&wfr = spider&for = pc，最后访问日期：2020 年 11 月 2 日。

〔40〕 参见《苏宁回应"PPTV 与英超解约"：放弃版权为及时止损，企业经营要遵循商业逻辑》，载搜狐财经：https://m.sohu.com/a/416311848_100001551？scm = 1002.0.0.2bbb-1191，最后访问日期：2020 年 11 月 2 日。

〔41〕 参见《PP 体育遭英超抛弃背后：苏宁大公子烧钱 200 亿，火药早已埋下》，载凤凰网：https://finance.ifeng.com/c/7zemGz65NKq，最后访问日期：2020 年 11 月 2 日。

付 1.1 亿欧元的赛事转播费。这笔钱约占到单赛季法甲联赛总转播收入的 15% 左右。数据显示，电视转播收入分成是上赛季法甲球队最主要的收入来源，占到法甲球队收入的 36%。[42]

转播权作为现代职业体育中最重要的收益项目，相关条款的设定一定要严密、精细。平台需要有一定的风险意识和理性应对措施，并在合同条款设计上体现出来。这是对自身利益的维护，也是间接对观众、会员利益的维护。同样，作为赛事方，也应在妥善设定合同细节、维护自身利益的同时，与相关平台积极沟通，谋求共赢，让各方能在职业体育的大厦之下相互依存，长久发展。

（三）疫情之下赛事取消险的问题

赛事取消险，是职业体育领域中一种早已存在的险种。今年因受疫情影响，诸多职业体育赛事不得不暂停、推迟举行，而还有一些赛事，则最终取消，例如每年 9 月举行的中国网球公开赛。四大网球公开赛之一的温布尔登网球赛，是直接宣布取消的，而其购买的赛事取消险，是未雨绸缪的最佳表现。据英国权威媒体《泰晤士报》报道，由于温网所购买的保险当中含有流行病毒保险，因而他们获得 1.41 亿美元的天价赔偿。[43] 可见，温网对于赛事取消险的重视和保险条款的优化极具前瞻性，足见其一直就对赛事安全问题有着充分考量，并舍得为此重金投保。相比之下，我国对于赛事取消险的关注较少，一方面可能在于该险种的保额较高，对于职业体育俱乐部而言是不小的经济压力，另一方面在于保险的承保和理赔上程序比较繁琐，不便于操作。

疫情让职业体育俱乐部和相关体育组织认识到了赛事取消险的重要性。长远来看，应在未来办赛之前投保相关险种，并审慎对待保险条款中的保险标的、保险责任和免除责任条款。除了新冠病毒以外，还有哪些因素可能造成赛事取消或者延期，这些问题值得办

---

〔42〕 参见《破产、减薪、失业纷至 疫情下国际体坛艰难度日》，载新华网：http://sports. xinhuanet. com/c/2020-03/31/c_1125794844. htm，最后访问日期：2020 年 11 月 2 日。

〔43〕 参见《创纪录！温网取消将获赔 9. 92 亿人民币 过去 17 年缴病毒保险费用太明智》，载腾讯网：https://new. qq. com/omn/20200410/20200410A0U9CV00. html? pgv_ref＝sogousm&ADTAG＝sogousm，最后访问日期：2020 年 11 月 2 日。

赛者审慎考量。而就新冠疫情而言，鉴于其已成为相当长时间内常态化的生活事实，保险公司是否还承保这一险种，或者在未来对于这一险种如何重新估算出险概率从而提高保费，都是其正常的商业选择。

（四）疫情之下运动员怠于个人防控的责任问题

防控政策的良好实施，离不开每个个体的配合。疫情期间，我国法院处理了多起因隐瞒行踪导致多人感染的案件。例如来自陕西的真实案例，张某一家五口驾车自湖北武汉回陕西并向工作人员隐瞒自武汉返回行踪，且虚假上报情况。随后，张某家中四人先后被确诊新型冠状病毒肺炎。此行为导致其他人被传染新冠肺炎、所住小区被整体封闭隔离，对临渭区疫情防控工作造成严重影响，后法院以"妨害传染病防治"为由追究了张某等人的刑事责任。

在体育界，同样存在运动员违反防疫规定的情形。在前述确诊新冠的运动员中，有的是做了正常防护，但由于疫情大环境而不幸感染的，对此类运动员唯有寄予同情和关爱。但是也有部分运动员，如前述的戈贝尔、福登、沃克等人，是对个人防护和防疫规则置若罔闻，堪称是明知故犯。对这样的个体，即便其个人没有罹患新冠、没有将新冠传染给他人，但对其违规行为，本身也应当处罚，追究其责任。

我国篮坛就发生了这种案例。在辽宁本钢队领队和运动员与新疆伊力特队工作人员为辽宁本钢队辞职离队的郭士强教练送行时，未按规定佩戴口罩，违反了CBA联赛疫情防控相关规定，联赛纪律部门依照2019—2020赛季CBA联赛复赛疫情防控相关管理规定，对郭艾伦、姜红军提出了书面警告。[44]

防疫规定的目的在于对运动员生命健康的保护，也在于对公共卫生秩序的维护。运动员基于其身份的特殊性，所处的体育活动的高交互性、高社交性，更应当重视自身防疫。一旦运动员违反防疫规定，需要对其进行处罚，处罚过程中，应当确保法律适用的正确性和法律程序的正当性，视其具体行为而在行业内部处罚和国家法

---

[44] 参见《郭艾伦违反防疫规定遭处罚，网友热议："经赛区组委会批准"，"按照规定主动予以了回避"看不到吗》，载虎扑网：https://voice.hupu.com/other/259811 2.html，最后访问日期：2020年11月8日。

律中作出妥善选择。在情节较为轻微时，选择适用行业规则或者章程，若情节严重，则适用行政法规，必要时甚至上升到刑事层面，以便罚当其过。

（五）疫情之下职业体育法律纠纷的救济程序问题

由于疫情影响，很多体育赛事被迫中止或延期，有的甚至取消，导致球员、赞助商等多方利益相关者无法按照约定履行合同，带来了一系列法律纠纷。对赛事赞助商而言，赛事延期以及取消，使赞助商巨大的广告效益无法按期实现。基于疫情这一不可抗力，赞助商的赞助计划需要修改，赞助商的资金投入需要调整，赞助商的损失如何弥补、如何分担，需要合同双方根据客观情势、合同期限、双方合作意愿作出理性的协商和处置。对众多体育明星代言的商家而言，他们选择了精英运动员作为代言人来提升产品的知名度，但在失去了赛事这一平台之后，或者作为代言人的运动员因感染疫情而停赛的情况下，代言合同也面临无法履行或价值缩水的问题，产生了解约或者调整的问题。除此之外，降薪、裁员、无形资产权益等问题，都成为疫情之下纷纭而至的法律纠纷。对于这些法律纠纷，在实体法层面可以概括地以不可抗力来进行认定。但真正落实到操作层面，就每一个具体的法律纠纷，如果都寻求诉讼手段解决，则很难妥善解决。为数甚巨的此类纠纷，如果都流入诉讼程序，会给司法资源带来巨大压力，而且时间持久的司法程序使得争议主体的权利义务陷入未定状态之下，可能使吃"青春饭"的运动员的职业生涯受到难以预料的影响。更何况，还有相当一部分法律纠纷，可能面临着诉讼、仲裁都不予接纳，"求告无门"的局面。为此，从务实的角度来说，协商解决仍是最佳的救济方式，各方根据合同条款、具体情势、违约事实等因素，具体问题具体分析，谋求双方都能接受的解决方案。与此同时，各体育行业协会和组织、相关行政机关、仲裁机构和法院，亦应针对疫情背景下类案的普遍情势，进行必要的研判，并在具体案件中妥善引导，力求通过多元解决机制，化解和处理疫情引发的体育法律纠纷。

结　语

疫情之下，职业体育的发展遇到了前所未有的挑战。面对新冠病毒的无情干扰，各国职业体育行业做了相应的措施进行应对，通过政府规制、行业自治以及运动员自身的调整适应，都取得了一定的成效，诸多体育赛事通过延期、暂停或者空场进行的方式度过了疫情最艰难的时段，并摸索出了复工的一些方案，职业体育在"低配"状态下重新运转。

在疫情可能长期伴随的背景之下，各国职业体育行业面临许多共性问题。入境政策的调整变动，俱乐部与球员、员工就裁员、降薪问题的博弈，赛事转播权得失后的利益考量，运动员的涉疫违纪处罚制度，都是现实当中常会发生的问题。而这些问题的复杂之处，还在于其不仅考验着每个国家，而且还考验着客观上存在的职业体育共同体。欧冠联赛和亚冠联赛中球队如何出国比赛，如何进行防疫管理，且使之与各国正常保持衔接，就是其中最严峻的挑战。面对疫情，职业体育行业应当提高专门的风险防控能力，如何在残酷的外部环境之下发展健康、良性的职业体育事业，值得人们持续关注和思考。

我国体育用品质量治理模式转型研究

李　健*

全面依法治国和建设法治政府等重要论断为推动国家治理体系和治理能力现代化提供了重要支撑，治理措施法治化早已成为各级各部门的基本遵循，主要表现为依法行政、合理行政等。与此同时，在"放管服"改革背景下，"谦抑权力、彰显权利"也已成为社会基本共识。然而，在我国体育用品质量的治理中，当前的治理模式并未很好发挥其应有效果，体育用品质量问题依然突出，体育品市场秩序的自愈能力较弱，体育用品质量治理模式内在架构不尽合理，尚不能满足全民健身所需的体育产业高质量发展要求。

一、体育用品质量治理模式转型动因

国家市场监督管理总局办公厅公布的《关于 2019 年室内健身器材等 16 种产品质量国家监督抽查情况的通报》（市监质监函〔2020〕375 号）中显示："2019 年，抽查了 7 个省（市）50 家企业生产的 50 批次室内健身器材产品，其中 14 批次产品不合格，不合格率发现率为 28.0%。"另外，2018 年国家市场监督管理总局公布的《关于 2018 年第 3 批播种机等 39 种产品质量国家监督抽查情况的通报》（国市监质监函〔2018〕206 号）第 2 项"抽查结果分析"中第 6 款显示："抽查的河北、江苏、浙江、山东、河南等 5 个省 30 家企业生产的 30 批次室外健身器材产品，发现有 8 批次产品不符合标准规定，不合格率达 26.7%。"从体育用品出口情况看，"中国出口的体

---

* 上海体育学院体育法研究中心副教授，博士。

育用品大多属于技术含量低、质量一般的中低端产品，在国际市场容易受到技术性以及非贸易壁垒制约。"[1]可见，我国体育用品质量形势并不乐观，特别是健身器材质量状况更为堪忧，无法满足全民健身需要，更难以有效保障公民在全民健身活动中的合法权益。2019年国务院办公厅发布《关于促进全民健身和体育消费推动体育产业高质量发展的意见》（国办发〔2019〕43号），提出"加大对体育市场违法违规经营行为的打击力度，规范体育市场秩序"，同时还提出"加大全民健身设施建设力度""支持体育用品制造业创新发展"等举措，可见体育用品质量监督是国家市场监督的重要内容之一，体育用品质量已成为体育产业高质量发展的重要组成部分。"2010—2016年间体育用品消费总支出平均增速基本稳定在10%以上的水平"，[2]在体育产业结构上，长期以来"我国体育用品及相关产品制造的总产出和增加值所占比重最高"，[3]"我国体育用品制造及相关销售等规模较高，形成了较不合理的产业机构，一定程度上制约体育产业高质量发展"。[4]但这种由历史形成的体育产业结构在较长时期内是难以改变的，我国体育产业正处在由速度规模向质量效益转型的关键时期，加快提升我国体育用品质量对促进体育消费，激活体育用品市场，促进体育产业高质量发展具有重要意义。

然而，长期以来以罚代管的行政惯性，以及重监管轻治理的行政思维，并未造就良性可持续的质量秩序，包括体育用品在内的各类质量问题都处在"产生—重压—好转—反弹—再重压"状态下循环往复，严重影响我国的全民健身事业。我国现行的市场监督职能由工商行政管理、质量技术监督、食品药品安全监管以及知识产权监管、反垄断执法监督等行政监管职能整合而成，体育用品市场则是

---

〔1〕 参见杨明：《中国体育用品制造产业标准化及其发展对策研究》，载《成都体育学院学报》2015年第1期。

〔2〕 参见范尧：《供给侧改革背景下体育用品供需困境与调和》，载《体育科学》2017年第11期。

〔3〕 参见陈林会：《我国体育产业高质量发展的结构升级与政策保障研究》，载《成都体育学院学报》2019年第4期。

〔4〕 参见任波、戴俊：《中国体育产业高质量发展：困境、逻辑与路径——基于"质量和效益为中心"的视角》，载《体育与科学》2020年第2期。

由市场监管部门和体育行政部门双重监管。在传统"行政主体—行政相对人"二元结构中,行政权力是驱使市场秩序形成的内在动力,行政高效能是该结构模式的优势所在,但法律工具主义在"依法行政"外衣下依然存在,市场经济中权利主体对良性秩序形成的驱动力未能充分释放,这种状况在由过去分散的市场监管机制到现在基本统一的市场监管机制的发展过程中虽有所改观,但因惯性而存在一定延续性。上述《意见》中提出,在新形势下,要以习近平新时代中国特色社会主义思想为指导,强化体育产业要素保障,激发市场活力和消费热情,深化"放管服"改革,释放发展潜能。在全民健身背景下,消费者是体育产业高质量发展的最终受益者,更是体育市场活力的源泉。"从效率优先转向公平正义优先体现了现代化背景下社会转型与法律治理的一般规律。"〔5〕尽管传统二元结构在行政效率方面优势明显,但与现代化背景下所追求的公平正义仍有差距,"体育市场主体的各个参与者开始成为以'获取最大利润'为终极目的的'经济人'",〔6〕某些企业作为市场主体因其逐利性而放弃质量优先。在体育用品质量治理中,有必要在坚持社会公平的前提下,探索构建以消费者(顾客)"权利"为中心的治理架构,逐步摆脱行政权力主导的市场秩序形成机制,进而优化体育用品质量治理模式,这既是建设法治中国的要求,也是实现体育市场与体育产业治理体系和治理能力现代化必然选择。

二、体育用品质量治理模式转型依据

全民健身事业是我国的一项法定事业,《全民健身条例》开宗明义确立了其宗旨是"为了促进全民健身活动的开展,保障公民在全民健身活动中的合法权益,提高公民身体素质"。可见公民的健康及其健身中合法权益是全民健身事业的基本出发点和落脚点。同时,

---

〔5〕 参见蒋立山:《社会治理现代化的法治路径——从党的十九大报告到十九届四中全会决定》,载《法律科学(西北政法大学学报)》2020年第2期。

〔6〕 参见李龙、范占江:《背离与回归:体育市场主体的契约精神》,载《西安体育学院学报》2018年第6期。

《全民健身条例》第 2 条第 2 款规定，"国家支持、鼓励、推动与人民群众生活水平相适应的体育消费以及体育产业的发展。"人民群众投身各类体育消费活动中时，又增添了另外一层身份——体育用品消费者，保障体育用品消费者的权益就是保障公民的健身权益，就是保障全民健身事业的发展。在这个意义上，体育用品消费者权益是体育市场治理的核心遵循，制度设计也应该以保障体育用品消费者权益为逻辑起点。

（一）体育用品质量利益相关方的共益关系

德国当代行政法学家阿斯曼教授认为："只有利害相关人共同承担责任并共同参与，在个人自由与社会需求之间，才能有平衡的关系。"[7]近年来，相关方（利益相关方）概念在企业质量管理中广泛使用，并且多数企业以国家标准《卓越绩效评价准则》（GB/T 19580）作为提升组织管理与发展质量的重要依据。该《准则》第 4.2.2.3.2 条款载明："战略和战略目标如何应对战略挑战和发挥战略优势，如何反映产品、服务、经营等方面的创新机会，如何均衡地考虑长、短期的挑战和机遇以及所有相关方的需要"。这里所称的相关方是以组织（主要是企业）为中心而展开，"所谓相关方（利益相关方），是指对组织的行动和成功有影响或可能有影响的所有群体"，[8]包括顾客、员工、合作伙伴、管理机制、股东、社区以及政府等。利益相关方在《新英汉词典》中被翻译成"利益共享者"，而项目管理协会（PMI）则认为利益相关方是介入项目过程或者是受到项目成果影响的组织或个人。[9]这里所称的相关方又是以项目为中心展开的。但上述定义的共同点在于"组织或个人相关方因为某个链接点（组织或项目）有利益上的影响"。基于这样的认识，利益相关方之间实际是一种利益共同体，共同体间的利益关系越紧密，

---

〔7〕 ［德］施密特·阿斯曼：《秩序理念下的行政法体系建构》，林明锵等译，北京大学出版社 2012 年版，第 129 页。

〔8〕 戚维明主编：《卓越绩效评价准则实务》（第 2 版），中国标准出版社 2012 年版，第 85 页。

〔9〕 参见丁荣贵：《项目利益相关方及其需求的识别》，载《项目管理技术》2008 年第 1 期。

相互间的共益性行为越多，相关方的行为也更趋向于共利共赢——这便是法律规则所应追求的一种良性状态。

在体育用品质量治理过程中，从相关方概念入手，来识别体育用品质量治理所涉法律关系的相关方时，不难看出作为政府监管部门、体育用品企业、[10]产品认证机构、[11]消费者，不管是以哪个主体为中心，其他三个主体都是其利益相关方。然而在我国质量认证乱象丛生的现状下，此四方主体间并没有真正形成良好的利益共同体，即一方利益受损不代表着其他主体利益减损，特别是当消费者权益受损时，不代表监管部门和认证机构会被追究责任，这恰恰证明现有制度设计上的不足。在体育用品市场监管的法律制度设计过程中，要精准识别政府监管部门、企业、第三方认证机构、消费者四方主体，"体育产业市场化不是要一概否认体育管理部门的行政职能"，[12]而是需要在体育市场各相关方中重新定位核心主体，考虑到消费者权益保护才是体育市场健康发展的核心目标，因此制度设计要以消费者为中心，维护以消费者为中心的利益共同体，从而维护有利于消费者权益保护的体育用品市场秩序。体育用品质量治理与监管法律制度只有真正让相关方毁誉相连，才能激励相关方维护其共同体利益，即共益关系。[13]共益关系下各相关方在自主的前提下具有关联性，在追求单方利益的同时更加注重维护共同利益。

（二）消费者权益对良性市场秩序的驱动效应

从经济学视角考察消费者，消费者是侧重于供需关系中资源配置，能够反作用于生产并决定价格的经济链条末端环节。[14]有学者

---

〔10〕 包括体育用品生产、销售企业和以体育用品（如健身器材）为基础设施的服务企业（如健身企业）等。

〔11〕 主要指第三方认证机构，其业务包括产品、服务、管理体系认证。第三方认证是对产品质量、服务质量、组织运营质量达到标准要求的第三方确认或证明。

〔12〕 参见陈东灵：《我国体育产业市场化相关主体的利益博弈分析》，载《西安体育学院学报》2013年第1期。

〔13〕 参见管丰、陈志勤：《公益与共益：从日本的"社会性"传统再构成看国家与民众》，载《民俗研究》2016年第6期。

〔14〕 应思思：《经济系统的结构：中介系统及其影响研究》，知识产权出版社2015年版，第56页。

研究表明，体育消费能够为体育产业发展提供内生动力，[15]而消费者不单指某个个体，而是一组需求偏好的集合。[16]从这个角度看，消费者需求是产品价格和产品质量的最终决定者，对消费者需求的满足是实现消费者权益最大化的体现，因此经济学上消费者权益是否受到侵害取决于产品价格与产品质量之间的平衡状态是否被打破。尽管产品价格与产品质量之间绝对平衡的理想状态在现实中很难出现，但正所谓"一分钱一分货"，产品价格应该与消费者期望的产品质量基本相当，期望满足时，消费者权益得以实现，期望未能达成时，消费者权益便受到折损。

在体育用品质量治理的法律关系中，形成了以消费者为中心，包括监管部门、第三方认证机构、企业在内的四方主体，彼此互为相关方。这四方主体的地位分别是：消费者是体育用品质量利益的权利主体、企业是提供合格体育用品和服务的义务主体、认证机构是独立于企业和消费者之外的第三方证明主体、监管部门是行政监督主体。四方主体的权利义务关系，可分解为如下几组关系：

（1）体育用品企业—消费者：质量利益提供者与承受者的关系（基于质量保证责任）。

（2）第三方认证机构—消费者：质量利益的担保与被担保的关系（基于对认证的信赖）。

（3）行政监管部门—消费者：质量利益的保护与被保护的关系（基于法定行政职权）。

在体育用品质量治理的社会关系中，质量利益是消费者权益的具体表现，构成了各方主体的共同利益指向，消费者权益成为驱动各方主体利益并形成良性市场秩序的基本动力：

（1）消费者权益的直接对价是企业获得经济效益，只有消费者

---

〔15〕 参见张金桥、邱茜：《我国体育产业发展中的政府职能及其转变》，载《天津体育学院学报》2015年第4期。

〔16〕 ［美］罗纳德·H.科斯：《企业、市场与法律》，盛洪、陈郁译校，格致出版社、上海三联书店、上海人民出版社2014年版，第3页。

质量利益真正实现，企业才能继续加大生产或提供良好服务，获取更多市场份额，从而实现经济效益。

（2）消费者权益间接对价之一，是认证机构同时获得必要的经济效益和公众的信赖利益，前者指向认证机构的营收，而后者则指向社会公共利益，直接影响公众质量信心的建构。

（3）消费者权益间接对价之二，是监管部门获得公众对行政监管主体的信赖利益，属于公共利益的范畴。

上述以消费者权益为核心的利益指向关系，决定了消费者权益在体育用品质量治理法制构建中的价值导向作用，凡是与维护消费者权益（质量利益）相悖的体育用品质量治理制度都带有非正当性。换言之，体育用品质量治理制度应当以保护消费者权益为导向，只有这样，另外三方主体才能更好获得各自利益。

从消费者权益保护出发，体育用品质量治理制度建构要以消费者权益为中心。以上述四方主体为依据，体育用品质量治理法律与政策最终表现为对监管部门、第三方机构、企业等三方主体的行为规制。根据"权益对价"的讨论结果，消费者权益对体育用品质量治理的法理意旨在于规制措施能否有利于利益共同体达成，最终形成相关方共益关系。不管是对体育用品企业，还是第三方机构，抑或是对政府监管部门的规制措施，都应当以三者是否与消费者形成利益共同体为导向，唯有此，制度才更具实效性。

（三）利益供给方的"责权利效"相统一

在体育用品质量治理中，只有消费者是纯粹的质量利益承受方。部分非生产性的专门以提供体育健身服务为业的体育服务类企业，相对于生产性企业也是质量利益承受方，但最终要将质量利益转让给消费者从而实现自身经济效益。因此从总体上看，除了消费者，监管部门、第三方机构、企业都是质量利益供给方。

责权利效相统一原则，是以我国经济法学前辈中国人民大学刘文华教授为代表的"人大学派"提出的，该学派认为，"责权利效相统一原则是以社会责任本位理念为基础，所有主体（包括管理主体、经营主体，甚至消费主体）都要对社会尽责任，在尽责的基础上享受权利，获得利益，并取得终极权益。"[17]用该原则来评价现有的体育用品质量治理现状，我们会发现现状与该原则背离较大。若非是极个别有重大社会影响的质量安全问题，行政监管部门很难被问责，第三方认证机构更不会为其带有质量担保性质的行为负责，最终因质量问题所造成的损失主要是在消费者与企业之间进行分摊。

当然，近年来问题主要集中在第三方质量认证机构的责任与其权利、利益、效益的失衡。近年来，大多数质量认证机构并未因其认证获利而承担应有的社会责任和法律责任，也未全心全意履行其职责。质量认证机构的业务行为大致可分为审核或检查、发证、证后监督三个阶段。审核、检查是源头，证后监督是保证，而发证大体上属于程序性事实行为。源头抓好了，认证行业的风气转变了，必然会带动认证企业等市场主体的自律和规范运转，认证的应然功能才能体现出来。近年来，以 ISO 质量管理体系认证证书为代表的相关认证标志大幅贬值，其根源就在于认证源头出了问题。企业花钱，认证机构卖证，是业内公认的事实，导致证书的含金量越来越低，越来越不值钱，认证机构之间搞价格战，虚假认证和不实认证现象丛生，恶化了社会信用关系和市场经济秩序，故遏制虚假认证是市场监管法律制度的头等任务，而要遏制认证机构虚假认证则必须强化其责任意识，包括履行职责和违规责任的承担，实现责权利效的均衡与统一。

按照合理信赖原则，消费者对于具有专业知识的机构或人员具有合理的信赖，基于这种信赖，他们有理由期待这些机构或人员基于自身的专业知识，尽到比普通消费者更高的注意义务。专业人士具有"至少超过一切理性的人一般水平"的能力，如果缺乏必要的专业知识，这就打破了社会公众的信任。[18]专业人员还可以通过他们的专业活动获得更高的报酬，按照"权利、义务与责任"对等原则，要求其承担基于更高信任义务的责任是合理的。为此，在追究

---

〔17〕 刘文华、徐孟洲主编：《经济法》，法律出版社 2009 年版，第 23 页。

〔18〕 欧洲侵权法小组编：《欧洲侵权法原则：文本与评注》，于敏、谢鸿飞译，法律出版社 2009 年版，第 120 页。

质量认证机构责任过程中引入"无过错责任"等归责原则是必要的，这有利于保护消费者权益，实现实质正义，也是责权利效相统一原则的必然要求。

三、体育用品质量的新型治理模式建构

传统体育市场监管是"行政主体—行政相对人"的二元结构，尽管纯粹的二元结构并不存在，但"二元结构"的思维还是广泛盛行于市场监管的实践中。其特点是：第一，垂直结构，主体间是基于行政法律关系形成的监督与被监督、管理与被管理的关系，是一种典型的自上而下的垂直关系；第二，单向属性，行政主体对行政相对人是单向度的主动监管、主动作为，而行政相对人对行政主体缺乏除行政诉讼与行政复议外的其他制约方式；第三，行政权力驱动，体育市场秩序的稳定状态，依赖于行政权力驱动，市场驱动效应尚未充分发挥，消费者的权利意识未充分激发。

应该说二元结构的体育市场监管模式在较长时期内为稳定市场秩序，促进市场经济良性发展起到了一定作用。但随着改革步伐的深入，激发市场活力，释放发展潜能成为体育市场应有的发展方向，加之体育产业治理体系和治理能力现代化的高要求，二元结构显然已经不能适应发展的需要，治理模式的创新与转型已成为时代之必然。在体育用品质量治理及体育用品市场秩序形成中，有两个主体是容易被忽视的，一个是质量利益的最终受益人——消费者；一个是进行合格评定活动的第三方认证机构。前者是体育用品质量治理的核心主体，后者在体育用品市场中除了认证机构，还包括其他各类第三方评价机构，他们也是构成体育用品市场的重要主体。

在向治理能力和治理体系现代化迈进的过程中，一是要依靠法治，二是要重视群众利益。基于这两点考虑，新型的体育用品质量治理模式首先应该是一种法律治理模式，另外必须坚持消费者权益的核心地位，进而构建起以消费者为中心的监管部门、企业、第三方评价机构四方主体相互制约、共益共存的治理模式。该治理模式展开，则表现为如下三组"共益"关系：

（一）体育用品消费者与企业的共益关系：契约共益

作为体育用品生产、销售企业，为了赢得顾客与市场，一方面会与其他领域企业一样，争取大多数行业都通行的非强制性体系认证，如 ISO9001、ISO14001、ISO28001 等相关认证，从而为自己的体育用品背书上质量信誉；另一方面，还会在体育行业领域争取特有的非强制性体育服务认证和体育用品（产品）认证，目前国内体育领域认证较为有声望的有：北京国体世纪质量认证中心有限公司推出的 NSCC 认证，以及北京华安联合认证检测中心有限公司推出的体育场所服务认证。更有不少体育用品企业为获得国际市场，会争取国际篮联、国际羽联、国际田联的体育用品认证。总体而言，企业申请非强制性认证都是为了创建品牌、赢得市场，提升产品附加值。然而，这背后的更深层次原因则是行政的推力，尤其是当认证机构与政府主管部门有某些千丝万缕联系的时候，如行业主管部门下属事业单位投资成立该行业领域的认证机构（公司），此时那些体育用品生产、销售企业申请认证的动机难再单纯，企业是否有相关认证，直接导致其获得行业主管部门的"关照"程度不一。正是在这样的背景下，认证证书并非代表特定质量，质量与认证背离现象时常发生。究其根源，企业并未将消费者所追寻的质量利益放在第一位，而是一味地迎合某些主管部门。另外，由于某些地方政府狭隘的政绩观，把企业获得认证证书的数量当作企业质量提升的标志，而几乎顾不得消费者所需的质量利益。消费者之"弱"更多地不是体现在与企业的市场交易中，因为在买方市场的环境下，消费者并不"弱"，反而很强。消费者之"弱"更多地体现在被政府有关部门的忽略甚至忘记，一些地方政府更加关注企业，因为企业不只缴税，还可能缴罚款，这些是财政收入的重要来源。

通过上述分析可知，纯粹自上而下的行政监管模式，是无法真正保护体育用品消费者质量利益的，从这些年公众开始不再相信认证证书的现象来看，纯粹自上而下的行政监管模式不仅没能很好促成良性体育用品市场秩序的建立，反而还伤害了质量认证的公信力，最终伤害了消费者合法利益。

从消费者权益视角考察，我们要更多地选择或设计有利于企业与消费者形成利益共同体的制度，摒除行政监管主体的部门利益本位思维，转为以消费者权益为本位，鼓励消费者利用民事权利救济模式来驱动企业规范使用体育相关认证证书、规范生产体育用品。这也是"放管服"背景下，控制政府监督管理权，彰显公众民事自主权的要求。《中华人民共和国消费者权益保护法》（以下简称《消费者权益保护法》）以及《中华人民共和国产品质量法》（以下简称《产品质量法》）都从各自角度强调了对消费者权益的保护，但更多倾向于将消费者视为弱者而对企业进行侵权责任追究。我们不反对相关法律对消费者的倾向性"照顾"，只是这种"照顾"将消费者置于弱势地位，在某种程度上实际是在为政府有关部门扩张行政监管职权，合法干预包括认证在内的第三方评价业务找借口，也造成一些"红顶"第三方机构身披合法外衣带头垄断认证市场的现象，最终伤害的还是消费者。

通过上述分析，我们认为，对体育用品生产、销售企业或者以体育用品为基础设施的体育服务企业，最好的规制方式不是靠政府行政，而是在完善民事权利立法的前提下依托消费者自身维权。消费者在体育用品市场关系中，不仅无须被更多地特殊保护，反而应该强化自身在民事法律关系中的平等主体地位，善于利用市场交易中的契约捍卫自身权益，在体育用品质量维权领域尤其如此。这样做的目的，一是可以避免过分维权，如职业打假行为；二是使市场监管部门可以采取更加积极的态度来维护消费者权益。

2017 年重新修订的《中华人民共和国标准化法》中明确规定了"标准自我声明公开制度"，第 27 条中规定，企业应当公开其执行的强制性标准、推荐性标准、团体标准或者企业标准的编号和名称；企业执行自行制定的企业标准的，还应当公开产品、服务的功能指标和产品的性能指标。企业应当按照标准组织生产经营活动，其生产的产品、提供的服务应当符合企业公开标准的技术要求。这项制度是对《产品质量法》中产品瑕疵担保责任的有力补充，因为《产品质量法》虽然规定了产品瑕疵担保责任，理论上消费者同样可以提起违约之诉，但如果消费者无从知晓具体标准内容，就无法直接对照，导致维权成本较高。所以，在标准自我声明制度确立之前，司法实践中消费者提起违约之诉的前提一般是产品存在明显瑕疵。而随着标准自我声明制度的确立，消费者可以产品的实际标准与企业声明的标准不一致而起诉，这便促进了消费者与体育用品生产、销售企业之间真正成为利益共同体，因为企业必须公开其标准，实际是向消费者做出质量承诺，对具体的消费者而言，该项质量承诺具有合同效力，意味着任何购买、使用特定体育用品消费者，在产品未达企业声明标准时，不管是否有损害发生，均可以"违约"为由要求企业承担违约责任。单个消费者或许力量真的有限，但考虑到企业所面临的不特定消费者，那么这个不特定的消费者群体一旦消费了其产品就成了"特定且数量巨大的消费者群体"，有学者提出"《中华人民共和国体育法》在修订时也应考虑体育消费者权益保护而作必要之策应，并支持体育消费公益诉讼之形成"，[19]这为消费者集体维权提供了一种较好的思路。消费者一旦以产品实际标准与企业声明的标准不一致为由提起违约之诉，那么该企业所面临的败诉风险及社会舆论压力是不言而喻的。因此从这一点上看，"标准自我声明公开制度"已经绑定了企业与消费者的利益，一旦消费者利益受损，通过该制度的落实，企业将面临利益减损、声誉减损的风险，从而倒逼企业要加强自律，严格按照其声明的标准规范生产。

（二）体育用品消费者与第三方机构的共益关系：担保共益

基于对体育用品质量认证的信赖，消费者选择带有认证标识的体育用品，愿意为此承担比普通产品更高的价格，而随着健康、安全、品质等价值不断深入人心，消费者也倾向于选择带有认证标签的体育用品，这样一来，经过第三方认证的企业竞争优势凸显。认证证书所载明的事项，表明该产品达到了相应的质量标准要求，而第三方认证机构将认证标识授予相关企业，则表明该认证机构对其认证的产品质量进行了第三方担保。但现有法律制度中关于认证机构作为质量第三方所需要承担的责任还没有具体明确的规定，仅有《中华人民共和国认证认可条例》（以下简称《认证认可条例》）第

---

[19] 参见朱体正：《体育消费者权益保护的法律适用》，载《天津体育学院学报》2013年第6期。

73 条规定，认证机构未对其认证的产品实施有效的跟踪调查，或者发现其认证的产品不能持续符合认证要求，不及时暂停或者撤销认证证书和要求其停止使用认证标志给消费者造成损失的，与生产者、销售者承担连带责任。由于该规定所采用的是过错责任原则，使得认证机构与消费者之间并未真正成为有效的利益共同体，认证机构不必然因消费者的质量权益受损而负有保证责任。正所谓"法律不可能对所有社会现象都作出具体规定，故在立法时必然要对具体行为模式进行抽象，在适用法律时再对抽象的条文规定按照一定的规则进行解释"[20]。现实中的法律适用尚且如此，那么在学理上探讨第三方质量担保责任就显得更为必要且有意义了。

由中华人民共和国国家质量监督检验检疫总局、中国国家标准化管理委员会发布的中华人民共和国国家标准《合格评定 产品、过程和服务认证机构要求》（GB/T 27065-2015/ISO/IEC17065：2012，以下简称《GB/T 27065-2015》）中关于"认证协议"的规定，"认证机构应有具有法律约束力的协议……认证协议应考虑认证机构及客户的责任。"同时"责任和财力"部分还规定，"认证机构应做好充分的安排（例如保险或储备金）以承担由于运作引发的责任；认证机构应保持财务状况稳定，并且应具备运作所需的资源"。上述责任安排，既包括通过认证协议设定的认证机构与获证企业之间的合同责任，还包括认证机构承诺对获证企业运作风险承担的第三方责任，这类责任主要通过保险或储备金的方式来承担。尽管《GB/T 27065-2015》从表面上属于国家推荐性标准，但认证机构一经选择就必须适用，截至目前尚未在"全国认证认可信息公共平台"检索到未选择适用《GB/T 27065-2015》标准的体育用品认证机构，甚至多数体育用品认证机构都将《GB/T 27065-2015》直接转化为自己的企业标准加以执行。

而《GB/T 27065-2015》要求认证机构对获证企业运作风险承担的第三方责任，再辅之以具有质量保证与承诺属性的质量认证证

---

[20] 参见尹腊梅：《论保证人依保证之从属性享有的抗辩权范围——举轻明重方法的运用》，载《比较法研究》2011 年第 5 期。

书，这就构成了认证机构向广大消费者作出的质量第三方保证，此时的认证证书应当定性为质量保证书，这满足了《中华人民共和国民法典》（以下简称《民法典》）第 685 条关于保证合同应当以书面形式订立的规定。当消费者基于对认证证书的信赖而购买获证产品时，也就形成了认证机构与消费者之间的保证合同关系，如果消费者购买的获证产品不符合认证证书所载明的标准，则认证机构应当对消费者承担质量第三方保证责任，这种保证责任的承担范围应以其授予获证企业的认证证书所载明的质量标准为限。另根据《民法典》第 686 条之规定，当事人在保证合同中对保证方式没有约定或者约定不明确的，按照一般保证承担保证责任，认证机构应当承担一般保证责任。而从归责原则看，这种质量第三方保证责任作为一种合同责任，当然应采用严格责任原则，即便认证机构能够证明其行为完全符合《认证认可条例》及相关规范要求，也不得以此作为抗辩理由。只要产品上的认证证书或标识已向社会公开，那么消费者就可以认为该认证机构对获证企业的产品质量进行了第三方保证，一旦因产品质量不合乎认证证书所载明的标准要求，从而造成消费者权益受损，那么即便认证机构没有《认证认可条例》第 73 条之情形，也应连带承担对消费者的赔偿责任。在已经发生的认证机构承担责任的案例实践中，从证据角度往往很难发现认证机构的过错，其中很重要的原因并非认证机构真的无过错，而是现实中有违规行为的认证机构更加擅长整理认证文件，甚至协助企业编造认证文件，单纯从表面上的证据，往往很难追究认证机构的过错。

综上，为推动体育用品第三方认证机构与消费者形成利益共同体，有必要尽快完善以保证制度为核心的质量第三方担保责任。毋庸讳言，体育认证标识对消费者的消费选择有引导功能，但如果体育认证标识之下的体育用品并无应有的质量属性，则会误导消费者。质量第三方担保功能是体育用品认证中容易被忽视的功能，而一旦通过更加明确的法律制度将认证机构的质量第三方担保责任确定下来，促成认证机构与消费者间利益共同体的形成，那么体育用品第三方认证机构才会主动规范自身的认证行为，并加大对获证企业的日常监督，从而维护良性的体育市场秩序。

（三）体育用品消费者与监管部门的共益关系：相关人共益

在引入第三方认证机构的行政监管法律关系中，行政主体包括市场监管总局、国家体育总局等行政监管部门，行政相对人包括认证机构、体育用品企业。行政主体依据《消费者权益保护法》《产品质量法》《认证认可条例》《体育市场黑名单管理办法》《体育市场管理条例（起草中）》等法律法规和规章赋予的监管职责，对认证机构、体育用品企业进行许可、监督和处罚。这种以公权力为本位的行政监管法律关系对于预防和打击体育市场中的违法违规行为曾起到积极的作用。但值得反思的问题是：第一，体育用品认证领域因其认证对象的特殊性而存在很多官方背景的认证机构，官方背景有利于该类认证机构获得更多市场认可，但同时其能否受到有效行政监管则值得商榷，当此类认证机构的认证行为违规和不当时，如何确保行政监管的公正性？例如，通过"全国认证认可信息公共平台"可查询到，北京国体世纪质量认证中心有限公司，其主营业务是室内外体育用品、竞技体育用品、校用体育用品、运动鞋等体育用品的认证，其公司股东有四家，其中作为国家体育总局下属事业单位的体育总局体科所、体育总局器材装备中心所占股份比例达到了67%，这种股权背景为市场监管的公正性带来了挑战。第二，行政主体通过行政许可将体育用品认证资质授予认证机构，认证机构又将认证证书和标识授予通过认证的企业，但行政主体将认证资质授予认证机构的行为，实际上是将认证权放归市场的重要表现，这似乎也同时阻断了自身的责任，一旦发生认证机构违法违规案件，作为行政主体的监管部门往往将涉嫌的违规责任直接指向认证机构和获得认证的企业，而对自身的失察之责却避而不谈，这与建设责任政府、法治政府的目标显然是相悖的。

如果从消费者权益本位出发，如何建构消费者与行政监管主体的利益共同体，并以消费者权益驱动行政主体严格履行监管职责呢？运用行政法上的"行政相关人（第三人）"和"行政不作为"理论基本可以解决上述问题，此二者结合可以形成以消费者权益为驱动的新型行政监管主体问责机制，也有利于推进责任型政府构建。

行政相关人区别于直接受领具体行政行为的公民、法人或其他组织等行政相对人，是受该具体行政行为影响且有利害关系的相关人，因此被称为行政相关人或行政第三人。[21] 在以认证机构为行政相对人的行政监管法律关系中，体育用品的消费者至少是该行政监管行为的受益人，是因行政主体依法履行监管职责而免受权益受损的相关人。在司法实践中，有权参与到相关诉讼的前提是行政相关人因具体行政行为诸如行政许可、行政处罚等涉及自身利益减损。在认证监管法律关系中，行政主体对认证机构的行政许可几乎不可能涉及直接使消费者利益减损的利害关系，在行政主体对认证机构和获证企业的行政处罚中也难以涉及对消费者利益减损的利害关系。但如果引入"行政不作为"理论，上述是否存在"利益减损"的利害关系则需重新评估。

治理懒政、怠政、不作为、乱作为，早已上升至建设中国特色社会主义法治政府的高度。十八届四中全会《中共中央关于全面推进依法治国若干重大问题的决定》明确指出要"坚决纠正不作为、乱作为，坚决克服懒政、怠政，坚决惩处失职、渎职"。所谓行政不作为是指行政主体具有法定的作为义务，并且具备履职条件与能力，却消极地不为或者虽在程序上受理，但对实体问题并无作为的行政活动。[22] 与法院的不诉不理相比较，行政机关依法履职具有主动性，凡是不主动履职或消极履职都有可能构成行政不作为。根据上述行政不作为的概念并结合行政相关人理论，市场监管部门、体育主管部门不主动或不积极履行监管职责，导致体育用品认证机构或获证企业违规，造成消费者权益受损，消费者可以作为行政相关人向行政监管部门主张权利，并要求市场监管部门、体育主管部门等行政主体承担赔偿责任。我国的相关行政法律法规对行政主体不履行职责、滥用职权等违法行为作了规定，消费者可以通过依法申请行政主体立案查处、行政复议、行政诉讼以及国家行政赔偿等途径进行维权，对行政主体进行监督。或许持反对意见者认为这种设计与构

---

〔21〕 参见肖金明、张宇飞：《关于行政相关人问题》，载《政治与法律》2005 年第 6 期。

〔22〕 参见刘恒、吴堉琳：《行政不作为的行动逻辑及其治理》，载《南京社会科学》2017 年第 9 期。

想不现实，但至少其在理论上的合理性是符合激发市场活力要求的。从政治角度审视，把人民群众利益放在第一位是政府部门工作的基本出发点和落脚点；从经济角度审视，消费者需求提升了市场经济的基本活力，因此对消费权益的保护就是维护社会主义市场经济健康发展。

四、结语

国务院办公厅下发的《关于促进全民健身和体育消费推动体育产业高质量发展的意见》（国办发〔2019〕43号）明确阐明，体育产业在满足人民日益增长的美好生活需要方面发挥着不可替代的作用。而体育产业高质量发展首先应该是狭义质量领域的体育用品质量可靠，以及体育用品市场的健康有序。按照深化"放管服"改革，释放发展潜能的改革思路，激发市场活力和消费热情成为改革的重要动力。在全民健身背景下，大众体育消费才是体育市场活力的根本源泉。全面依法治国要求改革的配套制度需与改革着力点相适应，基于这种考虑，原"二元结构"体育用品质量治理模式因过于强调行政权力的作用而不能适应激发市场活力和消费热情之需要。以消费者权益为中心，关注大众体育消费者的利益诉求，把消费者权益作为驱动体育用品质量治理的内在动力，以制度保障消费者与企业、消费者与第三方机构、消费者与监管部门三组利益共同体，建构"契约共益""担保共益""相关人共益"三位一体的共益型体育用品治理模式，适应了体育产业治理体系和治理能力现代化的时代需要。

论 “中国国家队” 联合市场开发的合法性 [*]

乞雨宁 ^{**}

2018 年 9 月，国家体育总局向各运动项目管理中心和足协、篮协下发了《中国国家队联合市场开发方案》（以下简称《方案》）。根据该《方案》，各运动项目中心（协会）下属运动队将被统一整合为 “中国国家队（TEAM CHINA）” 品牌，由体育总局和各中心（协会）联合进行市场开发。《方案》旨在集中统一优势力量为奥运备战、竞技体育改革提供资金支持和物质保障，树立国家体育新形象。2019 年 11 月 28 日，中国国家队合作计划新闻通气会在北京召开，会上公布了一项全新的品牌标识——TEAM CHINA，以及以此为核心开展的中国国家队合作计划，宣布了计划启动后的第一家合作伙伴。[1]在下发通知的一年后，《方案》正式实施。《方案》带给体育行业重大改革，也引发许多争议，其背后的法律基础值得探讨。

一、《方案》的实施背景

依法治体的法治要求。2020 年 3 月发布的《体育总局关于 2019

————————

　* 本文由中国政法大学 2019 年创新实践项目 “依法治体语境下国家体育新形象的树立——以 TEAM CHINA 登场与《中国国家队联合市场开发方案》视角切入”（2019 SSCX2019020）资助。

　** 中国政法大学法学院硕士研究生。

　〔1〕 参见《中国国家队合作计划正式启动 冬奥代表团将不受影响》，载腾讯网：https://new. qq. com/omn/20191130/20191130A04OL600. html？Pc，最后访问时间：2021 年 1 月 6 日。

年法治政府建设工作情况的报告》〔2〕中明确，体育总局高度支持法治政府建设，将依法治体视为基本工作要求。实施依法治体，不仅是贯彻依法治国方略的需要，还满足了市场经济法治化的需求，是体育事业持续、健康发展的重要保障。〔3〕在依法治体的背景下，我国的体育事业发展面临很多尚需解决的法律问题，如发生在《方案》下发前的"孙杨领奖服事件"，便凸显了国家、集体与个人三级赞助商体系之间的法律纠纷，解决各级赞助间利益冲突也是发布方案的目的之一。

树立国家体育新形象的需求。形象和声誉已成为国家战略的重要组成部分，凡有国家，必有国家形象。国家形象存在多种分类，可以依据国家事务分类标准区分出国家的体育形象。〔4〕体育具有普遍性与世界性，尤其是国际性的体育赛事，受众广泛，其中的仪式设置（如开幕式代表团入场、升国旗、奏国歌）使体育与国家形象紧密联系。鉴于此，各国大都重视体育赛事对树立良好国家形象的重要功能。国家体育形象的树立具有战略价值。TEAM CHINA 并非我国首创，在体育形象打造方面，国外开始的时间较早。美、英、德等国家都有覆盖整个国家体育代表团、包含全部国际赛事与项目队伍的 "TEAM+国家名称" 品牌。以美国 TEAM USA 品牌为例，美国奥委会统一负责对参加国际赛事的各单项国家队市场开发，单支国家队或者运动员个人赞助商不能使用 TEAM USA 字样。〔5〕TEAM USA 计划不仅为美国备战奥运提供了充足经费，而且可以在体育领域加强爱国热情，在国际上推广国家文化，形成良好的社会效应。

---

〔2〕 参见《体育总局关于 2019 年法治政府建设工作情况的报告》，载国家体育总局官网：http://www. sport. gov. cn/zfs/n4974/c946241/content. html，最后访问时间：2021年1月6日。

〔3〕 参见沈建华、孙海春、舒盛芳：《市场经济条件下依法治体的研究》，载《体育学刊》2004 年第 4 期。

〔4〕 参见韩春晖：《从"行政国家"到"法治政府"？——我国行政法治中的国家形象研究》，载《中国法学》2010 年第 6 期。

〔5〕 参见《TEAM CHINA 问世，中国体育营销迎来制高点资源》，载新浪体育网：https://sports. sina. cn/others/2019－11－28/detail－iihnzahi4045508. d. html？oid＝12&vt＝4，最后访问时间：2021 年 1 月 6 日。

TEAM CHINA 对我国树立国家体育新形象意义非凡。国家形象不是固化的，会在认知中发生变化。[6]体育超越了意识形态、政治制度、种族肤色的影响，宣扬顽强拼搏、公平公正的人类共同追求。体育可以达到其他提升国家形象的手段难以达到的效果。[7]我国的体育形象树立主要分为三个阶段：体育与中国独立自主的友好形象（新中国成立至改革开放初期）、体育与中国繁荣富强的和平形象（改革开放后到北京奥运会）、体育与中国负责任大国的形象（2008 年至今）。[8]需对旧有形象加入新内涵。在 2019 年国庆花车游行中，以连胜战绩问鼎世界杯的中国女排队员压轴出场，这是对女排的褒奖，也是国家大力宣传体育形象、弘扬体育精神的佐证。我国体育事业发展已进入至关重要的阶段。因疫情影响，东京奥运会延期举行，时间与北京冬奥会更相近，这加大了备战压力。能否在奥运赛场上取得优异成绩，能否再举办一届"简约安全精彩"的冬奥会，对实现体育大国向体育强国的跨越意义深远。在这样的历史机遇下，我国应适时转变，结合世情、国情、体情、民情，"四情一体"地发展国家体育新形象。TEAM CHINA 从中国体育视觉形象角度出发，开启了我国体育形象的又一篇章。

项目之间的资源分配亟须改善。当前我国政府预算管理体制无法很好支撑体育事业发展，各国家队商业开发水平参差不齐，社会基础薄弱项目与关注度高的项目所获赞助支持极不均衡，阻碍了一些弱势项目的发展，也引发了一些社会不满。虽然从市场经济角度看有合理性，但合理不能掩盖问题。历史上国家队的商业开发经历了"统一开发—分散开发—统一开发"的过程。在国家体委时代，对国家队进行统一的商业开发，各项目国家队待遇一致。1993 年《国家体委关于深化体育改革的意见》下发，国家体委开始项目管理

---

〔6〕 参见畅冬妮、陈万明：《大型国际体育赛事传播国家形象的路径探析》，载《数学的实践与认识》2019 年第 11 期。

〔7〕 参见韩凤月、宋宗佩、覃芳艳：《国际大型体育赛事提升国家形象的路径研究》，载《广州体育学院学报》2017 年第 5 期。

〔8〕 参见孙天：《体育与中国国家形象塑造研究》，东北师范大学 2015 年硕士学位论文。

中心负责制改革，按运动项目设置事业编制的运动管理中心，国家体委也于 1998 年改组为体育总局，国家队的商业开发从此由各运动管理中心以单项运动协会的名义来负责。这次改革改变了高度集中的体育管理体制，各项目开始了职业化的进程，协会的自主性、积极性充分发挥，收获了一系列市场开发成果。后各项目间由于商业号召力、受关注程度、观众基础不同等因素，逐渐拉开商业开发差距，待遇差距悬殊。不均衡的项目发展，导致我国体育优势单一，体育形象刻板化，在世界体坛的话语权还有很大提升空间。距离改革已过去二十余年，整体经济形势和体育行业发展态势都有较大变化，原国家队市场分散开发方式不能完全满足新时期的发展需要。项目间资源分配不均影响了国人和运动员对体育事业的感情，《方案》通过再一次有条件的集中国家队市场开发权，来解决项目间资源分配不均的历史遗留问题。

二、舆论对《方案》的质疑

2018 年 9 月《方案》经网络媒体公开后，在体育行业引起轩然大波，"对职业体育不利""大锅饭""历史倒车论"等论调频出，舆论对《方案》的质疑主要集中于以下几方面：

第一，体育总局无权力基础。有分析认为，总局和足协之间不存在上下级隶属关系，足协没有执行总局命令的义务；根据《社会团体登记管理条例》第 25 条的规定，业务主管单位履行监督管理职责时尚不收取费用，而总局的"通知"拿走了协会签订体育知识产权和人格权商用合同的权限，无异于把手伸进了协会的钱袋子里面，不合乎前述条款的立法本意。[9]

第二，有违社团自治原则。根据《社会团体登记管理条例》第 2 条、第 5 条的规定，各单项运动协会具有自愿性、自治性以及非营

---

〔9〕 参见《越位!? 国家体育总局统一招商的通知对足协和国足有无约束力?》，载上知网：http://www.shangzhiip.com/index.php? m＝content&c＝index&a＝show&catid＝54&id＝390，最后访问时间：2021 年 1 月 6 日。

利性的特征，任何组织和个人不得非法干涉。协会自主进行的赞助招商应当属于社团自我运营管理的内容。方案实际上是运用行政权力干预社团自治。[10]以足协为例，总局无权插手足球运动具体事务，国足签订体育知识产权合同和人格权商用合同的事务是分内工作，方案"有越位嫌疑"。[11]

第三，称号权属争议。从法律和事实两个角度论证分析协会有权称派出队伍为"中国国家队"。从法律层面，《体育法》第37条[12]、第39条[13]没有限定"中国国家队"称号使用的比赛和项目范围。[14]从事实层面，根据《方案》，体育总局允许各中心（协会）以本项目国家队的名义招商，而在单项国际比赛中对项目国家队的赞助实质上就是对中国国家队的赞助。基于此事实，各协会对称号有使用权。[15]

第四，有行政垄断可能。分析认为，《方案》将直接改变原有的各单项运动协会之间（卖方）、各赞助商之间（买方）的竞争关系和状态，体育总局甚至直接作为竞争主体站在市场第一线。各中心（协会）失去了竞争更高商业回报的机会，体育总局直接排除其对称号商业开发的竞争权，造成横向垄断的事实，违反《反垄断法》第36条[16]规定。《方案》可能构成利用行政权力对商品进行限定，相

---

〔10〕参见戎朝、上官凯云：《"中国国家队"统一招商背后的法律问题分析及建议》，载《体育成人教育学刊》2019年第1期。

〔11〕参见《越位!? 国家体育总局统一招商的通知对足协和国足有无约束力?》，载上知网：http://www.shangzhiip.com/index.php? m=content&c=index&a=show&catid=54&id=390，最后访问时间：2021年1月6日。

〔12〕《体育法》第37条：中国奥林匹克委员会是以发展和推动奥林匹克运动为主要任务的体育组织，代表中国参与国际奥林匹克事务。

〔13〕《体育法》第39条：全国性的单项体育协会管理该项运动的普及与提高工作，代表中国参加相应的国际单项体育组织。

〔14〕参见戎朝、上官凯云：《"中国国家队"统一招商背后的法律问题分析及建议》，载《体育成人教育学刊》2019年第1期。

〔15〕参见《越位!? 国家体育总局统一招商的通知对足协和国足有无约束力?》，载上知网：http://www.shangzhiip.com/index.php? m=content&c=index&a=show&catid=54&id=390，最后访问时间：2021年1月6日。

〔16〕《反垄断法》第36条规定：行政机关和法律、法规授权的具有管理公共事务职能的组织不得滥用行政权力，强制经营者从事本法规定的垄断行为。该法于2022年进行修正，本文定稿于2021年，故文中的法条引用未使用最新版，下同。——编辑注

对平均地分配收益实际是对各协会竞争力的削弱;《方案》的实施限制赞助商选择权,普遍降低市场机会。《方案》的合作企业独家赞助规定,排除了绝大多数的竞争者进入体育赞助市场。赞助商负责赞助国家队所有项目的规定属于不合理的搭售,使赞助商不能结合自身特点单独选择项目。[17]

第五,赎买解约违法。分析认为《方案》规定的对有效合同的赎买不符合《民法典》"合同编"中规定的合同法定解除事由,也很可能不是约定事由,"赎买"无法构成法律上对违约的抗辩。[18]实际上是在以行政力量清退各中心(协会)与赞助商之间仍在履行的合同。[19]"赎买"生效合同违反"不溯及既往"原则,造成了行业不稳,是对规则意识和契约精神的藐视。[20]

三、《方案》具有法律基础

(一)体育总局具有权力基础

《方案》主要涉及三方主体,即体育总局、各运动项目管理中心和足协、篮协。体育总局是分管体育活动的行政机关;项目管理中心在我国竞技体育管理体制中,扮演着体育总局直属事业单位和单项协会常设机构的双重社会角色;[21]足协和篮协是国家单项协会管理体制改革的先行者,属于私法性质的社团法人。由于全国性单项体育协会管理体制改革正在进行,导致《方案》涉及不同性质主体

---

〔17〕 参见戎朝、上官凯云:《"中国国家队"统一招商背后的法律问题分析及建议》,载《体育成人教育学刊》2019年第1期。

〔18〕 参见戎朝、上官凯云:《"中国国家队"统一招商背后的法律问题分析及建议》,载《体育成人教育学刊》2019年第1期。

〔19〕 参见《关于国家体育总局下发〈中国国家队联合市场开发方案〉》,载黑曼巴篮球论坛: http://www. hmblanqiu. com/forum. php? mod = viewthread& tid = 301,最后访问时间:2021年1月6日。

〔20〕 参见《跑步退回大锅饭时代? 举国体制再下一城! 说好的去金牌化呢?》,载网易体育客户端: https://3g. 163. com/all/article/DR8B8TAT0005877V. html,最后访问时间:2021年1月6日。

〔21〕 参见袁钢:《全国性单项体育协会改革的法治化路径》,载《体育科学》2019年第1期。

的关系，各主体间权责不明。体育总局与项目管理中心是行政机关与下属事业单位的关系，还未完全脱钩，二者之间的上下级管理关系较明确。而按照《全国性体育社会团体管理暂行办法》第 2 条规定，国家体育总局是社团的业务主管单位。《方案》涉及的足协、篮协的"中国国家队"称号对外招商权，是体育总局可以管理的业务吗？取消这项权力是否超越了主管权限？

作为国务院的体育行政部门，体育总局依据《宪法》第 21 条与《体育法》第 4 条[22]享有管理全国体育活动的行政职权。《体育法》第 24 条[23]明确竞技体育的功能和目的即创造竞赛成绩、争取国家荣誉。《方案》在开篇"必要性"部分，就直言实施该《方案》的一大目的是："做好东京奥运会、北京冬奥会备战工作与提高竞技体育的为国争光能力，需要强大的资金支持和物质保障，而目前政府预算管理体制无法支撑这些需求的实现"，由此《方案》具有目的的正当性，体育总局为国家队备战筹备资金的行为具有法律依据。

《方案》本身没有对外公布，属于体育总局下发的对项目中心（协会）内部文件。作为一种内部行政文件，可以以此来管理下属单位即项目中心，但管理具有独立地位的社团法人——足协与篮协会出现内部文件外部化的问题。一般而言，内部行政文件不会像外部文件那样对行政相对人的权利义务产生直接影响，不对外产生效力。[24]而《方案》却切实影响了足协、篮协的商业利益。体育总局曾在 2018 年 9 月 13 日就《方案》与各运动中心、协会召开会议。在内部商讨阶段，可以接受该《方案》是一个用语宽泛、需要商议的内部文件，但之后应尽快通过正式立法来加以规范，提高法律文件位阶，至少需要符合体育总局对社团指导管理的相关规定要

---

〔22〕《体育法》第 4 条规定：国务院体育行政部门主管全国体育工作。

〔23〕《体育法》第 24 条规定：国家促进竞技体育发展，鼓励运动员提高体育运动技术水平，在体育竞赛中创造优异成绩，为国家争取荣誉。

〔24〕参见展建军：《内部行政规范性文件法律规制研究》，兰州大学 2016 年硕士学位论文。

求，[25]能够对外产生法律效力。尤其在体育赞助领域缺乏法律、法规、部门规章等专门规范的情况下，有对外效力的《方案》具有填补立法空白的价值。

（二）《方案》属于对社团自治的合法限制

"收钱论"认为《方案》是体育总局干涉单项协会经济来源的手段。实际上《方案》并不是剥夺了项目中心（协会）签订体育无形资产的权限，而是对体育无形资产的开发再布局。《国务院办公厅关于加快发展体育产业的指导意见》曾要求明确对体育无形资产市场开发活动中各相关主体的身份及其相互关系，[26]财权看似是回收，实质是明确——通过《方案》来理顺体育无形资产开发业务中各主体间的权力关系。

《体育法》第39条的规定与《中国足球改革发展总体方案》相关规定[27]强调的是参与组织，并非国际赛事。《方案》中规定的"中国国家队"称号的使用范围是"……代表国家参加国际性的比赛（如世界杯、世锦赛、亚洲杯、亚锦赛等各类由国际单项运动联合会开展的所有正式国际比赛）"或"代表国家参加奥运会、亚运会等各级各类国际综合性运动会"。国家队是一个共同体，称号由每一个参加国际赛事的运动队共同代表，不是任何一个队伍的私有权。

---

[25]《全国性体育社会团体管理暂行办法》第4条具体规定的体育总局指导和管理事项有：监督、指导社团根据国家的体育政策、法规，从体育事业发展的需要出发，建立健全规章制度；第17条规定：社团应当根据法律、法规和国家体育总局的有关规定，建立健全社团规章制度，并依据章程和各项制度开展业务活动；第18条规定：社团各项活动应当维护国家统一……不得损害社会公众利益；第20条规定：国家体育总局……根据社团需求和事业发展的需要，及时向社团通报和宣传国家相关方针、政策、法规以及体育工作的形势和任务。

[26]《国务院办公厅关于加快发展体育产业的指导意见》要求：加强对体育组织、体育赛事和活动名称、标志等无形资产的开发，依法保护知识产权。完善中国奥委会、中华全国体育总会、全国性单项体育协会等群众性体育组织的市场开发模式，理顺和明确各相关主体在市场开发活动中的身份及其相互关系。

[27]《中国足球改革发展总体方案》"（四）明确定位和职能"规定：中国足球协会作为具有公益性和广泛代表性、专业性、权威性的全国足球运动领域的社团法人，是代表我国参加国际足球组织的唯一合法机构，主要负责团结联系全国足球力量，推广足球运动，培养足球人才，制定行业标准，发展完善职业联赛体系，建设管理国家足球队。

《方案》中不包含职业俱乐部等其他称谓的开发，也不涉及运动员个人无形资产的开发，体育总局并未干涉协会的私权。

2019 年 11 月实施的《国家体育总局合同管理办法》第 35 条规定：体育无形资产市场开发，不得违法或损害国家利益，不得影响运动员的训练参赛，不得有损体育形象、违背体育道德。可见，社团自治的前提是维护国家统一和社会公众利益，服从于国家体育事业发展需要，接受主管业务单位的管理指导。对"中国国家队（TEAM CHINA）"这一重要无形资产的开发，可以在经济上为备赛筹备资金，在精神上助力我国体育新形象的树立，是以国家利益为先的行为。体育总局为发展国家体育事业，实现国家队整体的社会价值，打造新的"中国国家队集体形象"，可以对社团的自治权进行合理限制。

（三）标志权利属于国家

2019 年 11 月的合作计划通气会上公布了 TEAM CHINA 的品牌标识，包括 TEAM CHINA、TEAM CHN 及相关图形组合等多项注册商标。[28]在国家知识产权局中国商标网搜索显示，以中华全国体育总会为申请人，对 TEAM CHINA 所有类别商标和图形组合的注册申请记录共有 199 条，其中 100 条于 2018 年 8 月、9 月申请，已经通过了初审公告、注册公告期限，成功完成申请；另外 99 条于 2020 年 4 月 3 日申请，正在等待实质审查。

从体育标志的角度，《体育法》第 34 条[29]保护的标志是"境内举办的……体育竞赛"相关标志，无法将"中国国家队（TEAM CHINA）"涵盖其中；《特殊标志管理条例》第 2 条[30]对特殊标志的"举办性"要求也将其排除在外。可见依体育标志类法律来判断

---

[28] 参见《品牌标志 TEAM CHINA 亮相 中国国家队合作计划正式启动》，载新华网体育频道：http://www.xinhuanet.com/sports/2019-11/28/c_1125285168.htm，最后访问时间：2021 年 1 月 6 日。

[29]《体育法》第 34 条规定：在中国境内举办的重大体育竞赛，其名称、徽记、旗帜及吉祥物等标志按照国家有关规定予以保护。

[30]《特殊标志管理条例》第 2 条规定：本条例所称特殊标志，是指经国务院批准举办的全国性和国际性的文化、体育、科学研究及其他社会公益活动所使用的，由文字、图形组成的名称及缩写、会徽、吉祥物等标志。

标志权属并不可行。

从标志本身属性角度，国家队是复杂的大团体，不仅包括常年为各类赛事备战训练的各项目国家队，还包括各青年、青少年国家队，共同构成我国竞技体育中坚力量。TEAM CHINA 强调集体意识、团体荣誉，旨在打造全新的整体形象。这个形象在国内，代表着高水平运动员与蓬勃发展的体育事业；在国外，代表着中国体育的强劲实力与健康活力、奋勇拼搏的中国人民。对国家体育形象进行的顶层设计，不强调个体明星与个体项目，而是突出"中国国家队"整体，具有国家层面的象征意义。国家象征是对国家的内在抽象和外在呈现，它以符号的形式将国家直观的呈现在人们面前，使原本"不在场"的国家"在场"。[31]一般来讲，国旗、国徽、国歌、首都等是主权国家的象征，[32]国家拥有这些标志的权属，而"中国国家队（TEAM CHINA）"代表了在世界性体育赛事中的中国国家形象，体现了国民对本国的国家认同以及外国对中国的整体认识，实质上发挥了国家象征的作用，属于广义的国家象征，其本身权属和带来的市场开发经济利益属于国家，并不属于任何一个行政机关或组织。

国家象征本身具有宪法意义，宪法专门对国旗、国歌、国徽、首都这些国家标志进行了专章规定，并在法律体系中完善了配套法律进行管理、保护。"中国国家队（TEAM CHINA）"作为一个在实践中存在并首次正式、统一注册的国家性标志，也具有宪法意义，应由特别机构负责注册，代表性地拥有形式上的标志权利，因此是以中华全国体育总会为申请人对 TEAM CHINA 所有类别商标和图形组合进行注册申请。根据《体育法》第 36 条规定，[33]体育总会的性质是群众性体育组织，商标的注册工作是其在发展体育事业中发挥作用的行为。体育总会是申请注册的代表，国家体育总局只是执

---

〔31〕 参见陈明辉：《转型期国家认同困境与宪法学的回应》，载《法学研究》2018年第 3 期。

〔32〕 焦洪昌主编：《宪法学》（第 5 版），北京大学出版社 2013 年版，第 253 页。

〔33〕 《体育法》第 36 条规定：各级体育总会是联系、团结运动员和体育工作者的群众性体育组织，应当在发展体育事业中发挥作用。

行部门，1998年国家体育总局办公厅发布的《国家队队服国家标志式样与使用办法》中曾对中国体育代表团（队）服装的国家标志使用进行了统一规范，其中第4条规定国家体育总局体育经济司拥有对国家队队服国家标志的管理权，而国家体育总局体育器材装备中心与各运动项目管理中心分别有对国际综合性运动会与国际单项体育比赛中国家队队服国家标志的设计、监制等事宜的管理权力。因此，对国家标志，体育总局一直行使管理权，并不享有标志的所有权。对统一称号商业开发权的利益不是直接划归体育总局，方案中明确"由总局以'中国国家队'的名义统一进行市场开发"，体育总局负责接受人民委托分配统一标志的商业开发利益，以促进不同体育项目间的公平协调发展。

（四）实施《方案》并不属于行政垄断

体育总局不是市场竞争主体，作为主管全国体育运动的行政部门，它没有站在竞争的市场第一线。体育总局负责的是对国家资源"中国国家队（TEAM CHINA）"的统筹开发，这个统一称号没有其他的竞争者。

《方案》不是强制经营者从事垄断，也不构成利用行政权对商品进行限定，因为"中国国家队（TEAM CHINA）"标志不是项目中心（协会）的所有物，不享有经营者主体权力，各中心（协会）有责任配合行政部门的统筹安排；统一开发并不限制竞争，根据《反垄断法》第4条规定，[34]市场调节和宏观调控缺一不可。《方案》是对国家队市场开发的宏观调控，通过整合中国国家队的体育无形资产，借用国家级称号的集体效应优势，来统筹开发市场，并对一些弱势项目进行有倾向性的扶持，通过资源分配来达到项目间利益的再平衡。

《方案》没有完全限制项目中心（协会）间的市场竞争，在统一开发的类别之外，各项目依然有以"项目国家队"名义参与竞争

---

[34]《反垄断法》第4条规定：国家制定和实施与社会主义市场经济相适应的竞争规则，完善宏观调控，健全统一、开放、竞争、有序的市场体系。

的空间。[35]对于商业开发程度较高的项目中心（协会）来讲，利益没有被抹杀，《方案》的收益主要用于各中心（协会）的奥运备战保障与合同赎买等工作，这更能激发职业化程度高的项目在开发市场的同时提升整体实力至国际水平，更多的弱势项目也能从方案中获益。

《方案》还规定了"每个行业只选择唯一一家合作企业"，即独家赞助权，该权力具有排他性。这是由于 TEAM CHINA 合作计划与其他赛事营销有差异。TEAM CHINA 是代表国家体育新形象的标志，承担着社会责任，市场化运作要适度、有底线，对赞助品牌要求"少而精"，追求稳定的长期合作，某种程度上类似奥林匹克全球合作伙伴计划（TOP）。同时，TEAM CHINA 合作计划提供给顶级合作伙伴最大化的权益，包括 TEAM CHINA、"中国国家队"以及 73 支国家队任意名称的授权称号、各种相关标识的使用权，不仅在空间上贯穿多场由各项目国家队及中国体育代表团参与的国内外大型赛事，时间跨度也大大优于短期的、临时性的单一赛事活动，长期参与的价值属性更为显著。[36]从品牌与消费者沟通的角度讲，赛事沟通本身便被认为具有更强的说服力，[37]而相比于其他赛事标志，对 TEAM CHINA 的赞助会使消费者在进行消费行为时感受到强烈的民族自豪感。这些都是 TEAM CHINA 的核心价值。独家赞助更是适合 TEAM CHINA 合作计划的赞助方式，是中国体育营销的新方式，并未限制各赞助商之间的竞争。

《方案》规定的统一开发行业类别均是不同项目可以统一使用的，不是《反垄断法》第 1 条规定的"没有正当理由的搭售"。如

---

〔35〕《方案》明确了统一开发之外的内容：各项目的专业比赛训练服装、器材设备等个性化非常明显的备战必需品，以及总局统一开发类别以外的其他所有类别的市场开发，由项目中心（协会）以本项目国家队的名义，根据项目备战的特殊需求自行开发。

〔36〕 参见《为中国体育事业发展增添更多动能访国家体育总局装备中心负责人》，载新体育网：http://www.new-sports.cn/jingti/201912/t20191220_55717.html，最后访问时间：2021 年 1 月 6 日。

〔37〕 参见杨洋、方正、江明华：《赛事赞助沟通对感知匹配的影响》，载《上海体育学院学报》2015 年第 2 期。

TEAM CHINA 合作计划的首家合作伙伴华润怡宝饮料（中国）有限公司便负责为所有项目国家队提供备战资金、饮用水、运动饮料及所有非酒精类饮料的补给支持。[38] 以 TEAM USA 与美国梦之队的分别招商方式为例，前者招商所得收入拿出部分资助后者，赞助商权益不同，受众群体定位也不同，二者的分开招商并不冲突。体育总局与各中心（协会）在合理划分类别后分别招商，可以更灵活的适应市场需要，双方联合市场开发是能够共赢的。

（五）可以灵活处理赎买合同

所谓对原有合同的强制违约，是为确保 TEAM CHINA 合作计划的顺利实施，改革政策一般都会给利益相关方留下接受和调整的时间，但如前文所述，东京奥运会虽延期但时间也较为临近，2018 年平昌冬奥会落下帷幕又来到了北京时间，为了筹备备战资金，没有留给各方更多时间确属无奈之举。在缺乏规范体育赞助活动专门法律的情况下，合同是一直以来调整赞助商与协会间关系的重要文件。可以利用合同来分情况做好原合同的解除工作。《方案》只造成了操作层面的影响，不是宏观层面的影响，很难构成合同法规定的不可抗力这一法定解除事由。因此对已签订的合同，应按照各合同的具体约定，分情况设计解约方案。大部分的体育赞助合同期限并不长，临近到期的合同可以稍作等待，不再续约或者换其他方式合作即可。《方案》主要影响的是对新订合同以及原合同续约的计划。对于期限较长又必须解除的合同，在 2018 年 9 月会议上体育总局曾表示，或许各中心（协会）可以换一种称谓和名义与原赞助商合作。[39] 除此之外，若原赞助商属于《方案》中规定的自行开发类别则完全不受影响，若属于可以有偿让渡给中心（协会）自行开发的剩余类别，进行相应合同变更即可。可以采用多种方式灵活处理原合同，尽量

---

[38] 参见《品牌标志 TEAM CHINA 亮相 中国国家队合作计划正式启动》，载新华网体育频道：http://www.xinhuanet.com/sports/2019-11/28/c_1125285168.htm，最后访问时间：2021 年 1 月 6 日。

[39] 参见《体育总局重磅改革势在必行 国家队商业利益或将收回》，载腾讯网：https://new.qq.com/cmsn/20180914/20180914051053.html，最后访问时间：2021 年 1 月 6 日。

保证各方利益。同时，方案也明确了将利用统一开发所得进行合同赎买，依法赔偿原赞助商的损失。一个明确了体育无形资产市场开发中各主体权力的方案，才是保持体育事业未来长期稳定发展的基础。

四、保证《方案》在法治轨道实施

（一）对协会的资源分配要公开透明

有学者指出，外界无法得知体育管理部门从全覆盖式商业合同中获得的资金使用去向。[40]这是对资金分配公开性的要求。《方案》出发点是为备战资金不足提供解决措施，在资金充足后，资金的分配方案和具体流向是关键问题。各中心（协会）间的资金分配必须公开、透明，接受监督和建议才能确保《方案》目标的真正实现。可借鉴国外的资金分配经验，以英国 TEAM GB 为例，每个奥运周期结束之后英国体育协会都会召开总结会议，根据各协会下一阶段计划确定拨款倾斜。最终分配方案和各协会计划将在官方媒体一并公布，保证公众有充分的知情权。[41]因此，相比担忧《方案》会"抢钱""夺权"，不如督促体育总局在招商、收入、分配方案等各环节对外公开详细表单。

《方案》规定由体育总局经济司来负责研究拟定收益分配方案，"联合市场开发现金分成收入直接进入各中心（协会）账户，纳入中心（协会）预算统一管理，并接受财务审计监督"，并没有提及对分配方案的信息公开。《体育法》第 42 条规定要求有关部门加强对体育资金的管理，2018 年《国务院办公厅关于推进社会公益事业建设领域政府信息公开的意见》将"公共文化体育等领域政府信息

---

〔40〕 参见黄璐：《精英体育为国争光与商业利益的抉择——以孙杨"领奖服"事件为例》，载《河北体育学院学报》2019 年第 1 期。

〔41〕 参见《"Team China"要登场？先不要着急悲观》，载搜狐网：https://www.sohu.com/a/253036178_415197?_f=index_pagerecom_9，最后访问时间：2021 年 1 月 6 日。

公开"列为信息公开的重点内容之一。[42]体育事业具有很强的公益性，《方案》是代表国家利益和公共利益、打造国家体育新形象，因此作为公益事业，《方案》实行后资金的分配和使用情况应当依法公开，平衡各中心（协会）利益，接受公众监督。真正需要担忧的不是统一开发的"大锅饭"，而是负责分配资源的"大饭勺"，是信息的不公开、不透明。

《方案》用语比较模糊，如在最受关注的收益分配原则部分出现"80%左右现金收入""主要用于"这样的词语，在赞助合同动辄上亿的情况下，"左右"与"主要"背后往往涉及上百万的资金去向。模糊的《方案》影响各中心（协会）制定未来计划，如中国之队的称号收益占足协总收入的 60%，《方案》可能会对其资金链造成影响。[43]模糊性用语留下了协商空间，但还需要体育总局与各中心（协会）上下通气，合作协调，做好各协会间的权益划分，特别要重视各中心（协会）的意见，尊重国家队的需求，尽快明确用语。

（二）保障赞助商的权益

体育总局在 2018 年 9 月曾表示，现阶段没有敲定对运动队已签的赞助合同进行补偿的计算方法。[44]时隔两年，不知补偿计算方法是否确定。但《方案》对赞助商的影响不容忽视，若无法做好对已有合同的补偿工作，确定好合适的计算方案，或将影响赞助商们的态度。有学者认为方案会增加赞助商的心理负担，可能会出现"观

---

〔42〕《体育法》第 42 条规定：国家有关部门应当加强对体育资金的管理，任何组织和个人不得挪用、克扣体育资金。2018 年《国务院办公厅关于推进社会公益事业建设领域政府信息公开的意见》也指出，社会公益事业建设领域政府信息都应当主动全面予以公开；社会公益事业透明度明显提升，社会公益资源配置更加公平公正；深化社会公益事业建设资金分配和使用情况公开，准确记录资金的具体流向并向社会公开。

〔43〕参见《体育总局重磅改革势在必行 国家队商业利益或将收回》，载腾讯网：https://new.qq.com/cmsn/20180914/20180914051053.html，最后访问时间：2021 年 1 月 6 日。

〔44〕参见《体育总局重磅改革势在必行 国家队商业利益或将收回》，载腾讯网：https://new.qq.com/cmsn/20180914/20 180914051053.html，最后访问时间：2021 年 1 月 6 日。

望"或者"退出"的情况。[45]如篮协与盈方中国的合作已经持续十余年，2018 年 11 月再次续约时，考虑到《方案》中的联合市场开发计划，篮协与盈方采取了"2+4"的合约模式。[46]原赞助商是未来潜在的新赞助商，有很大可能会和体育总局或各中心（协会）继续合作，只有保障好原赞助商的权益，才能继续促进体育无形资产的市场开发，激起赞助商的合作热情。

同时，要注重对商标的法律保护。需关注 TEAM CHINA 本身作为品牌的独立性，奥运会是国际大型体育赛事，作为国内统一的最高级别市场开发计划，《方案》还包括中国国家队参加的其他国际赛事，TEAM CHINA 要保持对奥运品牌的相对独立。2019 年通气会上，体育总局提到要重视在非法律条文保护领域中的隐形营销问题。[47]2012 年伦敦奥运会对奥运商标的规制思路，可为规范保护TEAM CHINA 的使用提供借鉴。作为一个高级别、长期性的统一标志，TEAM CHINA 必须重视隐性营销的问题，才能保证好合作伙伴的权益，打造成功的品牌形象。

（三）维护运动员个人权益

在此之前，运动员的赞助一般分为两个方面，一是对中国国家队队员的赞助，二是对自己本身的赞助。走入国际赛场，运动员代表的不仅是自身，更代表了"中国国家队"，一举一动都是中国形象的直接展现。当运动员个人利益与公共利益产生冲突，处理不当"特殊化"形象的话会直接将赞助利益矛盾展现在世界面前，对国家体育形象带来负面影响，因此运动员应从维护国家形象与国家利益角度做取舍。运动员的付出应有回报，这不仅是对其刻苦训练、奋力拼搏的回馈，更是运动员个人利益让位于国家、集体利益后的平

---

〔45〕 参见《体育产业专家："这是在开历史的倒车"》，载搜狐网：https://www. sohu. com/a/252597561_154235，最后访问时间：2021 年 1 月 6 日。

〔46〕 参见《新中国男篮首战大捷背后，篮球国家队商务运营新周期将达到新高度》，载搜狐网：https://www.sohu.com/a/278901227_138481，最后访问时间：2021 年 1 月 6 日。

〔47〕 参见《为中国体育事业发展增添更多动能——访国家体育总局装备中心负责人》，载新体育网：http://www.new-sports.cn/jingti/201912/t20191220_55717.html，最后访问时间：2021 年 1 月 6 日。

衡手段，符合公共负担理论要求。运动员之间的知名度、商业价值、流量相差很大，虽然在《方案》中写明了"中国国家队联合市场开发不包含运动员个人无形资产的开发"，但在统一招商、集体赞助后，势必会对运动员的个人商业赞助产生影响。在方案的具体实施过程中要注意保障运动员的正当权利，可考虑在统一招商时加入运动员集体商议程序，提高运动员在招商过程中的主体地位，促进运动员对体育公共事务的参与，这也是扩大行政决策公众参与的一种具体体现，是法治政府建设的应有之义。

同时，可以考虑采用向优秀运动员颁发荣誉勋章、行政奖励等方式进行补偿。目前我国对优秀运动员的奖励多是体育系统内部奖励。[48]由于运动员付出了大量心血，奖励既要包含对运动员成绩的精神肯定，也应该具有一定的经济价值，物质奖励是精神奖励的基础，精神奖励是物质奖励的升华。要增强奖励的经济性，奖励作为运动员私有财产，在适当条件下可进入市场流通，不能一概加以限制。

五、结语

有质疑声认为《方案》是逆时之举，是在开体制改革、"放管服"大背景的倒车。结合新时代树立国家体育新形象的重要需求，各运动项目百花齐放、资源均衡分配的急切呼吁，以及各国国家队品牌统一开发的世界潮流，《方案》实则是顺势之举。对中国国家队进行联合市场开发，是发展的必然，也具有相应法律基础。对《方案》的争议本质涉及"举国体制"完善创新与"职业体育"良性互

---

[48] 现行有效的奖励办法有1990年《关于授予"体育工作贡献章"的规定》（国家体委令第12号），主要面向体育系统内部的优秀工作者；1996年《运动员、教练员奖励实施办法》（体人字〔1996〕314号），主要是对比赛名次、创纪录的奖励；2015年《竞技体育"全国体育事业突出贡献奖"评选办法》（体竞字〔2015〕82号）重视对奥运成绩的奖励；2015年《运动员、教练员体育运动奖章授予办法》（体竞字〔2015〕106号）鼓励对本年度重大国际比赛成绩的奖励；还包括宪法角度的对"先进工作者"的奖励（《宪法》第42条）。

动中需要处理的几个关系，如国家宏观调控与市场经济力量、社会组织力量之间独立空间和相互渗透的关系；优势项目与弱势项目，奥运项目与非奥运项目之间的关系等。[49]保证在法治的轨道上打造TEAM CHINA 品牌，就需要重视收益分配的信息公开，协调各主体间利益，做到合作共赢。体育强则中国强，国运兴则体育兴。打造中国体育新形象是体育事业的统筹规划，与体育强国梦息息相关，体育强国梦与中国梦息息相关。要从国家角度处理好方案涉及的"举国体制"与"职业体育"互动关系，在保证我国职业体育发展的同时做好新时代国家体育法治建设。

---

　　[49]　参见田思源、孙彩虹：《新时代体育法治建设基本问题研究》，立信会计出版社 2018 年版，第 118 页。

足球协会纪律处罚制度研究

李 勇*

体育纪律处罚是对体育运动中违规违纪行为的惩戒与纠正，是保障体育组织和系统有序运行的必要机制，是体育法研究的一项重要内容。本文所讨论的纪律处罚指中国足球协会纪律委员会对违反协会章程、纪律准则或其他管理性规定的组织或个人所做出的惩戒性决定。纪律处罚制度指围绕纪律处罚决定所进行的一系列程序和措施。

本文将中国足协纪律处罚制度分为基本原则、适用范围、追罚时效、启动方式、听证程序、证据制度、救济途径和执行程序等八个方面予以分析（图1）。

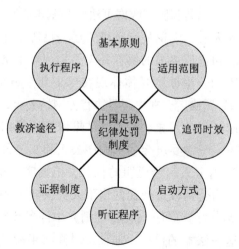

图1 中国足协纪律处罚制度结构图

---

* 中篮联（北京）体育有限公司法务。

一、中国足协纪律处罚制度

（一）基本原则

建立或评价一项制度，首先应明确其所遵循的原则是什么。依据《中国足球协会纪律准则》（以下简称《纪律准则》）的规定，中国足协纪律委员会所遵循的基本原则可归纳为以下三项，即①独立、公开、公正、公平原则；②处罚与教育相结合原则；③及时作出处罚原则，也可称为时效性原则。

1. 独立、公开、公正、公平原则

独立是司法机制运行的首要条件，是法治精神的题中之意，公平正义的实现依赖于机构在形式和实质上的独立。[1] 纪律程序中的独立原则要求纪律委员会首先在地位上的独立性，不依附于足协任何部门，可以独立对案件进行评议并作出决定，不受体育行政机关的干预。为实现纪律委员会独立性，关键在于确保纪律委员具有独立的身份。目前，中国足协纪律委员会的所有委员，均由足协外人士担任，以保证纪律委员身份的独立性。

作为《中华人民共和国行政许可法》的基本原则，公开、公正、公平原则已深入人心，无论是行政机关还是足协纪律委员会，对该原则的基本内涵和价值追求的解释并无差别。对于足协纪律处罚程序，公开、公正和公平原则具体体现在以下几个方面：公开方面，《纪律准则》和处罚决定会在中国足协官方网站公布，公众可以在公布的决定中了解处罚的对象、行为、结果以及所依据的纪律条款等信息。关于公正，纪律委员会追求程序公正和实体公正的统一，尤其在程序上保证当事人解释说明的权利，根据实际情况组织听证，设立回避制度，为受到较重处罚的当事人提供向足协仲裁委员会申诉的救济途径等。关于公平，《纪律准则》中许多条款是基于对体育公平竞赛原则这一法益的保护，如设定对修改年龄、操纵比赛、关

---

[1] 参见张春良：《体育协会内部治理的法治度评估——以中国足协争端解决机制为样本的实证考察》，载《体育科学》2015 年第 7 期。

联关系等违背公平竞赛精神的行为的有关罚则，体现了竞技体育追求公平竞争的特点。此外，公平原则还要求纪律委员会在案件处理过程中做到不偏私、不歧视。

2. 处罚与教育相结合原则

与行政处罚一样，中国足协纪律处罚程序中也遵循处罚与教育相结合原则，纪律处罚的设定和实施兼顾对违规违纪行为的否认和制裁与积极促进当事人转变认识、尊重规则两个方面。毋庸置疑，对于违规违纪的行为必须给予处罚，否则不足以制止违规行为，无法恢复违规行为所破坏的行业秩序，难以对其他从业人员产生震慑和警示作用。然而，惩罚并不是纪律处罚的最终目的，不是对违规行为的机械报复，更不是为了激化更深的矛盾，而是通过惩罚达到教育的目的，促使当事人认识到其行为的错误性、破坏性以及所造成的不良社会影响。

特别是，对于青少年赛事中出现的违规违纪行为，在纪律程序中更应该注意教育和感化的作用，促使青少年球员修正自己的行为，树立遵守规则、尊重对手的比赛精神，形成良好的职业素养。近年来，随着中国足协俱乐部准入工作的规范以及青超联赛等赛事的开展，职业俱乐部逐步建立起多个年龄段梯队，青少年球员参赛的机会越来越多，与此同时，足协纪律委员会受理的青少年球员违规违纪的案件也日益增多。由于青少年具有"血气方刚易上头、规则意识未定型"的特点，更易发生打架等严重违规行为。2017 年至 2019 年，足协纪律委员会处理了 4 起青少年赛事中的打架案件，涉及 30 名青少年球员。因此，中国足协在纪律程序中既要对违规违纪人员予以有效惩戒，也需对涉事球员（尤其是未成年球员）精准"施教"。此外，虽然受处罚的主体是青少年球员，但责任的主体在于俱乐部，俱乐部应当担负起教育和引导青少年球员的责任。

3. 时效性原则

时效性原则主要是出于竞技比赛的现实需要，无论是联赛还是赛会制比赛，相邻两场比赛的时间都比较短，如果有球员或官员出现违规违纪行为，而纪律委员会未能及时作出决定，遭到破坏的比赛秩序则无法及时恢复。以中超联赛为例，赛季中一般每周安排一场比赛，有时为了亚冠比赛或足协杯比赛排期，会出现"一周双赛"的情况，紧密的赛程决定了纪律委会员必须在短时间内作出是否处罚的决定，以便联赛部门及时通知相关俱乐部执行相应场次的停赛。当然，对于不同类型的违规违纪行为，其对时效性的要求有所不同。通常，对于比赛中的违规行为，时效性要求很高，如比赛中出现严重犯规、辱骂、暴力行为、干扰比赛等行为时，纪律委员会在收到比赛官员的报告后须立即启动纪律程序并及时作出决定；而对于非比赛中的违规违纪行为，如弄虚作假、不正当交易、不遵守决定等，纪律委员会则须基于充分的调查核实方可作出决定，此时对时效的要求自然与前者不同。

总体而言，与普通的司法程序或仲裁程序保证较为充足的审理期限不同，纪律处罚程序更追求时间上的高效，因而可能对裁决的公正性带来不利影响。[2]因此，如何既能做到及时作出决定，又能保证结果的公正，这是足协纪律委员会面临的挑战。

（二）适用范围

依据《纪律准则》第 3 条，中国足协纪律委员会的管辖范围是"中国足协管理下与足球有关的活动"。这个定义比较宽泛，具体来讲，包括国内各项联赛，如中超、中甲、中乙、中冠、青超、女子（女超、女甲）、五人制（五超、五甲）等；国内各项杯赛，如足协杯、超级杯等；国内其他赛事，如中国足协组织的选拔赛、训练营等赛事。此外，对国内会员协会主办赛事中所出现的违规违纪行为，主办协会在作出处罚并报中国足协纪律委员会备案后，中国足协纪律委员会可将以上处罚扩展至全国执行，并保留对违规人员进一步追加处罚的权利。总之，对于国内赛事的纪律处罚问题，中国足协纪律委员会的管辖权边界比较明晰。然而，对于涉及国际因素（参赛队伍来自不同的国际足联会员协会）的赛事，情况会比较复杂。本文将以韦世豪在中国杯[3]比赛中的违规行为为例讨论涉及国际因

---

〔2〕 参见韩勇：《体育纪律处罚研究》，载《体育科学》2007 年第 7 期。

〔3〕 "中国杯"全称为"中国杯国际足球锦标赛"，作为国际足联 A 级赛事，参赛队伍（包括中国队和另外三个国家队）可获得国际足联积分。该赛事由中国足协、广西壮族自治区体育局、南宁市政府及万达集团主办。

素的管辖权问题。

2019 年 3 月 25 日，在中国队与乌兹别克斯坦队的比赛中，中国队队员韦世豪飞铲乌兹别克斯坦队队员舒库罗夫脚踝，导致对方腿部胫骨骨折。当值主裁对韦世豪出示黄牌予以警告，但未以红牌将其罚离出场。赛后，据原中国足协裁判办主任刘虎先生在社交媒体的分析，韦世豪的动作已构成"严重犯规"的判罚条件，这意味着韦世豪已达到纪律处罚的标准。无论是国际足联、亚足联还是中国足协的纪律准则，均规定"严重犯规"至少要停赛一场，并予以一定的罚款。显然，韦世豪的行为已构成追加纪律处罚的标准，然而问题在于谁来作出处罚，依据什么规则作出，并如何确保执行。

《2019 中国杯国际足球锦标赛规程》（以下简称《规程》）中规定该赛事中有关纪律处罚的事项将由中国足协依据《国际足联纪律准则》作出处罚。若依据上述规定，本案似乎并不复杂，只要由中国足协纪律委员会依据《国际足联纪律准则》对韦世豪作出处罚并向国际足联报备即可。由于韦世豪是中国球员，在中国足协注册，无需担心处罚决定能否得到执行的问题。但是如果本案反过来，由乌兹别克斯坦队员对韦世豪严重犯规，或者更复杂些，乌兹别克斯坦队员对另一国家队队员有违规违纪行为，中国足协是否还有管辖权，如果有，如何确保其作出的处罚决定得以执行。

通过查阅《国际足联纪律准则》相关规定，发现对于国际友谊赛（friendly matches）的纪律处罚事项的规定，2017 版的准则与2019 版的准则存在较大差异。2017 版准则规定，在由两支来自不同会员协会（未区分是否属于同一洲际足联）的球队参加的友谊赛中，如果有球员在比赛中发生违规违纪行为，则由违规违纪球员所属的会员协会负责对该球员施加处罚，并将最终的处罚结果告知国际足联。但对于重大案件，国际足联也可依职权介入。而在 2019 版的准则中，国际足联将国际友谊赛分为了两种类型：一种是友谊赛的参赛队伍属于同一洲际足联（如同属于欧足联或亚足联），此种情况下由洲际足联对比赛中违规违纪行为进行纪律处罚；另一种是友谊赛的参赛队伍来自不同的洲际足联，此时纪律处罚的管辖权责则归属国际足联。本案中，如果对韦世豪追加纪律处罚，应适用 2017 版的规定，因为本案发生时 2019 版准则尚未公布，应遵循不溯及既往的原则。因此，本案应由中国足协纪律委员会对韦世豪作出处罚，并将处罚结果告知国际足联。但如果其他国家队的球员发生违规违纪行为，中国杯《规程》和国际足联 2017 版准则的规定则出现了冲突，究竟应按《规程》由中国足协管辖，还是依据 2017 版准则由违规违纪球员所属的会员协会管辖？本文认为，这似乎类似于"特别法"与"一般法"的关系，应适用"特别法优于一般法"的原则。由于《规程》中明确约定参赛队伍一旦确认参加中国杯比赛，将自动承诺接受主办方中国足协和万达体育就该赛事在管理、纪律及裁判等事项上的管辖权，这意味着参赛队伍所属足协通过参赛协议的方式让渡了自己的管辖权。此外，依据惯例，中国杯《规程》须通过国际足联的备案审核，这也意味着《规程》中关于管辖权的规定得到了国际足联的默认。因此，该类案件应由中国足协纪律委员会依据 2017 版《国际足联纪律准则》进行处罚，并将处罚结果告知国际足联和球员所属的会员协会。

分析韦世豪案的意义在于其可以为在中国举办的"中国杯""熊猫杯"以及"潍坊杯"等国际邀请赛的纪律处罚工作提供借鉴。纪律处罚事项是体育赛事活动的重要内容之一，如何在赛事规程中确定纪律管辖权的归属是赛事主办方考虑的关键问题之一。

（三）追罚时效

所谓"追罚时效"（limitation period for prosecution），是指纪律委员会对违规违纪的行为人或组织追究纪律责任的有效期限。在时效期内，纪律委员会有权对违规者追究责任，然而一旦超过此期限，便不能再予追究了。其实，追罚时效借鉴了刑法"追诉时效"概念，考虑到足协的纪律程序毕竟不同于国家司法诉讼程序，因而将"诉"字换为"罚"以免混淆。目前，足协纪律委员对一般违规违纪行为的追罚时效是两年，而对威胁、弄虚作假、使用兴奋剂、违背公平竞赛行为等的处罚不适用两年的时效。虽然《纪律准则》对其他不适用两年追罚时效的行为有所提及，但却并未对这些行为所适用的时效加以明确。相比之下，国际足联的规定更加细化。国际足联规定比赛中发生的违规行为适用 2 年的追罚时效，涉嫌兴奋剂违规、操纵比赛以及涉及未成年球员违规国际转会的行为，追罚时效为 10 年，而上述以外的其他违规违纪行为，追罚时效均为 5 年。

关于追罚时效的计算，一般从违规违纪行为发生之日起计算，如果违规违纪行为连续发生，则从最近一次行为发生之日开始计算，如果违规违纪行为持续了一段时间，则从该行为结束之日起算。此外，对于当前日渐增多的不遵守决定的案件，足协并未规定，但依据常理，应在国际体育仲裁院（CAS）、国际足联（FIFA）、亚足联（AFC）以及中国足协（CFA）的决定或裁决生效之日起开始计算。最后，追罚时效适用中断的情形，如国际足联规定追罚时效可因提起"法律程序行为"（procedural acts）而中断，并在每次中断后重新开始计算。

（四）启动方式

中国足协纪律委员会的工作启动方式可分为依申请启动和依职权启动。依申请启动是指纪律委员会在收到足协赛事管理部门移交的书面报告及相关证据后而启动工作程序。书面报告及证据主要包含以下几类：首先，实践中最常见的是比赛官员提交的对于某场足球比赛中发生的违规违纪行为，该场比赛的裁判组、比赛监督、裁判监督及赛区委员会可在赛后提交违规违纪报告和相关证据材料。其次，中国足协的会员协会、与比赛相关的俱乐部或球队同样可就比赛中的违规违纪行为提交书面报告和证据。再次，中国足协内部各工作部门或专项委员会也可以针对比赛中或比赛外的违规违纪行为向纪律委员会提交报告。最后，观众也可以通过向赛区委员会或会员协会提交书面报告的形式进行投诉。

与仲裁委员会严格遵循"不告不理"原则不同，纪律委员会可在没有申请的情况下，依职权对其发现的违规违纪行为启动纪律处罚程序。这说明纪律委员会的工作并不总是被动的，为严肃赛风赛纪、保证赛事有序运行，对于如弄虚作假、违背公平竞赛、不遵守决定、发表不负责任言论以及欠薪等行为，纪律委员会会主动依职权而启动工作程序。

（五）听证程序

听证程序，起初是行政法上的概念，指行政机关在作出行政处罚之前，举行专门的会议，为当事人提供就案件事实进行申辩和质证的机会，其实质是听取利害关系人的意见。[4]1996年颁布的《中华人民共和国行政处罚法》（已被修改）首次在法律中确立了听证程序，成为我国引进国外先进法律制度的有益尝试，[5]也为我国完善体育纪律处罚程序提供了有益借鉴。体育纪律处罚中的听证程序，指体育组织为了查明案件事实，在作出处罚决定前，通过一定形式听取相关当事人的申辩意见。听证是纪律处罚一项基本的程序性制度，[6]是当事人行使申辩权利的重要途径，也是实现处罚公正的有力保障。在体育纪律处罚程序中，当事人的听证权包括获得通知、口头听证、法律代理、要求提供处罚理由等权利。中国足协在2002年开始建立听证会制度，2017年将听证程序正式写入《纪律准则》，但当前有关纪律委员会听证程序的规定过于简单，缺少具体化的制度安排，关于听证的范围、告知事项、听证人员、听证参加人的权利、是否允许法律代理、听证会流程等许多重要内容均未说明。

首先关于听证的案件范围，究竟什么样的案件将通知当事人听证，《纪律准则》并未给出明确的标准，而是授予纪律委员会"根据实际情况"通知当事人听证的自由裁量权。实践中，通知现场听证的案件呈现出一定的共性，一种是违规违纪的行为性质比较严重或造成的影响比较恶劣，这种案件的当事人所面临的处罚一般也比较严重，因此可将此类听证案件范围的划分以行为或处罚结果为标准；还有一种情形是案件事实认定存在较大困难，需通过听证会充分质证核实，此类案件的出发点基于查清事实真相，这类听证案件范围的划分标准是出于事实认定或完善证据的目的。就目前来看，听证会是否召开，取决于纪律委员会的自由裁量权，这常常为外界所诟病。因此未来的改革应考虑赋予当事人一定的听证申请权，对于满足一定标准的案件，纪律委员会应主动告知当事人有听证的权利，当事人收到通知后如果要求听证的，纪律委员会则应该召开听

---

〔4〕 参见马怀德：《论行政听证程序的基本原则》，载《政法论坛》1998年第2期。
〔5〕 参见马怀德：《论行政听证程序的基本原则》，载《政法论坛》1998年第2期。
〔6〕 参见韩勇：《体育纪律处罚研究》，北京体育大学2006年博士学位论文。

证会，听取当事人的陈述申辩。

（六）证据制度

无论是国家司法程序还是体育组织的纪律处罚程序，证据制度均是不可回避的核心问题之一。纪律处罚所认定证据，是指一切在纪律程序中用来证明案件事实的材料，是纪律委员会作出处罚决定的依据。由于证据直接关乎纪律程序的结果，纪律委员会在纪律程序中会对证据材料的真实性、合法性以及关联性进行审核认定。本文通过证据种类、举证责任、证明标准三个方面分析足协纪律处罚的证据制度。

1. 证据种类

目前足协纪律委员会对于证据种类的认定比较广泛，各种类型的证据均可作为处罚的依据。对于纪律程序，实践中最常见的证据表现形式为比赛官员的书面报告，包括裁判员、比赛监督和裁判监督的报告；当事人在内的有关各方的陈述、说明、声明、证言；照片、录音、录像等视听资料；以及专家意见[7]等。比赛官员的报告所记录的事实被认为是准确的，除非可以提供以上报告不准确的证据，这也是国际足联纪律程序的惯例。如果不同比赛官员所提交的报告内容有差别，并且难以分辨事实，足协纪律委员会依照以下原则认定：对于发生在比赛场内的事件以裁判员的报告为准；对于发生在体育场外的事件则以比赛监督的报告为准。与国际足联一样，中国足协纪律委员会对证据具有绝对的认定权。

2. 举证责任

举证责任，也称证明责任，指当事人对自己提出的事实主张，有提供证据并加以证明的责任，如果当事人未能尽到上述责任，则可能承担对其不利的法律后果。举证责任的发生有一个前提，只有在作为裁判基础的法律要件事实处于真伪不明的状态时才发生作用，未尽到证明责任的一方才承担相应的不利后果。我国三大诉讼法律

---

[7] 2017赛季中超联赛第105场，江苏苏宁队球员李昂赛后涉嫌对伊尔马兹做出争议手势，足协纪律委员会曾就该手势动作是否构成"种族歧视"征询并最终采信了中央民族大学民族学专家的意见。

体系对于举证责任的分配各有不同，《中华人民共和国民事诉讼法》中规定当事人对自己提出的主张，有责任提供证据，即"谁主张，谁举证"原则，不过在某些侵权诉讼中也存在举证责任倒置的情形；对于刑事诉讼法，证明责任总体上专属于控方，公诉案件是公诉人，自诉案件则为自诉人，但是在少数持有类案件中，被告一方也负有提出证据的责任；我国行政诉讼确立了作为被告的行政机关承担主要证明责任的基本原则，这与民诉的规则构成显著的区别。

中国足协《纪律准则》未对举证责任加以规定，但从理论与实践上看，纪律委员会承担着证明当事人行为构成违规违纪的责任，而对于具有双方当事人的案件则依照"谁主张，谁举证"的原则分配证明责任，即主张某一事实或法律关系存在的当事人承担相应的举证责任，如某球队抗议对手派不具备比赛资格的球员上场比赛，那它应提交相应证据予以证明；相应，如果球队主张自己的球员具有比赛资格，也应提供证据支持。当然，足协纪律程序中也存在一种特殊情况，对于在有关使用兴奋剂的案件中，依照我国现行的反兴奋剂规则中的"严格责任"制度，如果运动员不能证明自己的无辜则要承担兴奋剂违规的后果。[8]

3. 证明标准

所谓证明标准，是指运用证据证明待证事实时所要达到可以说服裁判者的程度。如果待证事实的证明没有达到证明标准，意味着待证事实仍处于真伪不明的状态；如果证明达到了证明标准，则该事实就可以作为裁判的依据了。一般来说，我国民事诉讼遵循"高度盖然性"（也称"盖然性权衡"）的证明标准，即证明达到了裁判者认为待证事实极大可能存在的程度，虽然还不排除其他可能性，但基本可以使裁判者对待证事实形成十之八九存在的心证。[9]与民事诉讼不同，我国刑事诉讼一般要求证据必须确实、充分，采用

---

〔8〕 参见韩勇：《体育纪律处罚研究》，载《体育科学》2007年第4期。

〔9〕 参见李浩：《民事诉讼证明标准的再思考》，载《法商研究（中南政法学院学报）》1999年第5期。

"排除合理怀疑"的证明标准，[10]即裁判者对案件事实的判断达到了内心确信、排除合理疑问的程度。[11]

目前关于足协纪律程序对证据的认定采取何种证明标准，既无明文规定，也无学术定论。英国足协总体上采用了民事的证明标准，即"盖然性权衡标准"（balance of probabilities），而国际足联和亚足联采用的是"放心满意证明标准"（comfortable satisfaction），但遗憾的是这两个机构未对该证明标准做详细的解释。不过，国际体育仲裁院（CAS）在仲裁实践中也遵循放心满意证明标准，国内外的研究成果可以为理解该标准提供借鉴。有学者认为放心满意标准是CAS在民事和刑事案件之外所确立的第三类证明标准。[12]也有学者指出放心满意标准是一个弹性标准，所指控行为的严重性决定了仲裁员内心所确信的程度，行为和/或后果越严重，其所要求的证据满意程度就越高。对于有关纪律处罚的体育仲裁案件，尤其是涉及禁赛、取消比赛资格等重大处罚时，其证据的满意标准应达到75%~99%的确信程度。[13]CAS仲裁庭对于不同类型的案件中采用不同的证明标准，而且就同一类型案件中不同的当事人也可能适用不同的证明标准，相比运动员和俱乐部，体育组织的证明标准相对更高。[14]综上，本文认为，足协纪律处罚程序也可适用具有一定弹性空间的"放心满意证明标准"，但标准的高低取决于不同的违规行为和当事人。对于可能处以较重处罚的违规行为，如打架斗殴、歧视、操纵比赛、使用兴奋剂等案件，应采用更高的证明标准；同时，在同一

---

[10] 参见张栋：《中国刑事证据制度体系的优化》，载《中国社会科学》2015年第7期。

[11] 参见陈瑞华：刑事证明标准中主客观要素的关系》，载《中国法学》2014年第3期。

[12] Davies Chris, "The Comfortable Satisfaction Standard of Proof: Applied by the Court of Arbitration for Sport in Drug-Related Cases", *University of Notre Dame Australia Law Review*, 2012, Vol. 14, pp. 14-23.

[13] 参见汪习根、罗范婧：《国际体育仲裁规则面临的困境与出路——哈曼诉国际足联仲裁案的法理评析》，载《武汉体育学院学报》2014年第8期。

[14] 参见张鹏：《国际体育仲裁院仲裁证明标准研究》，载《中国体育科技》2018年第4期。

案件中对于足协各部门或委员会提交的证据材料在认定上要比作为相对方的球员、官员或俱乐部更为严格。

（七）救济途径

如法律谚语"无救济即无权利"所言，在现代法治社会中，具有处罚权的主体在做出处罚决定时应为相对人提供相应的救济途径。目前，中国足协为纪律处罚相对人提供的救济方法是向足协仲裁委员会申诉，并就何种类型的处罚可以申诉做了正面列举。为更好地了解纪律处罚的救济方式，以下将对中国足协和国际足联的救济制度进行对比研究（表1）。

表1　中国足协和国际足联纪律处罚救济制度对比表

对比项	中国足协	国际足联
救济方式	内部申诉	内部申诉和外部仲裁
救济途径	中国足协纪律委员会 中国足协仲裁委员会	国际足联纪律委员会 国际足联上诉委员会 国际体育仲裁院
申请主体	对纪律处罚决定 不服的当事人	任何存在法律上利害关系的并参与到纪律程序中的当事人；及被处罚球员、官员或成员所属的会员协会或俱乐部
申请费	免费	1000 瑞士法郎
可申诉案件	中国足协正面列举的以下处罚： 停赛或禁止进入替补席、休息室或体育场5场或5个月以上； 禁止从事任何与足球有关的活动； 退回奖项； 禁止转会； 取消注册资格； 所有仅适用于组织的处罚，包括进行无观众比赛、减少转会名额、取消比赛结果、扣分、降级等； 一定数额以上的罚款：自然人5万元、俱乐部或球队6万元、赛区5万元	国际足联反面排除的以下处罚： 警告； 通报批评； 停赛或禁止进入替补席、休息室或体育场2场或2个月以下； 一定数额以下的罚款：会员协会或俱乐部为15 000瑞士法郎，其他为7500瑞士法郎； FIFA纪律委员会依据其纪律准则第15条"未遵守决定"所作出的决定

对比项	中国足协	国际足联
申诉期限	处罚决定公布之日起 7 日内	处罚决定公布之日起 3 日内向上诉委员会提交书面申请,以上申诉声明期满后 5 日内提交申诉理由,包括申诉请求、事实陈述、证据、证人名单及总结等
审理期限	仲裁程序开始之日起 3 个月内	未提及
审查内容	仅审查纪律委员会的处罚行为是否违反相关规定	事实认定和法律适用
裁决结果	驳回申请或撤销原决定	维持、变更或撤销原决定;对重大程序性错误的案件,撤销原决定,发回纪律委员会重新作出

注：以上表格只针对中国足协和国际足联纪律处罚的内部救济程序进行比较,至于当事人在穷尽国际足联内部救济后还可以寻求的外部救济（仲裁）暂不展开说明。

通过表 1 可以看出,中国足协和国际足联在对纪律处罚所提供的救济方式和保障力度上存在较大差异。虽然《中华人民共和国体育法》第 32 条规定,"在竞技体育活动中发生纠纷,由体育仲裁机构负责调解、仲裁",但目前我国仍未建立独立的体育仲裁机构。鉴于我国尚不存在外部的体育仲裁机构,司法系统通常也不介入体育行业自治的领域,目前受到纪律处罚的当事人只能通过向足协仲裁委员会申诉而寻求救济。然而仲裁委员会在受理申诉后通常只审查纪律委员会的处罚程序是否违反相关规定,而《纪律准则》中对于纪律处罚的程序性规定非常笼统,这导致当事人事实上难以指证纪律委员会在处罚程序中存在违法或瑕疵。因此,或许是出于对申诉不抱希望,亦可能是不知道申诉程序,许多当事人虽然达到了申诉的标准却没有行使该救济。据了解,近三年只有 2017 年秦升、张稀哲以及 2018 年穆里奇对纪律处罚决定不服向中国足协仲裁委员会提起了申诉,结果都未获得支持。

相比之下，国际足联的救济保障要完善很多，当事人在穷尽向国际足联上诉委员会申诉的内部救济之后，还可以向国际体育仲裁院申请仲裁寻求外部救济。而且，国际足联还允许被处罚球员或官员所属的会员协会或俱乐部作为申诉的主体。此外，国际足联对当事人的申诉进行全面审查，既可以审查法律适用也可以审查事实认定，全面保障当事人的权益。最后，上诉委员会对存在重大程序性错误的案件，可撤销原决定，发回纪律委员会重审，这对于保障当事人的审级利益具有重要意义。遗憾的是，中国足协的纪律处罚救济制度中缺少了对上述方面的考虑。

（八）执行程序

任何处罚如果无法得以执行，则将失去作出该决定的意义，因此执行程序也是纪律处罚制度的一项重要内容。对于足协纪律委员会作出的决定，不同的处罚类型所呈现出的执行情况各有区别。对于声誉罚如警告、通报批评，执行最为简单，在处罚决定公布之时便达到了执行效果。相对复杂同时也是最为常见的是对停赛的执行。停赛分为两种形式：一种是按期间计算，公布的决定中说明了停赛的时间段和起止日期，因此这类停赛的执行也不难；另一种是按场次计算，具体停赛场次由中国足协各赛事管理部门在赛前通知有关组织或个人执行，此类停赛执行可能会出现比较复杂的情况，比如目前中超联赛和中甲联赛均设置了预备队联赛，作为俱乐部的球员既可能参加一线队的比赛，也可能参加预备队的比赛，球员在不同比赛中因违规所受到的停赛在执行上也存在较大差别。而且，对于按场次进行的停赛，如果所禁赛的场次未超过当赛季，只要按照轮次依次在本赛季执行完毕即可；然而如果禁赛场次无法在当赛季执行完毕，则将面临跨年度、跨赛季甚至跨联赛执行的情况，这就需要足协禁赛管理部门加强沟通和协调，保证处罚执行到位。最后，对于停赛处罚未执行完毕的球员，足协需在其转会时予以追踪和执行。以下举一个涉及国际转会执行纪律处罚的案例。

2019年7月23日，江苏苏宁足球俱乐部球员帕莱塔因比赛中的暴力行为被中国足协纪律委员会作出停赛5场的处罚。8月1日，中超联赛公布《2019 中国平安中超超级联赛秩序册》增补与勘正的公告，通过该公告可以看到江苏苏宁队撤销了帕莱塔的联赛报名。8月12 日，江苏苏宁足球俱乐部宣布与帕莱塔解约，帕莱塔成为自由球员。而此时对帕莱塔的纪律处罚停赛只执行了 1 场，还有 4 场尚未执行。鉴于此情况，足协纪律委员起草了一份关于帕莱塔先生纪律处罚情况的英文声明，通过足协注册管理部上传至国际足联转会匹配系统（FIFA TMS），以备该球员在转会到新俱乐部后，继续执行剩余的 4 场停赛。11 月 6 日，意大利丙级联赛蒙扎俱乐部宣布与自由球员帕莱塔正式签约。通过查阅权威网站［德国转会市场（Transfer Market）］，帕莱塔已在新俱乐部执行了剩余的 4 场停赛。国际足联在其纪律准则中强调了各会员协会间有相互配合的义务，有责任告知本协会相关纪律处罚的情况。帕莱塔的案例是足协纪律委员会积极履行国际责任的体现。

二、问题

（一）听证制度亟待完善

听证程序是纪律处罚一项基本的程序性制度，是当事人行使申辩权利的重要途径，也是实现处罚公正的重要保障。然而，尽管《纪律准则》中已经确立了听证制度，但对于具体的听证程序方面的规则却未予明确和细化。由于在《纪律准则》中有关听证的范围、听证的启动、听证参加人的权利、是否允许法律代理、听证会流程等许多重要内容均未说明，导致纪律委员会在是否进行听证和如何进行听证方面的自由裁量权过大，处罚相对人权利则难以保障。就目前而言，是否召开听证会，没有成文的规定予以明确，什么样的案件符合召开听证会的标准亦未予明确，实践中取决于纪律委员会的自由裁量权，当事人未获得听证的申请权。

（二）救济权利较难保障

根据中国足协现行的纪律处罚制度，受到纪律处罚的当事人只有一种救济途径，即只能向足协仲裁委员会申诉，缺乏外部独立仲裁或司法系统的支持。并且对于当事人的申诉，仲裁委员仅审查纪律委员会的处罚行为是否违反相关程序规定，而不会对事实认定进行审查。由于《纪律准则》中对纪律委员会和处罚相对人在纪律程序上的权利和义务规定甚少，导致当事人难以证明纪律委员会的处罚程序是否存在重大瑕疵，其申诉请求很难获得支持。因此，实践中许多当事人即使满足申诉的标准也很少行使这一救济权利。

（三）处罚方式缺乏柔性

如前所述，处罚与教育相结合是中国足协纪律委员会在纪律处罚工作中遵循的一项基本原则。处罚是手段，更重要的是让当事人在纪律处罚的一系列程序中受到教育，意识到违规行为对足球比赛的伤害，维护行业秩序。教育既需要以强硬的手段惩罚当事人，震慑其他从业人员，也需要考虑当事人的实际状况和执行可能性，避免将当事人"逼上梁山"，产生适得其反的效果。比如对于收入较低的球员，如果"一刀切"地进行罚款，而不考虑折算或替换为其他的处罚方式，未必会取得最佳的效果。此外，《纪律准则》中有一项处罚措施为"参加社会公益活动"，这本是一项具有教育和示范意义的柔性措施，但通过查阅近三年的纪律处罚决定，该措施在纪律处罚实践中却从未被适用。

三、建议

（一）完善听证制度

如前文所述，中国足协纪律委员会现行的听证制度过于概括和简单，缺少具体的程序指引。因此，本文建议从以下几个方面细化和完善听证程序。

1. 明确听证的范围

纪律委员会应明确什么类型的案件或者达到什么处罚标准的案件应当纳入到现场听证的范围，同时对这些标准应当予以公示。比如，若从定量的角度，可以设定达到了某个具体数额的罚款，或达到具体时间/场次的停赛；若以定性的角度，当事人在可能受到禁止转会、取消注册资格、取消比赛资格或降级等处罚时应纳入听证的范围。[15]对符合听证标准的案件，纪律委员会应当主动告知当事人有权申请听证。

2. 赋予当事人申请权

当事人既可以在收到纪律委员会的通知后申请听证，也可以在满足申请条件后主动申请听证。对于满足听证标准的，当事人如要求听证，纪律委员会应当组织听证。此外，当事人不方便现场听证的，也可以申请书面听证，即提交书面情况说明进行申辩，纪律委员会应当对该材料予以认定。

3. 允许法律代理

为了保证当事人充分行使申辩权，应当允许球员、官员、俱乐部或其他组织委托一至两名律师作为代理人参与听证。对于未成年球员，还应出台更细化的保护措施。以英国为例，英足总要求 13 岁以下的球员不得参加纪律委员会组织的听证会，无论作为当事人还是证人；对于 14 岁至 18 岁的球员，只有在满足：①他们真正理解自己说真话的义务；②他们的证据对所进行的听证非常重要；③有父母或其他监护人的陪同的情况下，才可以出席听证会。

4. 细化听证会的流程

纪律委员会应就听证人员的组成与职责，听证会如何组织，如何适用回避制度，听证各方的发言顺序以及证据认定等程序性问题予以细化。此外对于纪律委员会应当向当事人履行何种信息告知义务，听证是否公开举行以及费用问题也应明确说明。

（二）保障当事人的救济权利

1. 处罚决定书中写明救济途径

由于被处罚的对象主要是球员和教练员，他们所熟知的领域是足球这项运动本身，而对纪律程序和救济权利了解并不充分。因此，若要保障当事人的救济权利，首先应让当事人知道自己享有寻求救济的权利以及实现救济的途径。如何向当事人告知上述内容，处罚决定书是最恰当、最必要的载体。然而目前中国足协所公布的处罚

---

〔15〕 参见孙彩虹：《中国足协纪律处罚现状、问题与立法完善》，载《成都体育学院学报》2015 年第 3 期。

决定中缺失了处罚相对人如何实现救济的有关内容。本文建议对于符合申诉条件的，纪律委员会应当在处罚决定书中就有关救济事项主动告知处罚对象。

至于具体的告知内容，至少应包括：①申诉的依据，即根据《纪律准则》第106条，当事人符合申诉的条件。②申诉的机构，说明当事人可向中国足协仲裁委员会提起申诉。③申诉的时间，告知当事人行使申诉权利的时效期间。④申诉的基本程序，如至少应提交什么申诉材料，材料邮寄地址或电子邮箱等。当事人只有在充分了解了以上内容后，才能更好地行使救济权。

2. 适当扩大申诉的审查范围

鉴于短期内无法建立外部独立的体育仲裁机构，可以"退而求其内"，努力保证足协内部裁决的公正性，将内部救济的保障最大化。中国足协可以借鉴国际足联，对当事人的申诉实行全面审查，既审查法律适用，也审查事实认定，全面保障当事人合法权利。此外，对于仲裁委员会可作出的裁决种类，建议在驳回申请和撤销原决定的基础上，增加一种处理方式，即对于纪律委员会存在重大程序性错误的案件，在撤销原决定的同时，可发回纪律委员会重新审理。如当事人对重新审理后的决定仍然不服，可再次向仲裁委员会申诉。通过这样的方式，可以有效保障当事人的审级利益，确保被处罚的对象获得充分的救济。

（三）考虑处罚的人性化

2019年6月3日，国际足联理事会在法国巴黎审议通过了新的《国际足联纪律准则》（2019版，7月15日生效）。新版纪律准则相较2017版做了重大修订，条款数由147条锐减至72条，在结构编排和纪律程序设置上更加优化和清晰。其中国际足联推出一项重要的政策，即考虑被告方具体请求作出决定，并在《国际足联纪律准则》的第50条第8款中予以"法定化"。其具体规定是，当事人可在国际足联纪律委员会召开会议前，承认自己的违规违纪行为，表示愿意承担相应责任，并提出具体的处罚建议。国际足联纪律委员会可以在不违反有关规定的情况下，基于对当事人正当诉求的考虑而作出决定。国际足联指出"考虑被告方具体请求作出决定"政策类似于美国的辩诉交易（plea bargains），或称认罪协商机制。对于中国足协纪律委员会来说，也许可以从我国正在推行的认罪认罚从宽制度中获得启示。

鉴于国际足联人性化的改革方向，足协纪律委员会也可以做类似的有益尝试，回应纪律处罚实践中的现实需求。以对上海申鑫足球俱乐部两名年轻球员的处罚为例。2019 年 9 月 1 日，上海申鑫足球俱乐部两名球员李万杰和李伟杰在中甲预备队联赛的比赛中发生口角从而相互击打对方。9 月 10 日，足协纪律委员会对这两位球员分别作出停赛 4 场，并各罚款 4 万元的处罚决定。2019 赛季上海申鑫足球俱乐部早早掉入保级争夺的泥潭，俱乐部也是深陷资金困境，被曝拖欠工资 8 个月，球员生存困难。在这种情况下，两名年轻球员各自背负 4 万元的罚款，的确是不小的压力。基于以上现实情况，纪律委员会在对他们作出纪律决定时可以增加一些人性化的考量，例如酌情降低罚款的数额，可以尝试通过增加停赛场次来折抵一定的罚款，这或许是当事人更愿意接受的处罚决定。此外，考虑到处罚与教育相结合的工作原则，本案中或许可以侧重教育的"柔性"一面，而不是通过"刚性"的处罚刺激当事人的对立情绪，处罚看似"一碗水端平"，却未必会取得良好的社会效果。

当然，如果未来足协纪律委员选择借鉴国际足联的做法，应满足一个前提条件，即当事人须主动提出有关"量刑"的处罚请求。如果不设置这个前提而主动考虑当事人的现实情况，也是不符合规范的，容易使人产生"徇私"之嫌。此外，纪律委员会也应积极探索"参加社会公益活动"这一相对柔性的处罚措施的应用，避免将其束之高阁，成为"僵尸条款"。

四、结语

中国足协纪律处罚制度可从基本原则、适用范围、追罚时效、启动方式、听证程序、证据制度、救济途径和执行程序等八个方面进行分析和评价。总体来说，该制度的运行比较成熟、有效，但存在听证制度亟待完善、救济权利难以保障和处罚方式缺乏柔性等问题。建议足协应尽早完善听证制度，明确听证的范围、赋予当事人申请权、允许法律代理及细化听证流程。保障当事人的救济权利，如在处罚决定书中写明救济途径、适当扩大申诉的审查范围。最后，建议纪律委员会参考国际足联人性化的改革方向，尝试考虑处罚相对人的"量刑"请求，作出更符合实际、具有良好社会效果的处罚决定。

陕西省跆拳道协会实体化改革与发展研究[*]

张思利[**]　于　善[***]　刘志云[****]

近年来，包括中国跆拳道协会在内的全国性单项运动协会实体化改革不断深化，取得显著成效，但是地方跆拳道协会实体化改革的工作局面却迟迟难以打开。有些地方协会甚至抱持观望和等待的消极态度。在协会实体化改革攻坚的关键时期，具有雄厚群众基础和良好经济前景的跆拳道协会应当勇于创新，进一步推进地方跆拳道运动的普及与提高。

长期以来，陕西省跆拳道协会和陕西省拳击跆拳道运动管理中心是合署办公的两家组织机构，前者是社团组织，后者是政府机构，"一套队伍、两块牌子"。目前，陕西省跆拳道协会尚未实现行业脱钩，实体化进程滞后，存在政社不分、管办不分体制弊端，面临着政府干预过多、造血能力不强、组织管理薄弱、制度建设落后、过于依赖政府等管理困境，亟待去行政化，加快社会化和实体化改革。本文旨在解决上述跆拳道管理体制改革难题，完成陕西省跆拳道协会实体化改革目标，提出陕西省跆拳道协会实体化改革的进路和具体方案。

一、陕西省跆拳道协会实体化改革的政策要求

（一）全国行业协会脱钩改革的国家政策

党和政府长期关注转变政府职能问题，从行业协会实体化改革

---

* 本文为 2018 年陕西省体育局常规课题（课题编号：2018134）研究成果。
** 西安体育学院体育经济与管理学院教授。
*** 西安体育学院武术学院副教授。
**** 西安体育学院运动训练学院办公室主任。

入手，旨在实现政社分离，改变治理方式。为此，2013 年 11 月，党的十八届三中全会报告提出"限期实现行业协会商会与行政机关真正脱钩"的要求，行业协会商会脱钩改革开始迈入快车道。

2015 年 7 月，中共中央办公厅、国务院办公厅印发《行业协会商会与行政机关脱钩总体方案》，提出了全国行业协会脱钩改革的详细方案和具体步骤。

2019 年 6 月，行业协会商会与行政机关脱钩联合工作组办公室《关于做好全面推开地方行业协会商会与行政机关脱钩改革工作的通知》（联组办〔2019〕3 号），要求全面实施行业协会商会脱钩改革，确保省、市、县各级行业协会商会与行政机关脱钩改革在 2020 年底前基本完成。

至此，我国行业协会脱钩改革时间表正式确定，脱钩工作进入全面落实阶段，体育行业协会和地方行业协会同时被纳入全国行业协会脱钩改革的总日程。

（二）体育行业协会脱钩改革的行业政策

2010 年 3 月，国务院办公厅出台《关于加快发展体育产业的指导意见》（国办发〔2010〕22 号），要求改革和创新体育社会团体管理模式，在加强业务指导和依法监管的同时，完善体育社团法人治理机制，充实体育社会团体业务职能，发挥体育社会团体服务功能。

2014 年 10 月，国务院下发《关于加快发展体育产业促进体育消费的若干意见》（国发〔2014〕46 号），要求推行政社分开、政企分开、管办分离，加快推进体育行业协会与行政机关脱钩，将适合由体育社会组织提供的公共服务和解决的事项，交由体育社会组织承担。

2014 年 12 月，国家体育总局出台的《关于推进体育赛事审批制度改革的若干意见》提出，全面推进体育赛事审批制度改革，打破社会力量组织、承办体育赛事的制度壁垒。

2015 年 12 月，国家体育总局印发的《关于印发体育赛事管理办法的通知》指出，商业性、群众性体育赛事取消审批，合法的法律主体（包括全国单项协会）均可依法组织和举办，自行确定或协商确定举办地点。

2018 年 4 月，国家体育总局印发的《关于进一步加强体育赛事活动监督管理的意见》提出，全国性单项体育协会应当制定出台本项目赛事活动组织的办赛指南；全国性单项体育协会应当制定出台本项目赛事活动组织的参赛指引。

上述政策文件对我国体育主管部门提出了体育行业取消和下放赛事行政审批、加快体育行业协会脱钩改革的行业要求。体育行业协会脱钩改革正在逐步深入，充实协会赛事审批和指导等业务和服务功能成为脱钩改革的重点。

（三）陕西行业协会脱钩改革的地方政策

2015 年 1 月，陕西省发展和改革委员会、陕西省民政厅印发的《关于行业协会商会与行政机关脱钩有关问题的通知》要求，陕西省级民政部门登记的行业协会商会进行脱钩；省本级行业协会商会必须在人员、财务、资产、职能、机构等方面与行政机关彻底脱钩。

2015 年 4 月，陕西省委办公厅、省政府办公厅印发的《陕西省行业协会商会与行政机关脱钩实施方案》进一步指出，脱钩试点应重点围绕"五分离、五规范"展开，即机构分离，规范综合监管关系；职能分离，规范行政委托和职责分工关系；资产财务分离，规范财产关系；人员管理分离，规范用人关系；党建、外事等事项分离，规范管理关系。

2016 年 1 月，陕西省民政厅印发的《关于做好全省性行业协会商会与行政机关脱钩试点工作的通知》，确定了脱钩试点工作的主体、范围、名单确定、时间安排、试点任务等具体内容。同年 6 月 7 日，全省性 147 家行业协会商会被列入首批脱钩试点，其中省发展改革委 26 家、省国资委 5 家、省商务厅 61 家、省工信厅 34 家、省住建厅 20 家、省农业厅 1 家。

2017 年 5 月，陕西省民政厅公布的 35 家第二批全省性行业协会商会与行政机关脱钩试点名单中，依然没有体育行业协会。

应当说，陕西省行业协会脱钩工作起步较早，并且按照国家政策要求顺序推进，但是没有公开脱钩试点完成情况以及后续的跟进政策措施。不难想象全省性行业协会脱钩改革面临困境，难以突破，更遑论体育行业协会脱钩工作取得成效。

二、陕西省跆拳道协会管理概况

陕西省跆拳道协会是由全省热爱跆拳道运动的爱好者自愿结成的专业性社会团体，是经陕西省体育局、陕西省体育总会审查同意，陕西省民政厅登记注册的非营利性的法人团体。其宗旨是团结跆拳道爱好者，开展培训、表演、比赛、交流等各种活动，发扬跆拳道重礼敬道精神，探索跆拳道发展规律，培养优秀后备人才。

2006年底，陕西省跆拳道协会正式成立，最早由陕西省体育局竞技管理中心负责。2011年陕西省体育局委托西安体育学院成立拳击跆拳道运动管理中心。2014年受陕西省体育局委托，陕西省跆拳道协会由西安体育学院拳击跆拳道运动管理中心负责。2014年11月26日，按照陕西省民政厅民间组织管理局的要求，陕西省跆拳道协会召开了换届大会。2017年7月18日，陕西省拳击跆拳道运动管理中心正式挂牌成立，陕西省跆拳道协会改由省拳击跆拳道运动管理中心负责。

总的看来，陕西省跆拳道协会作为具有独立法律地位的民间社团，在组织上接受陕西省体育总会（陕西省体育局）的领导；在管理上接受陕西省民政厅（民间组织局）的监督；在业务上接受西安体育学院和陕西省拳击跆拳道运动管理中心的指导。这种历史原因形成的多头管理体制，使得陕西省跆拳道协会主要围绕竞技赛场争金夺银、后备人才培养、教练员裁判员培训、跆拳道进校园等内容开展跆拳道运动管理工作。

由于陕西省拳击跆拳道运动管理中心立足于"省队院办"模式，长期挂靠在西安体育学院下，从而使得陕西省跆拳道协会也形成了依托西安体育学院竞技体育学校，并由陕西省拳击跆拳道运动管理中心具体负责的运行机制。在实际工作中，陕西省跆拳道协会与陕西省拳击跆拳道运动管理中心、西安体育学院竞技体育学校形成了"三块牌子、一套人马"的同构管理模式。即西安体育学院竞技体育学校校长兼任陕西省跆拳道协会主席、陕西省拳击跆拳道运动管理中心党支书记，竞技体育学校办公室人员具体负责陕西省跆拳道协会的日常工作。

三、陕西省跆拳道协会实体化现状及存在问题

陕西省跆拳道协会长期挂靠在西安体育学院之下，隶属陕西省体育局管理，主要任务是提高陕西省跆拳道竞技水平，但其市场化和社会化发展水平较低，实体化改革工作尚未全面展开。

（一）省跆拳道协会与省体育局拳击跆拳道运动管理中心政社不分

取消陕西省体育局与省跆拳道协会的主管关系，以及西安体育学院与省跆拳道协会的挂靠关系，从而实现省跆拳道协会依法直接登记和独立运行，是省跆拳道协会实体化改革的第一步，也是至关重要的一步。然而陕西省跆拳道协会至今没有完成机构分离任务，始终挂靠在西安体育学院下并接受陕西省体育局的垂直管理。这种政府、学校、协会三位一体的同构管理模式，极大地限制了省跆拳道协会的独立运行，使得省跆拳道协会成为省体育局拳击跆拳道运动管理中心的附属组织。

（二）省体育局酝酿省跆拳道协会领导名单，体院派人出任要职

从2012年陕西省跆拳道协会成立以来，历次换届大会的候选协会主席均由陕西省体育局领导酝酿提名，并由西安体育学院领导或竞技体校领导出任陕西省跆拳道协会主席一职，协会领导机构成员大多为西安体育学院干部教师、地市体育局领导及当地跆拳道主管领导。相对而言，企业和社会人士很少担任协会领导职务。如第二届省跆拳道协会领导机构的候选人名单中，27名执委中仅有2名企业和社会人士，其余均为西安体育学院干部教师、省市体育局管理人员以及其他大学的跆拳道教师。协会正、副主席及秘书长人选则全部由西安体育学院干部、教师出任。由此可以看出，陕西省跆拳道协会领导机构和管理人员完全受控于体育行政部门和挂靠单位，自身没有充分的人事管理权力。

（三）省跆拳道协会资产财产管理不独立，没有配备专职财务人员

陕西省跆拳道协会长期与西安体育学院竞技体校合署办公，没有独立的办公用房和固定资产，也没有进行独立的财产核算，更没有依照民政部门要求配备专职财务管理人员。虽然协会于 2015 年 1 月 16 日在中国光大银行股份有限公司西安友谊路支行开户成功，但由于没有专职财务人员和独立财务管理部门，故在 2015 年年检中未能及时完成 2015 年度财务审计报告。直到 2018 年底，陕西省跆拳道协会依然依靠西安体育学院财务处进行相关财务管理工作，协会运行经费从陕西省拳击跆拳道运动管理中心在西安体育学院竞技体校的财务账目中列支，接受西安体育学院财务管理，接受会计事务所财务审计。2019 年初，协会完成换届工作后，协会资产财产管理工作步入正轨，目前借用西安体育学院办公室 1 间，聘用专职工作人员 1 名、专职会计 1 名、专职审计 1 名。

（四）省跆拳道协会工作侧重举办体育赛事，提高跆拳道竞技水平

长期以来，陕西省跆拳道协会与省拳击跆拳道运动管理中心合署办公、同构管理，接受陕西省体育局直接领导。协会主要围绕"提高竞技水平、争取比赛金牌"的竞技体育管理目标开展工作。在 2014 年第二届会员代表大会上，陕西省体育局党组成员、体育总会副主席支希贤提出，"换届后协会要充分发挥协会和举省体制优势，努力为备战工作提供强有力的支持和保障，力争在天津十三届全运会上为陕西取得更好的成绩"。在 2019 年第三届会员代表大会上，协会主席张文军以"立足全运 精准定位 提升服务"为主题做工作报告，提出"面对陕西 2021 年全运会，要进一步推动跆拳道项目在省内发展"。可以想象，在未来相当长的一段时间内，陕西省跆拳道协会都将以提高跆拳道竞技运动水平为工作重点。

（五）省跆拳道协会党建工作未开展，外事活动附随省体育局进行

陕西省跆拳道协会尚未按照要求建立党支部，日常没有开展党建活动。协会需要开展的出国比赛训练、学习交流等外事活动主要

附随陕西省体育局或省拳击跆拳道运动管理中心的相关外事活动共
同进行。因此，陕西省跆拳道协会的党建和外事工作的管理关系依
然隶属于省体育局和省拳击跆拳道运动管理中心，思路没有完全
理顺。

四、陕西省跆拳道协会实体化改革的阻力分析

陕西省跆拳道协会实体化改革没有取得实质性进展，主要在于
改革阻力巨大，困难重重，特别是来自管理体制、协会建设、社会
支持等方面的不利因素，严重阻碍了省跆拳道协会的实体化进程。
要解决改革难题，就必须深入分析改革背后的阻力因素。

（一）省体育局主办省跆拳道协会体制严重削弱协会独立性

尽管陕西省跆拳道协会是独立的社团法人实体，但协会的组织
运作和生存发展高度依赖于陕西省体育局及其下属组织机构的指导
与支持，几乎没有独立发展的空间和能力；其原因在于陕西省一直
沿袭政府体育部门主管体育事务的行政管理体制，没有推进社会化
的体育管理体制改革。面临即将在陕西省举办的 2021 年第十四届全
国运动会，为了在全运会上取得优异成绩，全面展现陕西体育事业
发展的新成就，陕西省委省政府全面启动行政管理体制，动员全社
会，举全省之力、不惜一切代价办好全运会。这时，陕西省跆拳道
协会必须服从和服务于"全运争光"的发展大局，以提高跆拳道竞
技运动水平，培养高水平跆拳道后备人才为协会工作目标。与此同
时，立足于社会化和市场化的协会实体化改革时间表将不得不推后
进行。

（二）金牌价值导向驱动省跆拳道协会偏离社会化工作方向

陕西省跆拳道协会长期依附于省体育局拳击跆拳道运动管理中
心，主动承担政府体育部门委托的域内跆拳道运动普及和提高管理
任务，逐渐形成了一种与竞技体育管理部门需求一致的金牌价值导
向。"提高成绩、金牌至上"已经内化为省跆拳道协会的价值追求，
这与跆拳道道馆、体育俱乐部等社会组织对于协会管理和发展的社
会化期待相去甚远。从省跆拳道协会领导机构人员构成可以看出，

参与其中的跆拳道道馆经营管理人士数量极少，几乎没有话语权。这充分反映出跆拳道协会早已偏离自身作为社会组织向社会大众提供公共体育服务的组织定位。这种错位的组织定位，使得跆拳道协会不愿主动与省体育局进行脱钩，更不愿积极寻求社会化发展方向。

（三）中心与省跆拳道协会同构管理模式影响协会市场运作

陕西省跆拳道协会与省拳击跆拳道运动管理中心"两块牌子、一套班子"的同构管理模式是目前协会日常运作的基本形式。陕西省跆拳道协会接受省体育局的业务领导，着重完成省拳击跆拳道运动管理中心委托的竞赛工作任务，较少关注域内跆拳道的社会化发展和市场运营。在这种"政社不分"的同构管理模式下，跆拳道协会习惯于接受省体育局和省拳击跆拳道运动中心的任务委托和经费支持，不担心生存发展危机，不迎合民间力量的市场化需求，对于跆拳道产业和市场化发展缺乏兴趣。这种市场化内生动力不足的同构管理模式，严重影响了协会对于陕西省跆拳道产业的市场开发。

（四）省市跆协组织体系尚未健全，无法有序运行

虽然陕西省跆拳道协会早已成立，但市县两级跆拳道协会发展缓慢，组织体系尚未建立健全。除陕西省跆拳道协会 1 个省级协会以外，全省 10 个城市中仅有 5 家市级跆拳道协会，县级跆拳道协会数量为 0。市县两级跆拳道协会组织建设的缺失，不仅无法推动当地跆拳道运动的推广与普及，而且不能及时指导全省遍地开花的跆拳道企业组织，使得辖区内跆拳道运动发展处于放任自流的失控局面。全省各级跆拳道协会组织体系建设的不健全，必然使得协会组织发展无法有序运行，难以依靠协会系统的内生动力独立发展。这必然将给陕西省跆拳道协会的实体化改革带来不利影响。

（五）省跆拳道协会习惯依赖政府，不愿主动面向社会发展

长期形成的"政府—协会"同构管理模式，使得陕西省跆拳道协会形成了不可逆转的政府依赖心理。协会的经费来源是政府拨款，协会的固定资产是政府租借，协会的机构人员是政府配备，协会的日常业务是政府委托，协会的政治建设是政府领导，可以说跆拳道

协会早已习惯全面依赖政府，维持生存发展。与此同时，陕西省跆拳道协会却较少关注和回应跆拳道社会组织的发展和要求，较少主动引领跆拳道道馆和俱乐部的规范发展。特别是在鼓励社会力量举办跆拳道赛事的问题上，协会往往持有谨慎态度。对于一些跆拳道道馆私下相互之间组织的群众性赛事，在不违背相关管理规定的前提下，协会不会主动干预，由此可见陕西省跆拳道协会服务的社会化程度较低。

（六）政府向省跆拳道协会购买公共体育服务机制尚未健全

十八大以来，党和政府多次提出，通过承接政府购买公共服务机制，帮助体育行业协会获得经费支持，实现行业协会的独立发展。在此背景下，陕西省体育局积极推进政府购买服务机制，将跆拳道赛事举办、跆拳道裁判培训等具体业务通过委托和招投标方式，交办给陕西省跆拳道协会实施完成。然而在具体实践中，政府购买公共体育服务机制仍然存在诸如拨款经费有限、拨款渠道不顺、招投标过程不透明、评价管理机制不规范、协会内部管理混乱等一些现实问题，导致省跆拳道协会难以依靠承接购买服务实现财务自由和实体化发展。

（七）省跆拳道协会独立办赛难以获得其他政府部门支持

长期以来，陕西省内跆拳道赛事由省拳击跆拳道运动管理中心主办、报省体育局审批，协调公安等相关政府部门共同完成举办体育赛事审批的全部手续。2014年国务院提出取消商业性和群众性体育赛事审批的要求后，陕西省体育局很快取消了商业性和群众性跆拳道赛事的审批手续，将赛事审批权下放至陕西省跆拳道协会，初步实现了体育行政部门的简政放权；但是并没有随之取消公安、消防、卫生、安全等其他相关政府部门对体育赛事活动审批权限。在缺少陕西省体育局前置审批的情况下，其他政府部门对省跆拳道协会这样的民间社团主办的群众性、商业性跆拳道赛事持谨慎管理态度，不愿轻易通过赛事审批，避免承担赛事举办过程中可能发生的事故责任。

五、陕西省跆拳道协会实体化发展的改革路径

（一）完成省跆拳道协会与省体育局机构分离，规范行政管理和服务关系

陕西省跆拳道协会应当尽快完成与省体育局的机构分离工作。这就需要取消省体育局与省跆拳道协会的主管关系，取消省拳击跆拳道运动管理中心与省跆拳道协会的主办关系，取消西安体育学院与省跆拳道协会的挂靠关系，最终实现省跆拳道协会依法直接登记和独立运行。在机构分离的同时，必须依法规范省体育局与省跆拳道协会之间的行政管理和服务关系。未来省跆拳道协会与省体育局之间应是脱离而不脱管的社会管理关系，省跆拳道协会依然接受省体育局的业务指导和监督管理，但是内部管理事务不受外部行政干预，独立运行，自主发展。省体育局要主动履行监管培育责任，仍要按职能对省跆拳道协会进行政策和业务指导；同时也要为省跆拳道协会营造良好的政策支持环境，提供必不可少的政府公共体育服务。

（二）完成省跆拳道协会与省体育局职能分离，明确两者的职责分工关系

陕西省跆拳道协会与省体育局实现机构分离，必然产生职能分离的问题。省跆拳道协会作为依托社会发展的体育社会团体，必然立足于为社会大众提供跆拳道健身服务和满足比赛观赏需求这一基本点，同时致力于区域内跆拳道运动的普及和水平提高。这与省体育局重点关注跆拳道竞技水平提高有着巨大差别。然而由于两者之间长期存在着政社不分和管办不分的问题，导致省跆拳道协会的管理职能与省体育局的行政职能高度重合，难以区分各自职责。未来应当剥离省跆拳道协会现有的行政职能，对适合由省跆拳道协会承担的审批、管理、注册、培训、经营等社会服务职能，制定清单目录，按程序移交省跆拳道协会承担。

（三）完成省跆拳道协会与省体育局资产财务分离，规范和明晰财产关系

陕西省跆拳道协会挂靠在西安体育学院，与省拳击跆拳道运动

管理中心合署办公，长期使用西安体育学院固定资产和办公设施，财务审计工作也由西安体育学院财务处代为管理。未来省跆拳道协会必须与西安体育学院、省拳击跆拳道运动管理中心进行资产财务分离，规范和明晰财产关系。即通过认真开展资产核查工作，确保无国有资产，最终做到办公用房、财务管理独立；同时取消财政直接拨款，通过政府购买服务等方式支持省跆拳道协会自主发展。在具体操作过程中，省跆协可以通过省体育局向西安体育学院租借办公用房，面向社会聘请财务和审计专职人员，逐步实现资产财务的分离与独立。

（四）完成省跆拳道协会与省体育局人员管理分离，规范协会的用人关系

目前陕西省跆拳道协会主席既是陕西省拳击跆拳道运动管理中心总支书记，也是西安体育学院竞技体校校长，同时兼具体育事业单位党务管理人员、行政管理人员及社团组织管理人员三重身份。这种党、政、社三位一体的人员管理局面必须改变。结合当前陕西省委省政府的相关要求，未来开展省跆拳道协会与省体育局人员管理分离工作，应当首先抓紧履行人员退出或任职审批手续，严格要求在政府任职或在政府兼职的公职人员退出省跆拳道协会主要领导职位，提名具有广泛影响力的跆拳道专业人士出任协会主席。省跆拳道协会日常工作人员、原有公职人员应当逐步退出协会或者参加公开竞聘重新进入省跆拳道协会工作。省跆拳道协会代表大会和领导机构将对协会领导和其他管理工作人员具有绝对的任命权和使用权。

（五）完成省跆拳道协会与省体育局党建外事等事项分离，规范管理关系

目前陕西省跆拳道协会尚未建立党建工作，外事工作也很少涉及。根据省委省政府的指示要求，陕西省跆拳道协会的党建工作要做到"先建后交"，确保党建工作与脱钩工作同步进行。即脱钩后省跆拳道协会的党建工作应当由省体育总会工委负责，外事工作按中央有关外事管理规定执行，不再经省体育局、省拳击跆拳道运动管理中心以及西安体育学院审批。这样将有利于实现省跆拳道协会脱

钩不脱管的实体化改革目标，同时也能保证省跆拳道协会党建和外事管理事务的独立运行。

六、结语

2021年第十四届全运会的承办权"花落陕西"，给陕西体育带来了难得的发展机遇。通过承办全运会，必将带动陕西省体育事业快速发展，实现全面飞跃。特别是在深化体育体制改革方面，包括陕西省跆拳道协会在内的地方体育行业协会实体化改革也将吹响新的号角。体育部门应当把握机遇，主动出击，通过探索政社分开、协会"去行政化"的有效改革方式，以简政放权、放管结合、优化服务协同推进，指导各地梳理权力清单与责任清单，完成陕西省跆拳道协会实体化改革目标。

TI YU FA ZHI YU AO LIN PI KE

体/育/法/前/沿 ▶▶▶ **体育法治与奥林匹克**

从国际法看国际奥委会的法律地位和作用

马福威*

经过 120 多年的发展演进，国际奥委会已经成为世界上最具影响力及最有代表性、权威性的综合性国际体育组织。它一方面不像政府间国际组织那样拥有国际法上的权利能力和行为能力，不具有国际法主体地位，另一方面又因其特殊的地位和规则体系，具有类似政府间国际组织的部分特征，甚至对国际法的实践和发展也起到了一定的积极作用。从国际法角度探讨国际奥委会的法律地位和作用，对于更加准确地认识和理解其演进过程、运行机制、重要作用、成就经验以及自身局限性等，都具有基础性作用。

一、国际奥委会不是传统意义上的国际法主体

根据一般国际法，国际法主体（Subject of International Law）是指独立参加国际关系、直接在国际法上享受权利和承担义务，并具有独立进行国际求偿能力者。基于该概念，国际法主体必须具备三个要件：独立参加国际关系的能力、直接承受国际法上权利和义务的能力、独立进行国际求偿的能力。[1]

国家是国际法的基本主体，既是国际法的制定者，又是国际法的主要实施者。第二次世界大战之后，国际组织在国际法上的地位问题也日益受到重视。特别是 1949 年国际法院做出"关于为联合国

---

* 北京冬奥组委法律事务部副部长。

〔1〕 王铁崖主编：《国际法》，法律出版社 1995 年版，第 64 页。

服务而受损害的赔偿问题"的咨询意见之后，国际组织的国际法主体资格逐渐得到一般的确认。[2]即便如此，国际法主体一般也只能是国家间或政府间的国际组织。[3]

根据《奥林匹克宪章》（以下简称《宪章》）第15条"法律地位"规定："国际奥委会是一个国际性、非政府、非营利、无期限的组织，采取协会形式，拥有法人地位，并依据2000年11月1日签署的一项协议，得到瑞士联邦议会的承认。"从国际法分析这一规定，国际奥委会并不构成一般意义上的国际法主体，主要原因是：

（一）从赋予其权利和职责的法律依据来看

国家主权是国际组织权利的来源，这种赋权一般通过作为国际组织基本文件的条约来实现。"任何国际组织的法律人格都不是其本身所固有的，而是依据组织的基本文件及其制定者的意志。"[4]对于政府间国际组织而言，国际组织的基本文件通常就是一份国际多边条约，如同承担一般条约的国际义务一样，成员方均负有忠实履行组织章程的义务。[5]

国际奥委会的基础性文件是《宪章》，是为奥林匹克运动发展而制定的总章程。[6]尽管《宪章》在国际奥委会的规范体系内处于

---

〔2〕 王铁崖主编：《国际法》，法律出版社1995年版，第75页。

〔3〕 关于个人和非政府间国际组织的国际法主体问题，确实也存在一些不同的学说和实践，例如在区域性国际法范围内，1986年4月24日部分欧洲理事会成员方签订的《关于承认国际非政府间组织的法律人格的欧洲公约》（European Convention on the Recognition of the Legal Personality of INGOs），就明确承认非政府间国际组织的法律人格。但这种实践并不具有普遍代表性，也尚未形成主流或权威观点。笔者更认同"国际法学所着重研究的主要是严格意义上的国际组织，即若干政府所设立的国家间机构。"参见梁西：《论国际法与国际组织五讲》，法律出版社2019年版，第54页。

〔4〕 王铁崖主编：《国际法》，法律出版社1995年版，第534页。

〔5〕 饶戈平主编：《国际组织与国际法实施机制的发展》，北京大学出版社2013年版，第21页。

〔6〕 《奥林匹克宪章》是随着奥林匹克运动的发展而逐渐完善的。1894年国际奥委会成立时没有制定具体的规章制度，只是确定了一些基本的意向与原则，如每四年举办一次奥运会以及国际奥委会与政府的关系等。第一个具有宪章性质的文件是1908年由顾拜旦起草的《国际奥委会的地位》，这一文件对国际奥委会的任务、组织管理、委员产生方式等作了比较明确的阐述，在此文件基础上逐渐形成了奥林匹克运动的规章。

"根本大法"的地位，但性质上也只是瑞士国内法律框架下的"私人协议"（Private Agreement），只是该组织内部自我设定、自我约束的规范性文件，并非由多个国家共同签署的国际条约。理论上讲，它并未也无法对国家或其他国际法主体创设国际义务，对任何国家或其他国际法主体也没有法律上的约束作用。

（二）从成员构成来看

国际组织是国家之间的组织，其参加者主要是主权国家，国家是国际组织的发起者、组成者。一般情况下，成员方会向国际组织派驻外交代表，代表该国官方立场，参加国际组织的各种会议和活动。在《宪章》第16条关于国际奥委会"委员"的规定中，可以看出，国际奥委会的委员不是国家，而是单纯的"自然人的组合"，这些自然人虽然具有不同的国籍，属于不同国家的国民，甚至在各自国家具有很高的地位、职务或威望，但从法律上讲，并非其国家或政府的官方代表。委员选举采用的是"逆向代表制"原则，即其委员更像是国际奥委会在其所在国（地区）或组织的代表，而不是该国（地区）或组织在国际奥委会的代表，该国（地区）或组织也无权撤换或干预委员的选举工作。

（三）从权利能力和行为能力来看

国际组织具有缔约权、对外交往权（使节权）、承认与被承认的权利、进行国际索赔和承担国际责任等方面的权利能力和行为能力。而且国际组织本身、国际组织职员、常驻代表团等也有必要的特权和豁免，例如1946年《联合国特权及豁免公约》就专门规定了联合国及其专门机构的特权和豁免权。相对而言，国际奥委会并不具备国际组织的权利能力和行为能力，无法与国家或其他国际法主体缔结双边或多边条约，无法设定国际法上的权利义务关系。无论国际奥委会本身，还是其工作人员，也都不具有类似国际组织的特权和豁

在很长一个时期里，这些规章的名称用语混乱，如"奥林匹克规则"（Olympic Rules）、"奥林匹章程"（Olympic Statues）和"奥运会规则"（Olympic Games Rules）等。从1978年开始，国际奥委会将过去几十年间的规章集合总汇为《奥林匹克宪章》，正式使用"奥林匹克宪章"这一名称。在实践中为了表述方便，人们将以前这些名称不同的规章也都称为"奥林匹克宪章"。

免权，不享有在各国国内法上的管辖权豁免。在实践中，其享有的某些特权（例如公共税收的减免等）是由该组织所在地地方政府授予，其在奥运会举办国享有的税收减免、人员便利等优待，也是基于举办国国内法做出的特殊安排，与国际法层面的特权与豁免权在性质上是完全不同的。

综上可见，国际奥委会和其他林林总总的非政府间组织一样，"虽然在范围和组织上是国际的，但不是由国家或政府组成的，并且是依据私法而不是依据国际法进行工作的。这种非政府间组织在意义和地位上很不相同。"[7]

二、国际奥委会具有政府间国际组织的部分特征

"现代国际组织的基本特征之一在于它的制度化。这种制度化表现于他们有完整的组织结构和职能。"[8]尽管国际奥委会不是一般意义上的政府间国际组织，但是却具有政府间国际组织的部分特征。

（一）具有完整的组织架构和有效的工作机制

一般来讲，政府间国际组织的内部机构虽然名称不尽一致，多少也不尽相同，但是大致包括议事决策机构亦即最高权力机构、执行与主管机构、行政与管理机构、辅助与工作机构等。经过长期实践，国际奥委会也形成了比较完整的组织架构，具有履行上述职责的各个内设机构，包括全体委员会议、执行委员会、总部和专门委员会等。

全体委员会议（the Session，以下简称"全会"），是国际奥委会的最高权力机构，拥有一切重大问题的决策权，包括通过、修改和解释《宪章》，批准接纳国际奥委会新委员，选举主席、副主席和执委会成员，挑选奥运会主办城市等。全会的决定也是最终决定。

执行委员会（the Executive Board，以下简称"执委会"），是

---

〔7〕 ［英］詹宁斯、瓦茨修订：《奥本海国际法》，王铁崖等译，中国大百科全书出版社1995年版，第12页。

〔8〕 王铁崖主编：《国际法》，法律出版社1995年版，第541页。

处理国际奥委会日常事务的机构，职责包括批准国际奥委会的内部组织、体制以及内部规章，日常财务管理及年度报告，向全会推荐委员候选人名单，采取措施确保《宪章》实施和奥运会的顺利举办等。

主席（the President），是国际奥委会的法定代表人，主持全部活动，有权建立常设或临时性的委员会和工作组，主席本人是所有委员会和工作组的当然成员。

此外，经过长期实践，国际奥委会有了固定的位于洛桑的总部，还形成了很多行政机构，诸如国际合作和发展部、财务和行政部、奥运会部、运动部、国家奥委会关系部、法律部、技术部、全球广播和媒体权利部等，以及各个专委会，诸如运动员委员会、道德委员会、委员选举委员会、团结基金委员会、奥运会协调委员会等。国际奥委会内设机构的完整性、运行机制的规范性，与政府间国际组织并无明显区别。

（二）在本领域内具有极高的权威性

一般来讲，政府间国际组织在条约和宗旨规定的范围内，享有参与国际事务活动的独立地位，且不受国家权力的管辖。除了联合国属于综合性全球性国际组织，其他绝大多数全球性国际组织专注于某一领域，基于相关国际条约，缔约方会把该领域的很多权力和职责让渡给这种国际组织，使其在特定领域具有很高的权威性，例如国际经贸领域的世界贸易组织，核能核武领域的国际原子能机构等。

与此类似，国际奥委会在国际体育运动领域，也具有极高的权威性。这一点体现在多个方面。

首先，就奥运会来说，无疑是世界上涵盖项目最广、参与国家和运动员最多的运动盛会。参加奥运会是各国运动员职业生涯的高光时刻，奥运会奖牌也无疑是运动员最高的荣誉和证明。对主办国来讲，能够申办、举办这一世界上最高规格的运动盛会，绝对是国家综合实力的一次集中体现，是扩大主办国国际影响、提升国家形象，甚至促进主办城市经济社会发展的不可替代的良好契机。

其次，在运作机制方面。根据《宪章》规定，国际奥委会是奥林匹克运动的最高权力机构，对国际单项体育联合会也有很多制度上的约束，比如承认与被承认的关系，甚至在《宪章》中规范国际单项体育联合会的权利义务，规定后者在奥林匹克运动中的规章、做法和活动必须与《宪章》一致等。

最后，国际奥委会拥有与奥运会相关的任何问题的最终决定权，对于有关争议，国际奥委会根据《宪章》条款作出的"决定是最终决定，涉及这些决定的执行或者解释的任何争议，也只能由国际奥委会执行委员会解决，在某些情况下，可由体育运动仲裁庭裁决"。尽管运动员、体育组织或团体，甚至一些国家，对国际奥委会的决定或裁决未必认同，甚至存在很大争议，但是从根源上讲，"因为参加奥运会是自愿的，因此参加奥运会的国家和个人便自愿置于国际奥委会制定的规章制度之下，以至于自愿接受违反规则导致的处罚。"〔9〕

（三）在国际领域具有类似政府间国际组织的活动资格

鉴于国际奥委会在体育运动领域的特殊地位，2009年联合国大会第64/3号决议，给予其联大观察员地位，作为"得到长期邀请以观察员身份参与大会届会和工作的实体和组织"，可以参加联合国大会的所有会议。"这是通常为非成员方和政府间组织保留的一种荣誉，很少有非政府组织获得此地位。这种地位使得国际奥委会能够直接影响联大的决策。另外，选择国际奥委会作为长期观察员，也揭示了联合国的许多优先选项和价值倾向。在新自由主义的大气候下，联合国为了强化其国际地位和甚至是合法性，表明继续致力于和平与公平发展的决心，也自然会将国际奥委会视为一个有吸引力的机构，某种程度上两者也是一种盟友关系。"〔10〕

除了在联合国这一平台发挥作用之外，国际奥委会也积极推动政府间合作，以至与有关国家直接进行交流对话。尤其需要注意的是，国际奥委会并不是就体育论体育，其长期关注与体育相关的全球性问题，注重把体育放在全球发展进步的时代背景中审视和反思，

---

〔9〕 Ettinger, D. J. , "The Legal Status of the International Olympic Committee", *Pace Y. B. International Law*, 1992, Vol. 4（97）.

〔10〕 Nicolien van Luijk, "The International Olympic Committee: A United Nations Permanent Observer of Post-politics?", *International Area Studies Review*, 2018, Vol. 21（2）.

努力争取以体育为杠杆，与时代同频共振。比如，促进奥运会期间各国休战；借助国际奥林匹克运动组织体系，增进不同国家间的对话交流；借助与体育相关的议题，如环境友好和可持续发展等，倡导甚至引领全球性讨论；等等。1999 年，国际奥委会制定并通过的《奥林匹克运动 21 世纪议程》，2014 年通过了《奥林匹克 2020 议程》，均突出可持续性问题，使其成为继体育、文化之后，现代奥林匹克运动三大支柱之一。

三、国际奥委会的长期实践推进了现代国际法的发展

（一）奥林匹克的宗旨和原则对强化国际法基本原则具有积极意义

所谓国际法基本原则，是指那些各国公认的、具有普遍意义的、适用于国际法一切效力范围的、构成国际法的基础的法律原则。尽管奥林匹克运动和国际奥委会基本属于体育范畴，但其坚持和宣扬的许多原则和主张，对于强化国际法基本原则，也具有重要的意义。

1. 和平共处原则

提倡和平解决国际争端，坚持和平共处原则，无论在理论上和实践中都是一个逐渐演进的过程。"一部国际法史，就是国际法对战争态度的变迁史，就是曾经用以解决国家间争端的战争手段从被视为合法到受到限制直至被禁止的历史。防止和消弭武装冲突、维护和平与安全，是以联合国为代表的政治性国际组织的重要职责。《联合国宪章》强调'力行宽恕，彼此以善邻之道，和睦相处'，把不使用武力或武力威胁规定为成员国的义务，将之发展为国际法的一项强行法规则。"[11]

古代奥运会与战争紧密相连，古希腊各城邦为了保证战争优势，都注重努力培养和训练士兵，促使各种竞技活动推广流行，因而出现了奥运会和其他一些节日庆典中的竞技比赛。但同时，大家也认

---

〔11〕 饶戈平主编：《国际组织与国际法实施机制的发展》，北京大学出版社 2013 年版，第 14~15 页。

识和体会到战争的严重破坏性甚至毁灭性，为此把追求和平的愿望寄于所谓的"奥林匹克神圣休战"，要求遵从所谓"神圣休战条约"，在奥运会期间，禁止携带武器入场。这样也使得奥运会很早便有了和平的色彩、友谊的成分。

现代奥运会虽多次历经战争干扰，但是传递和平、追求和平的主旨不曾动摇。《宪章》在基本原则部分明确奥林匹克主义的宗旨是"为人的和谐发展服务，以促进和平社会的发展"。经过长期实践，奥运会举办时的很多例行环节和特色活动，如放飞和平鸽、传递点燃圣火等，也以不同形式传达了人们对和平的向往与追求。

1993 年 10 月，联合国第 48 届大会上，一致通过了由国际奥委会倡议的"奥林匹克休战"提案即第 48/11 号决议，明确呼吁成员方在奥运会开幕前七天到闭幕后七天遵守"奥林匹克休战"，各成员方放下武器，停止战争。2000 年 9 月联合国《千年宣言》(United Nations Millennium Declaration) 中也提出："我们促请成员方从今以后个别及集体遵守奥林匹克休战，并支持国际奥林匹克委员会努力通过体育和奥林匹克理想促进和平及人与人之间的相互谅解。"2003年 5 月，国际奥委会与红十字与红新月会国际联合会签署备忘录，共同强调"在普遍的基本道德准则的基础上，所有人类均享有在肉体和精神上憧憬和谐发展，享受和平并具有尊严生活的权力"，国际奥委会和奥林匹克运动的整体目标是"为建设一个和平和更加美好的世界做出贡献"。

除此之外，国际奥委会也充分利用自己比较超脱的身份优势，利用奥运会这种重大国际场合，多次巧妙进行活动安排，传递和平共处理念。例如朝韩两国代表团多次共同参加奥运会开幕式，最近一次 2018 年韩国平昌冬奥会期间，朝韩两国代表团不仅共同入场，还组成了女子冰球联队共同参赛，具有开创性意义。这些设计和安排，无疑让奥运会成为宣传和推进和平共处的重大国际活动。

2. 平等原则

国际法上的平等原则，主要是指国家不分大小强弱、人口多寡以及政治制度和经济制度如何，都具有平等地位，都应该互相尊重，平等相处。"国际组织最基本的原则是所有成员国主权平等。在国际合作中，各成员国不论大小强弱，也不论其社会、政治与经济制度如何，在国际法上的地位应一律平等，不得有任何歧视。"[12]

国际奥委会和《宪章》一再强调，奥运会是运动员之间的比赛，不是国家之间的比赛。在奥运赛场上，不会因国家大小强弱而有竞赛规则的区别，各国运动员的参赛资格和获胜后的荣誉是平等的。公开的比赛、公开的规则、平等的参与，国际奥委会的体育竞技所主张的这些赛事原则，本身也是对主权平等原则的再现和强化。

现实中，奥运会举办国在地域和国别上具有相对集中的现象，但《宪章》规定的奥林匹克主义的基本原则中，明确奥林匹克运动在五大洲开展。在更广泛范围、不同国家举办奥运会，始终是国际奥委会希望和追求的一大目标。此外，在奥运参与者、奥林匹克文化、奥林匹克活动以及奥林匹克价值等诸多方面，也注重并体现着平等的国际原则。

可以说，奥林匹克运动中宣示的各种平等原则，既强化了国际法中的国家平等原则，也是保证国际奥委会、奥运会具有长久影响、获得广泛认可的重要原因之一。

3. 尊重人权原则

尊重和保护人权，是《联合国宪章》《世界人权宣言》等重要国际法文件明确规定的内容，是现代国际法的基本原则之一。传统人权包括公民和政治权利以及各种各样的经济社会文化权利，由相关的国际人权条约所规范。

《宪章》明确规定了奥林匹克运动的七项基本原则，其中第四项明确表示，"体育运动是一项基本的人类权利，每个人都应在没有任何歧视可能的情况下，本着相互理解下的友谊、团结和公平竞争的奥林匹克精神从事体育运动。"国际奥委会将体育权作为人权，并作为一项基本原则，对于强化人权观念，尤其丰富经济社会文化权利的内涵，具有重要意义。

国际奥委会在促进人权方面也有很多实践。20世纪50年代，南非当局推行种族隔离政策，禁止不同种族间开展体育竞赛，对不同

---

[12] 梁西：《论国际法与国际组织五讲》，法律出版社2019年版，第55页。

种族的体育运动分别管理。对此，国际奥委会于 1963 年决定禁止南非参加奥运会，导致后来南非对外体育联系全部中断，被踢出"国际体坛"。此后，南非政府被迫逐步改变种族隔离的体育政策，直至后来重回国际体育大家庭。从一定程度上讲，国际奥委会所主张的体育权，对推动解除种族隔离也做出了贡献，因此，曼德拉说"体育具有改变世界的力量"。

（二）丰富了国际机构，促进形成了国际体育组织体系

从 19 世纪末开始，国际单项体育联合会相继问世，各类运动项目逐步有了统一的国际领导核心。正是这些组织制定了国际公认的竞赛规则，才使得相关运动项目真正走向了国际化。由于国际奥委会的业内权威和向心力，国际奥委会通过《宪章》和长期实践，以国际奥委会为中心，国际单项体育联合会和国家（地区）奥委会为支撑，[13]逐步形成了庞大而有序的国际体育组织体系。已获得国际奥委会承认的有：国家（地区）奥委会 206 个，国际单项体育联合会近 70 个。还有由不同地区的国家（地区）奥委会组成的洲际协会，单项体育联合会组成的协会等。[14]

此外，由时任国际奥委会主席萨马兰奇提议，体育仲裁法庭（Court of Arbitration for Sport，以下简称"CAS"）于 1984 年 6 月成

---

〔13〕 国际单项体育联合会具有管理其运动项目的独立权和自主权，如果要得到国际奥委会的承认，其章程和活动须与《宪章》一致，包括接受和实施《世界反兴奋剂条例》。国家（地区）奥委会是根据《宪章》建立，得到国际奥委会承认，负责在一个国家（地区）开展奥林匹克运动的组织，它是奥林匹克运动的基本功能单位。国际奥委会和国际单项体育联合会组织的各种奥运活动，最终都要由国家（地区）奥委会来执行和完成。

〔14〕 为了更好地使国家（地区）奥委会在区域范围内加强合作，在五大洲还成立了洲际协会，包括亚洲奥林匹克理事会（OCA）、欧洲国家奥委会总会（AENOC）、非洲国家奥委会总会（ANOCA）、泛美体育组织（ODEPA）、大洋洲国家奥委会总会（ONOC）、中美洲和加勒比体育组织（ODECABE），各洲所有国家（地区）奥委会都是该洲洲际奥运组织的当然成员。此外，还有所有国家（地区）奥委会组成的全球性组织——各国奥委会协会，总部设在巴黎，每两年举行一次全会。国际奥委会承认的体育组织还包括有一些由国际单项体育联合会所组成的协会：国际单项体育联合会总会（GAISF）、夏季奥林匹克项目国际单项体育联合会总会（ASOIF）、冬季奥林匹克项目国际单项体育联合会总会（AIWF）等。

立。经国际奥委会倡议，世界反兴奋剂机构（World Anti‐Doping A‐gency，以下简称"WADA"）于 1999 年 11 月成立。这两大机构虽然成立时间不算太长，但作为国际体育运动领域的重要专业机构，在各自领域都树立了很高的权威。

（三）长期实践助推国际规则的形成和发展以及向国内法的转换

第一，推进国际条约的缔结。推进 1981 年《保护奥林匹克会徽内罗毕条约》（Nairobi Treaty on the Protection of the Olympic Symbol）的缔结，该条约规定缔约方有义务保护奥林匹克会徽，制止未经国际奥委会许可，将其用于商业目的的行为。"内罗毕条约的一个重要后果是，国际奥委会授权在一个条约的签署国使用奥林匹克标志，该国的国家奥林匹克委员会就有权获得因这种授权而获得的任何收入的一部分。"[15]此外，世界反兴奋剂机构于 2003 年 3 月通过了《世界反兴奋剂条例》，联合国教科文组织以此为蓝本，起草并于 2005 年 10 月通过了《反对在体育运动中使用兴奋剂国际公约》（International Convention against Doping in Sport），规定缔约方依照《世界反兴奋剂条例》的原则和标准，开展相关工作，该公约是全球第一个旨在反对兴奋剂的国际条约。

以上两个条约，虽然内容完全不同，但都把奥林匹克运动的内部规范，以条约的形式转化成了国际准则，成为有关国家的国际法义务。

第二，国际奥委会的很多规则通过《主办城市合同》等转化为主办国国内法，进而促进相关国际惯例的形成。《主办城市合同》是国际奥委会、主办城市及其所在国家奥委会签订的书面协议，根据《宪章》规定，主办城市一经选出，立即由各方签署生效。根据《宪章》《主办城市合同》规定，主办城市、国家奥委会及奥组委对于合同项下的各种承诺和义务承担连带责任，且应"确保主办国各政府部门恪守并履行其做出的有关奥运会的所有承诺"。

---

〔15〕 Patrik Klimko and Anetta Caplanova, "Intellectual Property Protection and Olympic Games, Economic and Social Development", *International Scientific Conference on Economic and Social Development: The Legal Challenges of Modern World* 22 (2016-2018).

现实中，各国奥委会无一不具有政府或官方背景，甚至直接由高级官员兼任奥委会主席，各国奥委会的日常运作包括申办承办奥运会，又无一不是国家意志的体现。《主办城市合同》中的很多规定，尤其与主办国国内法不相一致的内容，均需通过国内立法或其他方式，转化成符合主办国国内法的各种规范或制度。

这一特征在涉及奥林匹克标志保护问题上尤为突出。由于国际奥委会和奥运会对奥林匹克标志保护的原则规则与很多国家甚至一般意义上的知识产权保护规范存在差别，各国申办奥运会成功后，大都会就此修订或完善国内法律，以履行《主办城市合同》义务和办赛需要。美国、澳大利亚、英国、加拿大等举办过奥运会的国家，一般均就奥林匹克标志保护问题进行了专门的国内立法。[16]

根据一般国际法，"一个在国际上已生效的条约，其规定在各国国内得到执行，以得到各国国内法的接受为前提条件。接受条约规定的各国国内法，可以是宪法、议会制定法或者判例法。接受本身可以分为两种：①将条约规定转变为（transformation）国内法；②无须转变而将条约规定纳入（adoption）国内法。"[17]

与此相对应，尽管各主办国法律体系不同，采取的立法方式、立法层级，在保护奥林匹克标志等的手段措施程度上也存在很大区别，但是都注意把奥运相关元素纳入法律保护之中。"国际奥委会成功地运用了它的强制力，促使主权国家仅为保护奥林匹克而制定国家立法，保护奥运品牌以及与奥运会相关的商业组织的利益和收入，在这方面可以说国际奥委会成果非凡。"[18]这种把国际上的规则、协议中的规范"转变或纳入"国内法的做法，与条约在国内的执行

---

[16] 例如，1973 年加拿大制定的《奥林匹克法》（The Olympic Act），以及 1975 年制定的该法修正案；1987 年澳大利亚制定的《1987 年奥林匹克徽章保护法》（The Olympic Insignia Protection Act 1987）；1996 年《悉尼 2000 年奥运会标识与图像保护法》[Sydney 2000 Games（Indicia & Images）Protection Act]；1995 年英国制定的《奥林匹克标志（保护）法》[Olympic Symbol Etc.（Protection）Act]；2007 年加拿大制定的《奥林匹克和残奥会标志法》（The Olympic and Paralympic Marks Act）等。

[17] 李浩培：《条约法概论》法律出版社 2003 年版，第 314 页。

[18] Stephen A Stuart and Teresa Scassa, "Legal Guarantees for Olympic Legacy", *Entertainment and Sports Law Journal*, 2011, Vol. 9 (1).

有很大的相似性。从这个角度来讲,《主办城市合同》在法律性质上不是条约,但是在国际奥委会和主办国关系上担当着条约的角色,在一定程度上也起着条约的作用。

经过国际奥委会的长期努力,以及奥林匹克规则和各国国内法的长期互动,促进了国际体育运动领域中一些基础性、普遍性规则的形成和发展,甚至形成了所谓的"奥林匹克法"。有的学者清晰地分析了这种"造法"方式的原因和过程,"国际奥委会没有可以直接管理的体育活动,没有与政府方面持续的合作关系,也没有基于公共或私人部门授予它的职责。然而因为举办奥运会和宣传奥林匹克主义,又需要通过合同约束民族国家。因此,国际奥委会被迫以一种非常独特的方式,满足造法的实际需要,进而形成一个有趣的、游离于传统类别之外的跨国法领域。这些法律随后成为强制法律移植的模板,进一步运用在后来的奥运会和其他大型体育赛事中,推动了跨国体育法的发展,并最终形成奥林匹克法律。"[19]

四、结论

综上所述,国际奥委会不是政府间国际组织,不是一般意义上的国际法主体。它以奥林匹克精神为圭臬,在历任主持者、组织者的积极推进下,其规则体系逐渐完善、组织结构明晰完备、运行机制顺畅有效,日渐成为国际体育领域最高权威、最大影响、最多成员的非政府间国际组织。在国际体育运动领域缺少相应政府间国际组织的背景下,国际奥委会无疑补充并担当了统领全球各国国际体育运动、推进世界体育交流合作这一重要角色。

国际奥委会既有民间组织、非政府组织的灵活自主特征,又拥有类似政府间国际组织的行业权威和活动能力。它虽不是国际法主体,却能坚持相关国际法基本原则,虽在职能上囿于体育领域,却

---

〔19〕 Mark James and Guy Osborn, "The Olympics, Transnational Law and Legal Transplants: The International Olympic Committee, Ambush Marketing and Ticket Touting", *Legal Studies*, 2016, Vol. 36 (1).

与各国和包括联合国在内的一些政府间国际组织，进行着积极的互动，推进相关国际规则的形成。

与此同时，国际奥委会也有自身缺陷和不足，时常面对一些议论和指责，也有很多声音希望其在遵循国际法原则的基础上，敢于自省和革新。"无论什么情况下，奥林匹克运动组织都应将对其没有约束力的国际法视为对自身有用的外在压力，不断审视其各项承诺和自身程序，以确保其不仅与少数利益相关方的利益同步，也能够与广大公众的长期福祉同步。"[20]

从国际法角度看国际奥委会的这些属性特征，有助于我们进一步理解其既有所为又有所难为的角色特征，其既显强势又务实灵活的规则特征，其既强化主导又有赖八方的运行特征，其既身负使命又探求创新的时代特征。这对于我们筹办好北京冬奥会，继续推进与国际奥委会的长期合作关系，借鉴其特殊规则和成功经验以推进国家体育事业发展，都是有帮助的。

---

[20]　Doriane Lambelet Coleman, "The Olympic Movement in International Law", *AJIL Unbound*, 114 (2020).

东京奥运会延期的合法性探析

王睿康*

一、问题的提出

2020年3月24日，由于新冠肺炎疫情在全球范围内不断蔓延，国际奥委会和东京奥组委联合发表声明称第32届东京奥运会将延迟至2021年举办。从1896年奥运会重新恢复比赛以来，奥运会只因战争原因停办过三次，分别是1916年的柏林奥运会、1940年的东京奥运会以及1944年的伦敦奥运会，除此之外，还从未有哪一届奥运会在和平时期取消或非正常举办过。第32届东京奥运会延期至2021年举办是奥林匹克运动历史上的重大事件，受到了来自国际体育界与相关各界的关注。在疫情蔓延的紧急状态下，出于对参赛选手、现场观众、工作人员、日本国民生命健康的考虑，甚至是出于对全人类卫生安全的考量，国际奥委会作出东京奥运会延期举办的决定，与全球共同抗疫的共同行动保持了一致，体现出了极大的人文主义情怀与国际组织的担当，获得了普遍的认可与支持。

另外，经过一个多世纪的发展，现代奥林匹克事业的运作与奥林匹克运动会的举办日渐规范，形成了以《奥林匹克宪章》为根基的奥林匹克规则与制度。随着奥林匹克运动的影响力逐渐超越体育活动，辐射至政治、经济和文化等其他领域，受现代法治与全球化治理的影响，法治奥运亦成为现代奥运的治理趋势。在国际奥委会

---

* 山东大学硕士研究生。

强调体育善治与奥运法治的背景下，不少人质疑东京奥运会延期的合法性，即东京奥运会延期是否具备延期的合法性依据。主要包括以下几个方面的质疑：其一，现有的法律文本并没有对奥运会延期的具体规定，只有因可能导致参赛人员生命安全受到严重威胁时取消奥运会的相关规定，在这种情况下国际奥委会执行委员会作出东京奥运会延期的决定是缺乏法律依据的，这违反了《奥林匹克宪章》的实体性规定。其二，根据《奥林匹克宪章》的规定，对《奥林匹克宪章》内容进行实质性修改的权力属于奥林匹克会议，奥运会延期已经涉及《奥林匹克宪章》内容的实质性变更，国际奥委会执行委员会是否具有修改《奥林匹克宪章》的权力，是否应当在召开奥林匹克会议对《奥林匹克宪章》的内容进行修改后，再作出东京奥运会延期举办的决定。其三，随意对《奥林匹克宪章》的内容进行实质性的变更修改，是否符合体育法治的要求，是否会有产生嗣后惯例的可能。可以看出，外界对于东京奥运会延期合法性的质疑主要集中在延期的程序合法性、实质合法性与延期可能造成的法律后果等几个方面。东京奥运会延期涉及《奥林匹克宪章》关于奥运会举办的内容的实质性变更与修改，国际奥委会并未向外界解释东京奥运会延期的理由，这势必会引发人们对延期决定的合法性以及法治奥运实现可能性的质疑。探讨东京奥运会延期的合法性问题，笔者认为在国际奥委会没有对延期决定的理由进行解释说明的情况下，应当在现有的《奥林匹克宪章》与相关法律文件中探寻延期的法律依据，从程序法规定与实体法规定两个方面来论证东京奥运会延期的合法性。在追求体育善治的国际体育背景下，也要关注东京奥运会延期决定是否得到了国际体育社会的认同与支持。

二、东京奥运会延期之程序合法性回应

（一）与奥运会延期相关的法律文件

体育社会长期以来由各种契约（包括章程）组建的非法律的行为规则来维系，构成哈耶克所称的"自生自发的秩序"——国际体

育界的法律体系。2020 年东京奥运会《主办城市合同》在第 12 章第 81 条 "关于优先级" 部分规定: "如果在本合同的解释或执行方面存在冲突或争议,则应按照《主办城市合同》《奥林匹克宪章》和相关准据法的顺序来解决该冲突或争议。" [1] 因此,与奥运会延期相关的法律文件主要有《主办城市合同》《奥林匹克宪章》以及相关的准据法,当出现争议时应按照《主办城市合同》第 81 条规定的顺序予以解释或适用。

1.《主办城市合同》

《主办城市合同》系确定东道国后签订的奥运会运行期间的纲领性文件,基本涵盖了奥运会筹办、举办的所有相关问题,本质上是合同主体之间签订的协议。2020 年最新版《奥林匹克宪章》第 5 章第 36 条对《主办城市合同》的概念和内容作如下规定: "在选举出奥运会主办城市后,国际奥委会应当立即与东道国的主办城市、国家奥委会达成协议,奥组委成立后应加入并成为本协议的缔约方,该协议通常称为奥林匹克主办合同。《主办城市合同》应确定国家奥委会,奥组委和主办城市在奥运会的组织、经费筹措和筹办方面的责任,以及承认国际奥委会对奥运会事业的贡献。" [2] 2020 年东京奥运会《主办城市合同》第 1 章第 1 条规定: "在没有限制的情况下,本合同中提及的所有文件和承诺均特此批准纳入本文中,并被视为构成《主办城市合同》的组成部分。" [3] 因此《主办城市合同》的合同效力并非单指该合同本身,还包括《奥林匹克宪章》《主办城市合同——义务细则》以及本合同规定的其他文件和承诺。

2.《奥林匹克宪章》

2020 年最新版本的《奥林匹克宪章》在 "奥林匹克宪章简介" 部分写道: "《奥林匹克宪章》是国际奥委会通过的奥林匹克基本原

〔1〕 International Olympic Committee, "HOST CITY CONTRACT FOR THE GAMES OF THE OLYMPIAD IN THE YEAR 2020", Chapter 12 section 81, 2013/9/7.

〔2〕 International Olympic Committee, "Olympic Charter", Chapter 5 section 36, 2020/7/17.

〔3〕 International Olympic Committee, "HOST CITY CONTRACT FOR THE GAMES OF THE OLYMPIAD IN THE YEAR 2020", Chapter 1 section 1, 2013/9/7.

则、规章和细则的编纂。它管理着奥林匹克运动的组织、行动和运作，并规定了庆祝奥林匹克运动会的条件。"〔4〕《奥林匹克宪章》是国际奥委会的协会章程，国际奥委会也将其视作"一部奥林匹克运动的宪法性质的基本文书"，彰显着奥林匹克主义的基本原则和基本价值观。随着奥林匹克运动全球影响力的不断提升，国际奥委会在很大程度上被视作体育领域的"世界政府"，《奥林匹克宪章》也被视作体育领域的宪法性文件。东京奥运会《主办城市合同》第12章第76条规定："就本合同而言，《奥林匹克宪章》是指在布宜诺斯艾利斯举行的第125届奥林匹克会议结束后生效的《奥林匹克宪章》，包括其规则和细则。但是尽管有上述规定，国际奥委会保留就奥林匹克运动的管理对《奥林匹克宪章》进行修订的权利，并以为此目的不时修订的版本为准。"〔5〕因此在东京奥运会筹备和举办期间，《奥林匹克宪章》不仅包括在缔结《主办城市合同》时生效的文本及其细则，还包括国际奥委会在后期修改的最新版本的《奥林匹克宪章》，并且应以新修订的版本为准。

3. 可适用的法律

2020年东京奥运会《主办城市合同》第12章第87条关于"法律适用与争端解决"部分规定，"本合同受瑞士法律管辖。关于其有效性、解释性或执行性的任何争议，应由国际体育仲裁法院根据《与体育相关的仲裁法典》进行裁决。如果国际体育仲裁院因任何原因拒绝履行其职权，则应由瑞士洛桑的普通法院最终解决争议。"〔6〕因此，如果争议诉至国际体育仲裁院，则应依据《与体育相关的仲裁法典》中关于法律适用的规定，选择解决争议应适用的法律或规则。如果国际体育仲裁院拒绝受理案件，则由瑞士法院依据瑞士法解决争议。

---

〔4〕 International Olympic Committee, "Olympic Charter", Chapter 1 section 1, 2020/7/17.

〔5〕 International Olympic Committee, "HOST CITY CONTRACT FOR THE GAMES OF THE OLYMPIAD IN THE YEAR 2020", Chapter 12 section 76, 2013/9/7.

〔6〕 International Olympic Committee, "HOST CITY CONTRACT FOR THE GAMES OF THE OLYMPIAD IN THE YEAR 2020", Chapter 12 section 87, 2013/9/7.

（二）东京奥运会延期的解释权与决定权

如前文所述，《主办城市合同》是国际奥委会与东道国城市、国家奥委会签订的规定奥运会筹备与举办期间相关事务的合同。但实际上，合同文本是由国际奥委会根据《奥林匹克宪章》、国际惯例及其他文件事先制定的格式文本。正如《主办城市合同》第 12 章第 73 条"双方关系"部分的规定："本合同不构成其他任何当事方的代理，也不构成任何当事方之间的合伙、合资或类似关系。"〔7〕当事人之间并非一种委托关系、合伙关系或合资关系。《主办城市合同》在第 1 章"基本原则"部分第 6 条，赋予了国际奥委会修改合同文本以及发布新的技术手册、指南和指示的权利。为保证奥运会能够以国际奥委会确定的最佳方式运作，主办城市、国家奥委会与奥组委应接受由国际奥委会作出的任何此类变更行动。〔8〕根据《主办城市合同》第 2 章第 17 条"协议的有效性"部分的规定，主办城市、国家奥委会、奥组委直接或间接签订的有关奥运会或国际奥委会的精神、物质、知识产权和其他权利的所有协议的合法性和法律效力，都必须事先以书面形式提交国际奥委会申请批准。〔9〕第 12 章第 74 条规定，国际奥委会享有解决根据本合同发生的任何争议的最终决定权，当关于合同的适用或解释发生争议时，如果争议未诉至国际体育仲裁院或国际体育仲裁院拒绝受理的，那么争议的决定权和解释权归国际奥委会所有。〔10〕诸多内容体现出缔约双方的不平等关系，导致当合同出现争议或需要解释时，主办城市、国家奥委会与奥组委基本不享有对《主办城市合同》争议解决的决定权和规则的解释权。

2020 年最新版本的《奥林匹克宪章》在第 5 章第 58 条规定：

〔7〕 International Olympic Committee, "HOST CITY CONTRACT FOR THE GAMES OF THE OLYMPIAD IN THE YEAR 2020", Chapter 12 section 73, 2013/9/7.

〔8〕 International Olympic Committee, "HOST CITY CONTRACT FOR THE GAMES OF THE OLYMPIAD IN THE YEAR 2020", Chapter 1 section 6, 2013/9/7.

〔9〕 International Olympic Committee, "HOST CITY CONTRACT FOR THE GAMES OF THE OLYMPIAD IN THE YEAR 2020", Chapter 2 section 17, 2013/9/7.

〔10〕 International Olympic Committee, "HOST CITY CONTRACT FOR THE GAMES OF THE OLYMPIAD IN THE YEAR 2020", Chapter 12 section 74, 2013/9/7.

"国际奥委会享有任何与奥运会相关的问题的最终决定权。"[11]国际奥委会被赋予了所有与奥林匹克运动有关问题的最终权威，也包括对《奥林匹克宪章》规则的解释权。此处需要简单介绍一下国际奥委会的权力结构，根据《奥林匹克宪章》第2章第17条的规定，国际奥委会的权力由奥林匹克会议、国际奥委会执行委员会（简称"执委会"）以及国际奥委会主席行使。奥林匹克会议是国际奥委会的最高权力机关，可以通过或修改《奥林匹克宪章》，类似于立法机关。由于会议并非常设机构，每届常会一年举行一次，在休会期间会议可将权力下放给执委会，由执委会全面负责国际奥委会的管理及其事务。执委会负责监督《奥林匹克宪章》的遵守情况，批准与国际奥委会相关的所有内部治理法规，能以它认为最适当的方式作出所有决定，发布具有法律约束力的守则、裁决、规范、指南、说明、要求等法规，确保正确执行《奥林匹克宪章》和举办奥运会。可以说，执委会承担着行政职能与部分司法职能。根据《奥林匹克宪章》第6章第61条"争端解决"部分的规定，"与适用或解释相关的任何争议只能由国际奥委会执行委员会解决，在某些情况下可以由国际体育仲裁法院仲裁解决。"[12]因此，除非争议需要提交国际体育仲裁院解决，其他争议只能由执委会解决，执委会享有对争议的决定权和对《奥林匹克宪章》的解释权。

（三）东京奥运会延期具备程序合法性

日前，有记者就东京奥运会延期是否违背《奥林匹克宪章》的规定向国际奥委会提出质疑。国际奥委会新闻办公室表示，国际奥委会的做法符合《奥林匹克宪章》的相应规定。[13]根据《奥林匹克宪章》与《主办城市合同》的规定，争议解决的决定权和规则的解释权可以诉至国际体育仲裁院。争议诉至国际体育仲裁院则由仲裁

---

〔11〕 International Olympic Committee, "Olympic Charter", Chapter 5 section 58, 2020/7/17.

〔12〕 International Olympic Committee, "Olympic Charter", Chapter 6 section 61, 2020/7/17.

〔13〕 参见《东京奥运延期违反〈奥林匹克宪章〉？国际奥委会回应了》，载上观新闻：https://www.shobserver.com/zaker/html/232170.html。

院通过仲裁解决争议并具有终局效力，争议未诉至仲裁院则由执委会明确规则的适用与解释并作出相应决定。就目前有关的新闻报道和国际奥委会的官方声明来看，并不存在延期相关争议诉至国际体育仲裁院的情况，由执委会作出延期决定符合争议解决规则的主体规定。《奥林匹克宪章》第 5 章第 32 条规定：“奥运会的举办时间由执委会决定。”[14]《主办城市合同》第 4 章第 33 条 c、d 款规定：“举行奥运会的最后日期，包括比赛天数、开幕式和闭幕式的时间表，应由国际奥委会与奥组委协商确定。国际奥委会保留根据《奥林匹克宪章》以及国际奥委会认为符合奥运会最佳利益而随时更改赛事相关事务的权力。”[15]根据上述规定，国际奥委会执行委员会享有对东京奥运会延期问题的决定权与解释权。同时，《主办城市合同》第 11 章第 66 条 b 款规定，如果国际奥委会确定已发生或正在发生（或有发生的合理可能性）意外事件，可能导致该合同不能继续执行，那么国际奥委会有权通知主办城市、国家奥委会、奥组委在收到该通知的 60 天内采取补救措施，如果通知时距离奥运会开幕式不足 120 天，期限缩短为收到通知至开幕式时间的一半。[16]新冠疫情的突然暴发，导致东京奥运会可能无法正常举办，国际奥委会与奥运会主办方积极协商，在 3 月 24 日作出东京奥运会延期的决定，也符合时间规定，因此东京奥运会延期具备程序合法性。

三、东京奥运会延期的实体争议与逻辑论证

（一）延期的实体争议源于法律漏洞

《主办城市合同》是筹备和举办奥运会期间的纲领性文件，《奥林匹克宪章》是奥林匹克领域的宪法性文件，《主办城市合同》本

---

〔14〕 International Olympic Committee, "Olympic Charter", Chapter 5 section 32, 2020/7/17.

〔15〕 International Olympic Committee, "Host CITY CON TRACT FOR THE GAMES OF THE OLYMPIAD IN THE YEAR 2020", Chapter 4 Section 33c, 33d, 2013/9/7.

〔16〕 International Olympic Committee, "HOST CITY CONTRACT FOR THE GAMES OF THE OLYMPIAD IN THE YEAR 2020", Chapter 11 section 66b, 2013/9/7.

质上是缔约双方为举办奥运会签订的合同，当合同的履行出现不可预见的困难或情势变更时，缔约当事人通过协商对合同内容进行调整修改合情合理，但必须以《奥林匹克宪章》为依据，不能与其规定相违背。

根据东京奥运会《主办城市合同》第12章第81条"关于优先级"部分规定，关于东京奥运会延期的问题，应当按照《主办城市合同》《奥林匹克宪章》与相关准据法的顺序进行解释或适用。东京奥运会《主办城市合同》中没有直接规定奥运会延期的相关条款，但在第11章第66条规定了可能导致合同终止的情形，具体包括：东道国处于战争、内乱、抵制，禁运状态，或者被认定为好战国家之一；无论出于任何原因，国际奥委会有合理理由单方面认为奥运会参与者的安全会受到严重威胁或危害；不遵守政府盟约；2020年未举办奥运会；东京市政府、日本奥委会或东京奥组委违反了本合同、《奥林匹克宪章》或其他相关文件赋予其的任何重大义务；有任何重大违反本合同第72条的行为。[17]需要注意，合同在此处写明了"The IOC shall be entitled to terminate this Contract"[18]，也就是说当出现上述情况时《主办城市合同》并不会当然的自动终止，合同终止与否取决于国际奥委会是否行使终止合同的权利。因此虽然东京奥运会并未在2020年如期举办，但并不导致《主办城市合同》的自动终止。

合同第11章第66条 b 款规定了可能终止合同时的救济方法，也就是主办城市东道国、国家奥委会、东京奥组委在收到国际奥委会的通知后，在法定期限（60天）内及时采取补救措施，在国际奥委会认为合理满意后就可以继续执行合同。合同在第12章第71条"不可预见或不适当的困难"部分规定："如果由于任何情势变更，造成对合同执行不适当的影响（在制定时无法预见），奥组委可以请求国际奥委会考虑对《主办城市合同》作适当、合理的修改，前提

---

〔17〕 International Olympic Committee, "HOST CITY CONTRACT FOR THE GAMES OF THE OLYMPIAD IN THE YEAR 2020", Chapter 12 section 81, 2013/9/7.

〔18〕 International Olympic Committee, "HOST CITY CONTRACT FOR THE GAMES OF THE OLYMPIAD IN THE YEAR 2020", Chapter 12 section 81, 2013/9/7.

是不得对奥运会或国际奥委会造成不利影响，并且应由国际奥委会自行决定是否修改。"[19] 新冠疫情的突然暴发是制定《主办城市合同》时不可预见的，需要对合同进行适当变更，否则将对东京奥组委继续执行合同造成不适当的困难。而且合同第 33 条 c 款明确了由国际奥委会与奥组委协商确定举行奥运会的最终日期。因此，在不对奥运会或国际奥组委造成不利影响的情况下，国际奥组委可以对东京奥运会举办日期进行修改。

关于奥运会的举办时间，最新版的《奥林匹克宪章》在第 5 章第 32 条规定："奥林匹克夏季运动会在每个奥运周期的第一年举办，奥林匹克冬季运动会在第三年举办。"[20] 这延续了奥林匹克夏季运动会在每个奥运周期的第一年举办，冬季运动会在第三年举办的奥运传统。这里需要注意，该条款中并没有"必须""应当"等强制限制性词语。除此之外，再也没有任何关于奥运会取消或延期的条款。相比于之前版本的《奥林匹克宪章》，近两年的版本删除了"任何情况下都不能推迟到下一年"以及"如果奥运会未在应举办年份举行，即取消主办城市的主办权"的规定。[21] 就目前来看，《奥林匹克宪章》没有条款明确奥运会延期该如何操作，但也并没有明确规定禁止奥运会延期，奥运会能否延期实际上是一个法律漏洞。

（二）延期实为漏洞补充的结果

法律是有限的，而社会发展带来的情势变更是无穷的，法律不可能涵盖所有的社会关系，任何法律从颁布之日起就不可避免地存在法律漏洞。法律对于应予规范的事项，可能出现无完全规定、根本未作规定、规定之间相互矛盾或所作规定与社会现实相互冲突的情况，学术界认为这是一种法律违反计划的不圆满状态，也就是存

---

〔19〕 International Olympic Committee, "HOST CITY CONTRACT FOR THE GAMES OF THE OLYMPIAD IN THE YEAR 2020", Chapter 12 section 71, 2013/9/7.

〔20〕 International Olympic Committee, "Olympic Charter", Chapter 5 section 32, 2020/7/17.

〔21〕 参见于善旭:《论奥运会重要事项及其变更的依据之憾与规则完善——从东京奥运会延期论起》，载《武汉体育学院学报》2020 年第 8 期。

在法律漏洞。[22]现行版本的《奥林匹克宪章》虽然没有关于奥运会延期的具体规定，但近两年的版本却也删除了"任何情况下都不能推迟到下一年"及"如果奥运会未在应举办年份举行，即取消主办城市的主办权"的条款。在没有明令禁止奥运会延期的情况下，奥运会能否延期实际上已成为一个完全没有规定的法律漏洞，这就需要执委会通过漏洞补充技术为东京奥运会的延期提供法律依据。

对于法律漏洞，立法时应提高立法质量尽量避免漏洞。但是在无法及时通过立法弥补法律漏洞而现实纠纷已经产生时，就必须在法律适用的过程中通过补救法律空缺的法律方法来解决问题。补救法律空缺的方法总体上有三种，即类推适用、法律发现与法律续造。类推适用是在面临法律漏洞时，在现行制定法体系内寻找最为相似的法律条款，利用"相似案件，相同处理"的法理规则进行法律适用。当穷尽现行的制定法规范仍然找不到可以适用的类似规则时，就需要在非正式的法律渊源中发现法律，比如社会风俗习惯、社会自治团体的章程与规则、基本道德准则、法律基本原则等非正式规则。倘若在穷尽了制定法规范与非正式法律渊源后，仍无法找到可适用的法律依据，就要凭借内心确信、基本正义尺度、推理经验来直接创设规则，即"法官造法"或"法律续造"，也有人称之为"创造性的法律补充"。[23]

首先，执委会需要具有对奥运会延期的漏洞进行填补的相应权限。《奥林匹克宪章》在第58条赋予了国际奥委会在奥林匹克运动领域的最终权威。根据《奥林匹克宪章》第18条第2.1款和第2.11款的规定："通过或修改奥林匹克宪章"，"解决和决定法律或奥林匹克宪章赋予它的所有其他事项"[24]，国际奥委会大会被赋予了通过和修改《奥林匹克宪章》以及决定所有相关事项的权力。在某种程

---

〔22〕 参见吴丙新：《法律漏洞补充理论的三个基本问题》，载《法制与社会发展》2011 年第 2 期。

〔23〕 参见谢晖：《论法律方法及其复杂适用的顺位》，载《山东大学学报（哲学社会科学版）》2015 年第 4 期。

〔24〕 International Olympic Committee, "Olympic Charter", Chapter 2 section 18 2. 1, 2. 11, 2020/7/17.

度上，国际奥委会享有一定的"造法"权。根据《奥林匹克宪章》第 19 条第 3.13 款的规定，在国际奥委会大会休会期间，由执委会代替国际奥委会大会行使所有权力并履行所有职责。[25]执委会有权以它认为最适当的方式，发布具有法律约束力的法规，确保《奥林匹克宪章》的执行和举办奥运会。根据《奥林匹克宪章》第 6 章第 61 条的规定，任何与应用或解释《奥林匹克宪章》有关的争议只能由执委会解决，执委会被赋予了一种类似于行政立法性质的"造法"权。在东京奥运会延期的问题上，执委会有权对《奥林匹克宪章》的规则进行解释，存在规则漏洞时享有通过漏洞补充来完成法律适用的权力。

其次，执委会需要以合法的价值来源为限度进行漏洞补充。漏洞补充的价值来源大致包括宪法规范、基本原则、立法目的、立法精神及公共政策。《奥林匹克宪章》是奥林匹克领域的宪法性文件，执委会对奥运会延期的漏洞进行填补应以《奥林匹克宪章》确定的基本原则、立法目的、精神为依据。《奥林匹克宪章》在"奥林匹克主义的基本原则"部分第 1 条写道："奥林匹克主义寻求创造一种通过努力收获快乐、良好榜样的教育价值、社会责任和尊重普遍基本道德原则的生活方式"[26]，可见创造一种基于社会责任、通过收获得到喜悦的生活方式，被奥林匹克事业视作终极目标。倘若执委会直接取消 2020 年东京奥运会，一方面，对于获得参加奥运会资格的运动员，尤其是处于职业生涯末期的运动员，是一个非常大的打击，这不仅意味着运动员将丧失代表自己的祖国征战奥运会为国争光的资格，就运动员个人而言，也将因无法参加奥运会丧失获得更多商业赞助的机会，多年付出的血汗可谓是付诸东流。另一方面，取消东京奥运会也将给东京政府、观众、转播商、赞助商、运动员等诸多利益相关人造成重大损失，这是极不负责的推脱社会责任的行为，也不符合奥运精神。该部分第 2 条写道："奥林匹克主义的目

---

〔25〕 International Olympic Committee, "Olympic Charter", Chapter 2 section 19 3.13, 2020/7/17.

〔26〕 International Olympic Committee, "Olympic Charter", Preamble section 1, 2020/7/17.

标是让体育为人类的和谐发展服务"[27]，奥林匹克事业致力于推进体育事业服务人类的和谐发展。目前全世界都在经历着新冠疫情的考验，很多地区的人民正处于水深火热之中，长久的抗疫战争使人们身心俱疲。奥运会推迟到2021年疫情缓和以后举办，向世界人民展现"更高、更快、更强"的奥林匹克精神，既能够缓解人们长久抗疫的疲劳，也能够帮助人们重拾对美好生活的信心，以实现体育事业服务于人类的目标。根据《奥林匹克宪章》的基本原则和奥林匹克精神，执委会作出东京奥运会延期的决定，实际上就是利用法律权限进行漏洞补充的结果。

四、谋求社会认同是回应合法性质疑的关键

东京奥运会延期必然会带来运动员参赛资格、赛事交付、比赛场馆使用、赞助权、转播权、开发权等诸多方面的法律纠纷，这对国际奥委会和东京奥运会各主办单位来说是一次不小的考验。延期是国际奥委会执行委员会与东京政府、日本奥委会、东京奥组委共同协商后作出的决定，但若想获得其他东京奥运会利益相关人的认同，必须充分考虑其他参与者的利益并采取措施确保利益实现。从近期发布的多项声明和举措中可以看出，国际奥委会、东京奥组委与日本政府正在采取积极的措施对上述问题予以回应，目的是确保东京奥运会的顺利举办，毕竟相比于直接取消东京奥运会，延期举办是降低损失的最优方案。而且，就目前的反馈信息和社会舆论来看，东京奥运会延期举办的决定得到了社会各界的广泛认同。

（一）日本本土城市的相关利益

在经济方面，根据东京奥组委和日本奥委会的估算，东京奥运会延期举办将会造成超过6000亿日元的经济损失。同时，预计将产生3000亿日元的额外费用，该部分额外费用将主要用于酒店、交通

---

〔27〕 International Olympic Committee, "Olympic Charter", Preamble section 1. 2, 2020/7/17.

工具、会务费用、工人成本、工程项目的违约金等方面，接近举办东京奥运会总成本的 20%。[28] 例如，为举办此次奥运会，日本政府招聘了 3000 多名工作人员，后期又签约了不少短期员工，并招募了约 8 万名志愿者，奥运会延期势必需要增加人工成本这部分的支出。在比赛场馆和奥运村的发展与管理方面，首要问题是东京奥组委需要处理与奥运会场馆使用相关的法律合同，与场馆所有人重新谈判并签署使用协议，从而确保体育场馆在延期后的比赛期间能够正常使用。东京奥运会延期也间接导致比赛场馆的延期交付，造成场馆闲置的局面，影响到后期的市场开发和营收回报，并且增加了维护和管理场馆的成本。关于日本国民购买奥运村房产的问题，据报道，东京奥组委原计划在奥运会结束后将奥运村改造为住宅房出售给日本居民，并已提前出售 900 多户住宅房。奥运会延期导致奥运村的延期使用，进而导致改造住宅房的延期交付。在城市发展方面，日本在获得奥运会主办权后为促进国外运动员与日本居民的交流发布了"Host Town"政策，使双方都能更全面、深刻的了解异国文化和奥林匹克文化。目前，不少国家和地区与日本的 493 个自治组织签订了该协议，东京奥运会的延期举办势必会影响该政策的贯彻执行。[29] 在东京奥运会延期的问题上，日本及相关城市肯定希望以最小的损失继续承办东京奥运会，实现日本经济的复兴与推动城市的可持续性发展。东京奥运会《主办城市合同——补充文件 4》第 6 条第 6.1款和第 6.2 款写道，缔约双方协定采取一切适当措施，特别是优化和精简奥运会的活动范围和服务水平，尽量减少奥运会延期对奥运会总成本的影响，以实现双方的共同利益和奥林匹克运动利益的最大化。[30]

---

　　[28]　参见岳文、巴宁：《东京奥运会延期的影响及对策研究》，载《南京体育学院学报》2020 年第 7 期。

　　[29]　参见赵倩颖、清宫孝文：《第 32 届夏季奥运会延期对日本的影响及其相应对策分析》，载《中国体育科技》2020 年第 7 期。

　　[30]　International Olympic Committee, "HOST CITY CONTRACT FOR THE GAMES OF THE OLYMPIAD IN THE YEAR 2020—ADDENDUM N' 4", section 6. 1, 6. 2, 2020/10/7.

（二）运动员的参赛权益

奥运会参赛资格的选拔与分配是运动员最为关注的问题，这不仅影响到国家荣誉，也决定着运动员的个人利益。截至东京奥运会延期举办的决定作出之日，已分配了57%的奥运参赛名额，尚有47%的参赛名额没有分配。[31]对即将获得奥运会参赛资格的运动员来说，新冠疫情导致资格赛的停摆，降低了运动员获得参赛资格的可能，使其在备战中处于一个相对被动的位置。对于已经获得参赛资格的运动员来说，需要考虑如何保持竞技状态、避免身体机能退化、降低运动损伤风险等问题，以确保在延期举办的奥运会上能够展现最好的竞技状态，还要考虑因延期导致运动员超出参赛年龄限制而丧失奥运会参赛资格的问题。根据数据显示，至2021年奥运会开幕式时将有200多名运动员结束兴奋剂禁赛处罚，世界反兴奋剂机构已表示许可禁赛期满的运动员参与奥运会参赛资格选拔，这也将提升其他运动员参加奥运会的难度。东京奥运会延期给运动员从备战资源、备战风险、备战机遇、反兴奋剂工作等诸多方面带来了不确定性，增大了运动员获得并保持奥运会参赛资格的难度，如何降低运动员奥运备战的不确定性，是国际奥委会和东京奥组委需要解决的重要问题。在作出延期决定后，国际奥委会提出，既要保护按照原有计划有可能获得奥运会参赛资格运动员的权利，又要允许在2021年表现最突出的运动员参加延期后的奥运会，并发布了新的《东京奥运会资格体系修订原则》，表示将尊重国际体育联合会制定新的参赛选拔方法的自由裁量权。[32]2021年4月4日，国际奥委会宣布将各体育项目的参赛资格选拔期限延长至2021年6月29日。国际足联表示将原定的奥运参赛年龄限制由"23岁以下"调整为"24岁以下"，以确保已经获得参赛资格的运动员继续享有参加奥运

---

〔31〕 参见王润斌、李慧林：《东京2020年奥运会赛事延期交付的多为影响与应对之道》，载《体育学研究》2020年第3期。

〔32〕 参见王光阁：《东京奥运会延期对运动员参赛权益的影响及应对研究》，载《武汉体育学院学报》2020年第8期。

会的权利。[33] 近期，已有不少国际体育联合会陆续更新了奥运会参赛资格选拔方案，以确保剩余参赛名额的最佳分配，维护已获得参赛资格的运动员的正当权利。

（三）赞助商、代理商、观众、转播商等主体的权益

国际奥委会的市场开发是确保奥林匹克运动资金来源的重要手段，主要围绕电视转播权的销售和顶级赞助商（14 家奥林匹克全球合作伙伴）的赞助经费展开。截至 2019 年 6 月，东京奥运会已获得超过 31 亿美元的赞助费，转播费预估也将超过 10 亿美元。[34] 按照《主办城市合同》的约定，赞助商对东京奥运会的权益期限截止至 2020 年 12 月 31 日，这意味着因为东京奥运会的延期，赞助商的商业推广活动需要重新进行规划。而且，已有不少演唱会、展览会的活动运营商提前预定了 2021 年部分东京奥运会比赛场馆的使用权，这与奥运会的延期举办发生了冲突。面对这些问题，东京奥组委必须要重新处理与赞助商签订的赞助合同、与其他商业开发商协调场馆使用权，甚至要考虑赔偿违约金的问题。在门票销售方面，东京奥运会通过提前售票的方式，已售出 500 多万张门票，提前吸纳了大量资金投入基础设施建设和服务行业，如果观众要求退回门票，可能致使东京奥组委面临资金链断裂的危机。而且门票代理商在向域外来日本观赛的观众出售门票时，往往是与交通工具、酒店、餐饮等项目捆绑销售，奥运会延期可能给日本整个产业链造成巨大损失。据统计，与奥运会相关的媒体转播权销售收入占奥运会总收入的 73%，奥运会的延期势必会对转播商的商业权益造成巨大冲击。而且 2021 年本就是体育大年，众多大型国际体育赛事将在明年扎堆上演，奥运会延期至明年举办势必会打乱转播商的安排，造成经济损失。东京奥组委需要妥善处理各类转播合同，做好应对转播商索赔

---

〔33〕 See "IOC releases Revised Olympic Games Tokyo 2020 Qualification Principles", available at https://www.olympic.org/news/ioc-releases-revised-olympic-games-tokyo-2020-qualification-principles, accessed at 2020/11/18.

〔34〕 参见黄海燕、刘蔚宇:《新型冠状病毒肺炎疫情对体育赛事发展的影响研究》, 载《体育学研究》2020 年第 2 期。

的准备。[35]东京奥组委和国际奥委会已发布声明表示已售出的门票将在 2021 年继续有效，由于个人原因无法到场观赛的观众可以申请退票。[36]国际奥委会也表示将保留赞助商、转播商、代理商等相关利益人的权益直到 2021 年奥运会赛事结束，东京奥组委也开始着手与本土赞助商探讨东京奥运会延期的应对策略。

五、余论

1969 年《维也纳条约法公约》在第 31 条第 3 款 b 项首次提到"嗣后惯例"（亦被称为"嗣后实践"）的概念。嗣后惯例是条约缔结后，由缔约方实施的关于解释或适用条约的行为，包括声明。[37]文本制定后随着相关实践发展变化，需要在当前环境中对文本规则进行解释，在缺少明确规定的情况下进行嗣后填补，以确定当事方对文本解释的一致理解，并根据一致理解做出嗣后行为，该行为既可能是某种行动，也可能是一种言论或声明。《奥林匹克宪章》被视作奥林匹克领域的宪法性文件，主权国家大都认可或尊重《奥林匹克宪章》及其他奥林匹克法律文件的效力，为申办奥运会甚至可能做出国内法让步于《奥林匹克宪章》的决定。并且《奥林匹克宪章》能够约束国际奥委会、国际体育联合会、国家奥委会以及隶属于这些组织的体育协会、俱乐部和个人，其适用已经远远超出了国内法的范畴，具有了明显的国际性。以《奥林匹克宪章》为核心建立起来的奥林匹克法律体系，已然成为一个得到广泛认同和普遍适用国际体育惯例，为解释和适用《奥林匹克宪章》而作出的决议或声明，在国际体育领域实际上能够起到嗣后惯例的效果。

2020 年 9 月 29 日，国际奥委会和东京政府、日本奥委会、东京

---

〔35〕 参见王润斌、李慧林：《东京 2020 年奥运会赛事延期交付的多为影响与应对之道》，载《体育学研究》2020 年第 3 期。

〔36〕 See "Frequently Asked Questions about Olympic Games Tokyo 2020", available at https://www. olympic. org/news/ioc/tokyo-2020-q-a, accessed at 2020/11/23.

〔37〕 See "Frequently Asked Questions about Olympic Games Tokyo 2020", available at https://www. olympic. org/news/ioc/tokyo-2020-q-a, accessed at 2020/11/23.

组委会联合发布《主办城市合同——补充文件4》，文件明确了因新冠疫情的原因导致东京奥运会将推迟举办，但不能迟于2021年举办。文件载明："双方希望修改2020年《主办城市合同》以反映新的奥运会举办日期"〔38〕，缔约方将通过修改2020年东京奥运会《主办城市合同》以与奥运会延期举办更加契合，具体内容包括：其一，《主办城市合同》及其他所有相关文件，此后均应适用于新的奥林匹克运动会日期，但"2020年第三十二届奥林匹克运动会"的名称应改为"第三十二届奥林匹克运动会"。其二，进一步调整《主办城市合同》的时间框架，文本中载明的2020年3月30日之后的所有特定日期（被称为"原始日期"），均被视作2021年距离该日期最接近的相应日期使用。其三，在国际奥委会对奥运会相关事项进行变更或修改后，日本东京政府、日本奥委会、东京奥组委应采取必要措施确保合同和其他承诺得到确认、延长或续签，以适应奥运会延期后的新情况。其四，东京政府、日本奥委会、东京奥组委应采取一切必要措施，包括在必要时与日本政府和其他主管部门进行协调，在适当和必要的情况下对相关法律、法令、政策或其他文书进行修改、扩展或延长，以确保在新的运动会举办期间的适用。〔39〕

为确保东京奥运会在2021年的顺利举办，国际奥委会和其他组织已开始着手对2020年《主办城市合同》进行修改，必要时甚至需要对日本的法律法规和公共政策进行适当调整。修改过后的《主办城市合同》将取代原有版本的合同，与未修改的其他文件及补充文件共同发挥效力。《主办城市合同》作为筹备和举办奥运会期间的纲领性文件，也是奥林匹克法律文件的组成部分，由国际奥委会根据《奥林匹克宪章》、国际惯例及其他文件事先制定，每一届奥运会的《主办城市合同》的条款基本上是一致的，很少作实质性改动。从国际奥委会官方网站发布的相关文件可以发现，近年来签订的《主办

〔38〕 International Olympic Committee, "HOST CITY CONTRACT FOR THE GAMES OF THE OLYMPIAD IN THE YEAR 2020—ADDENDUM N' 4", 2020/10/7.

〔39〕 International Olympic Committee, "HOST CITY CONTRACT FOR THE GAMES OF THE OLYMPIAD IN THE YEAR 2020—ADDENDUM N' 4", 2020/10/7.

城市合同》及其他相关文件，都被作为重要组成部分写入下一届合同，或者直接作为以后《主办城市合同》的模板来使用。有学者认为《主办城市合同》正在迈向"模板化"时代。[40]此次修改过后的合同文本必然也会作为今后合同的参考和模板，奥运会延期及事后的救济措施很有可能写入以后的《主办城市合同》当中，这实际上起到了一个嗣后惯例的效果。

在奥林匹克历史上，东京奥运会延期并不是国际奥委会在没有修改《奥林匹克宪章》的情况下就作出决定的第一个案例。2016年里约奥运会上，由国际难民组成"难民代表队"参加奥运会，为人权史留下了一段浓墨重彩的美好记忆。但根据《奥林匹克宪章》的规定，运动员必须是其所在国家的公民，经其本国国家奥委会报名方可参加奥运会。国际难民组成的"难民代表队"既不符合《奥林匹克宪章》关于运动员参赛资格的规定，也不符合运动员报名参赛的程序性规定。国际奥委会本可以对《奥林匹克宪章》进行修改，再赋予国际难民参赛资格，明确国际难民特殊的参赛报名程序，但国际奥委会并没有对此规则进行修改，而是直接允许难民单独组队参赛。这虽然极大地彰显了人文主义情怀和奥林匹克精神，但也因有违法治原则引发了人们对体育善治的担忧。[41]

在新冠疫情的突发威胁下，出于对卫生健康和体育秩序与发展的考虑，在没有明确规定的情况下，执委会通过漏洞补充作出了东京奥运会延期的决定。但是国际奥委会若想避免人们再次对其奥运法治的理念产生质疑，必须抓紧由国际奥委会大会对《奥林匹克宪章》进行修改，补充奥运会举办时间延期或变更可以适用的法律依据，将此次延期产生的嗣后惯例合法化、制度化，弥补东京奥运会延期在实质法律规定方面的缺憾。

---

[40] 参见熊瑛子：《奥运会主办城市合同的法律解析》，载《体育科学》2020年第8期。

[41] 参见于亮：《〈奥林匹克宪章〉的解释权和修改权之辨——以里约奥运会难民代表队的参赛为例》，载《体育学刊》2018年第6期。

孙杨案引发的兴奋剂检查法律问题之探究

吴　丹[*]　率列夫[**]　洪洁波[***]

引言：从孙杨案引发的思考

2020 年伊始，"国际体育法"一词突然间成为学界热点，聚讼纷纭，莫衷一是。起因便是世界反兴奋剂组织（WADA）向国际体育仲裁院（CAS）诉孙杨与国际泳联（FINA）一案（CAS 2019/A/6148）最终裁决的出炉：这位家喻户晓的明星运动员被禁赛 8 年。国际体育仲裁和反兴奋剂制度再次成为舆论的热点，也引发了各界对案件的裁判历程、争议焦点和规则适用的分析和解读。

（一）基本案情

本次检查系赛外检测任务，包括采集血样和尿样。2018 年 9 月 4 日晚，国际兴奋剂检查管理公司（IDTM）受国际泳联（FINA）委托，指派一名检查官（DCO）携一名血样采集助理（BCA）和一名男性反兴奋剂检查助理（DCA）组成了样本采集小组。DCO 向孙杨出示了 IDTM 颁发的主检官证、FINA 给 IDTM 出具的通用授权书；DCA 出具了居民身份证；BCA 出具了《专业技术资格证书》（初级护士）。孙杨在兴奋剂检查单上签字并且配合提供了两份血样。之后，便发生了众所周知的近乎戏剧化的冲突。孙杨发现 DCA 已经或正在对其拍照，开始重新审视三人的资质。在 DCO 的提议或同意下，DCA 被安排不再参与本次任务。随后孙杨和他母亲联系了其支

---

　* 浙江六和律师事务所律师。
　** 浙江中伦（杭州）律师事务所律师。
*** 浙江六和律师事务所律师。

持团队以寻求建议，团队给出建议是 DCO 不能带走已采集的血样。最终，该盛有血样的玻璃容器被小区保安用锤子砸碎。此后，当着 DCO 的面，孙杨撕毁了其之前签署的反兴奋剂检查单。

（二）裁判要旨

2018 年 10 月 5 日，FINA 正式指控孙杨触犯《国际泳联兴奋剂控制规则》（FINA Doping Control Rules，DC 规则）第 2.3 条（逃避、拒绝或未完成样本采集的行为）和第 2.5 条（篡改或试图篡改兴奋剂控制的任何部分）。随后，FINA 将此案提交国际泳联兴奋剂法庭（FINA Doping Panel，DP）审理。

2019 年 1 月 3 日，DP 作出决定，认定 2018 年 9 月 4 日实施的样本采集是非法和无效的，孙杨未违反 DC 规则第 2.3 条或第 2.5 条，主要裁判理由为开始采集的血样（随后被破坏）是未经正确授权情况下采集的，其也不是 DC 规则和《国际检测与调查标准》（IS-TI）界定的"样品"。2018 年 2 月 14 日，世界反兴奋剂机构（WA-DA）向国际体育仲裁院（CAS）提起上诉。CAS 接受管辖，并应孙杨方的要求于 2019 年 11 月 15 日在瑞士蒙特勒进行了公开听证会，听证会同时在互联网上直播。

2020 年 2 月 28 日，CAS 仲裁庭作出裁决，认定孙杨违反了 DC 规则第 2.5 条规定，对孙杨处以 8 年期禁赛期。主要裁决理由是 DCO、DCA 和 BCA 不需要一封单独载有其姓名的（特别的和个人的）授权书，而且三人均符合 ISTI 规定的身份认证要求。孙杨的行为原则上已经明显违反了样本采集程序，其行为和放弃兴奋剂检测不具有正当理由。

同时仲裁庭认为，应当强调，无论通知是否符合要求，提出质疑的孙杨最好不要拒绝或中断检查程序，应当在提出抗议的情形下完成样本采集程序，并尽早提交相近的书面反对意见。仲裁庭完全同意 DP 在其决定书中所述的理由，"运动员（孙杨）的主张得到支持的关键在于仲裁庭对什么是要求样品采集机构应当出具的'官方文件'的解读。运动员的运动生涯悬而未决，这实际上是一场运动员对复杂事实的作出评判能得到支持的赌博。这在仲裁庭看来，极

其愚蠢。"〔1〕

该案之所以引起轩然大波，不仅在于 DCA 的建筑工人和粉丝身份及 BCA 的着装问题；还在于案件发生后光州世锦赛上外国运动员的示威；更在于，这是 WADA 基于对单项体育运动协会的处理结果不满而提起的上诉，而审理本身又被自曝于聚光灯下。本案给予中国法律界和体育界的思考和启示是毋庸置疑的，客观上也将对中国体育仲裁的发展起到启发警示的作用。基于案件的具体分析和解读已有不少上乘之作，本文不再班门弄斧。在笔者看来，本案是典型的体育仲裁程序。根据瑞士 Bonnard Lawson 律师事务所的官方声明，孙杨于 4 月 28 日向瑞士联邦最高法院提出上诉〔2〕。12 月 24 日，瑞士联邦最高法院官宣，认定本案一位仲裁员有种族偏见，撤销 CAS 裁决，把案件发回 CAS 重新审理。〔3〕因此，这个争议将历经 FINA 的决定、CAS 的裁决、瑞士联邦最高法院裁决及即将到来的 CAS 重审等，这样一个完整的国际体育争议解决程序，对兴奋剂检查之法律研究颇有启示。下文，笔者将结合理论和 CAS 案例探析兴奋剂检查之法律问题，力求深入浅出，抛砖引玉。

一、解读"兴奋剂检查"

（一）WADA 的地位和权限

WADA 于 1999 年设立，它的愿景是创造一个所有运动员都能在无兴奋剂运动环境中比赛的世界，其主要职责包括科学研究、教育、发展反兴奋剂能力以及制定、监督和实施《世界反兴奋剂条例》（WADC）。

WADA 是世界反兴奋剂领域绝对的权威，根据 WADC 第 20.7 条

---

〔1〕 See CAS 2019/A/6148, available at https://www.tas-cas.org/fileadmin/user_upload/CAS_Award_6148_website.pdf, accessed at 2020-3-21.

〔2〕 "Bonnard Lawson International Law Firm", available at https://www.bonnard-lawson.com/press-release-on-behalf-of-mr-sun-yang-2/, accessed at 2020-9-22.

〔3〕 "Bundesgericht Medienmitteilungen", available at https://www.bger.ch/index/press/press-inherit-template/press-mitteilungen.htm?id=tf87, accessed at 2021-1-5.

规定，WADA 拥有广泛的权限，包括制定政策和程序、监督实施、批准国际标准、认可或者批准实验室等机构进行样本检测、开展和实施反兴奋剂教育、主动进行兴奋剂管制，尤其是有权"对兴奋剂违规行为和其他可能导致使用兴奋剂的行为启动调查"。

（二）"兴奋剂检查"之规定

《奥林匹克宪章》是关于奥林匹克运动的最高法律文件，其第 43 条规定，遵守 WADC 是整个奥林匹克运动的强制性规定。

WADC 诞生于 2003 年，于 2004 年 1 月 1 日起生效，是制定体育运动中世界反兴奋剂体系的全球基础性文件，各国政府对该条例的承诺是通过签署《反对在体育运动中使用兴奋剂哥本哈根宣言》来体现，中国是签约国。WADC 中明确，检查应只用于反兴奋剂之目的，检查的开展是为了获得检测性证据，从而判断运动员是否严格遵循条例禁止使用禁用物质或禁用方法的规定；任何对运动员有检查权的反兴奋剂组织可随时随地要求运动员提供样本。该条例还对检查管辖权作出了限制，检查主体包括各国家反兴奋剂组织、各国际单项体育联合会、各重大赛事组织机构（包括国际奥委会和国际残奥委会）等，孙杨案件的检查主体即是 FINA。

在 WADA 权利的生成强化过程中，中国体育界也积极跟进其发展。中国反兴奋剂的主要法律渊源是行政法规《反兴奋剂条例》和包括《反兴奋剂管理办法》在内的众多部门规章和规范性文件。我国《反兴奋剂条例》第四章就兴奋剂检查与检测进行了单独章节的规定，该规定明确兴奋剂检查人员有权进入体育训练场所、体育竞赛场所和运动员驻地，在向运动员采集样本时，应当出示按照兴奋剂检查规则签发的一次性兴奋剂检查授权书。根据《反兴奋剂管理办法》第 18 条的规定，兴奋剂检查包括：列入国家年度兴奋剂检查计划的检查；经国家反兴奋剂机构批准或者同意的委托检查；国家体育总局指定或者授权开展的其他检查。《体育运动中兴奋剂管制通则》则对细节作了更为详细的规定。此外，鉴于兴奋剂违规行为所具有的公共利益属性，最高人民法院于 2019 年颁发了《关于审理走私、非法经营、非法使用兴奋剂刑事案件适用法律若干问题的解释》，但"兴奋剂入刑"并非强调对使用兴奋剂的运动员进行刑事处罚，而是对兴奋剂问题进行源头打击。

（三）"兴奋剂检查"权力来源

WADC 中明确，所有的规定都具有强制性，每个适用的反兴奋剂组织和运动员或其他当事人都必须遵守。如同竞赛规则一样，承认并接受反兴奋剂规则的制约，是运动员的参赛条件。签约方应制定规定和程序，保证在签约方及其成员机构管辖下的所有运动员或其他当事人知晓并同意遵守相关反兴奋剂组织执行的反兴奋剂规则。按照 WADC 的要求，中国的《反兴奋剂条例》《体育运动中兴奋剂管制通则》等规定中也对兴奋剂检查作了实体和程序的规定。因此，"兴奋剂检查"权力来源之一无疑是法律规定。

但不容忽视的是，体育的特殊性决定了其自治性的要求。若细加审酌，很多兴奋剂检查问题其实突破了体育行业本身的界线，而被反兴奋剂"正义"目的所掩盖。比如，任意对某一运动员进行采血、取尿样，涉嫌侵害了运动员的人格权（尤其是身体权、隐私权）。而对于 WADC 的效力问题，运动员诉诸人权法院的案例也比比皆是。因此，在笔者看来，"兴奋剂检查"的另一个重要权力来源是合同，即运动员以放弃自己的人格权来换取参赛权，各方就该"交易"形成了各项权利义务的合意，最终形成了约定俗成的行业规范和惯例。

二、反兴奋剂的一般原则

基于各国司法传统的不同，各国体育协会、各国际体育联合会对反兴奋剂工作原则的理解会存在一定差异。例如国际射击联盟就在圭格里案中适用了过错原则，德国田联也曾在克拉贝案中援引德国法无过错不受处罚原则要求证明运动员主观的故意或过失[4]。WADA 则在其主导的国际反兴奋剂工作中确立了严格责任原则，并由 CAS 在其裁决中加以应用。严格责任原则和过错原则应被认为是目前反兴

〔4〕 参见罗小霜：《浅析反兴奋剂处罚的归责原则——以国际体育仲裁实践为视角》，载《浙江体育科学》2005 年第 6 期。

奋剂工作中的两个一般原则。

（一）严格责任原则

严格责任原则是一种不以主观上的过错为要件的追责原则，只要客观上存在损害的后果，即可追究行为人的责任。

WADC 第 2.1.1 条规定："确保没有禁用物质进入自己体内，是每个运动员的个人责任。运动员应对从其体内采集的样本中发现的任何禁用物质或其代谢物或标记物承担责任"，"没有必要为证实运动员的兴奋剂违规而阐明运动员的企图、过错、疏忽或故意使用。"一般认为，WADC 该条款的规定和 CAS 的有关裁决共同确认了兴奋剂违禁问题中的严格责任原则。也即，反兴奋剂机构并不考虑运动员的主观故意或者过错，只要客观上在运动员体内或者排泄物中发现违禁物质，即可对运动员进行处罚。

罗马尼亚体操选手拉杜坎案比较典型地反映了严格责任原则的含义。拉杜坎因为在尿检中伪麻黄碱检测呈阳性，国际奥委会执委会据此剥夺了她的个人全能金牌。罗马尼亚奥委会认为，伪麻黄碱对体操运动员来说"是一种不但不能提高比赛水平，反而会降低水平的药物"。但即便国际奥委会和 CAS 从事实上倾向于认为拉杜坎系误服感冒药，并不存在故意服用兴奋剂的故意，却仍然维持了原先的处罚，因为违禁药物的规则"是针对全体运动员的，所有运动员必须遵守"，"只要运动员体内含有禁药成分，那么他（她）都被认为是服用了兴奋剂"[5]。

当然，WADA 的规则执行者并没有完全排除对主观方面因素以及例外情况的考虑，否则这样的做法显然就明显缺乏公平。例如在 WADC 第 2.2.2 条释义中载明"但如果运动员在赛外使用不属于赛外禁用的禁用物质，则不构成违规"，第 2.6 条规定了"治疗用药豁免"，第 10.1、10.2 条中也规定了对于运动员能够证明自己违规行为不是故意的情况下，处罚可以获得一定程度的减轻。但是显然，前述规定也仅仅是在严格责任原则的框架下对于一些特例的补充，

---

[5] 参见韩勇：《兴奋剂处罚的"严格责任"原则》，载《首都体育学院学报》2006 年第 5 期。

或者是在确认实施处罚的情况下基于主观因素减轻处罚。前述规定并没有动摇严格责任原则的适用。

我国体育机构在兴奋剂检测工作中适用的主要也是严格责任原则。例如孙英杰案，虽然孙英杰认为是另一运动员于海江在其不知情的情况下将禁药"强力补"放入猕猴桃果汁饮料中供其饮用，但是国家田协并没有听取孙英杰的辩解，依然维持了对其的禁赛处罚。[6]

（二）过错原则

仲裁的特性表明仲裁员不会去创设法律，也没有义务认同之前的裁决或遵从先例中所包含的原则。但是在体育领域，为了使游戏规则更加清晰，仲裁员们似乎表现出了某种"制约与平衡"。例如在前文所引的拉杜坎案中，CAS 的裁决认为是 WADA 的反兴奋剂规则"确认了严格责任原则"。而同样在前文所引的圭格里案中，CAS 就认为国际射击联盟的规定并不是依据严格责任原则制定，而根据法无明文不能罚原则裁定圭格里不存在违规行为，恢复了其冠军身份。[7]也即是说，即便学界普遍承认反兴奋剂领域严格责任的适用，我们仍然可以通过对 WADC 及 CAS 裁决进行研究以确认具体案件的原则适用。

WADC 在第 2.1.1 条释义中载明："本规则参考了 CAS 诸多判决中的'严格责任'原则"，第 2.2.2 条释义也载明"并未破坏为违反第 2.1 条和第 2.2 条关于使用禁用物质或禁用方法而制定的'严格责任'原则"。那么这里的"规则"和严格责任原则是否仅限定于第 2.1 条和第 2.2 条所规定的在运动样本中发现违禁药物和运动员适用或企图适用违禁药物两种情形，还是包含了 WADC 所有条款。

这个问题的意义在于，WADA 在孙杨案中援引的是 WADC 第 2.3、2.5 条，即指控孙杨"逃避、拒绝或未完成样本采集""篡改或者企图篡改兴奋剂管制过程中的任何环节"。WADA 并未对孙杨是

---

〔6〕 参见张霈、乔立波、张宇：《兴奋剂处罚中"严格责任"原则及相关法律研究》，载《湖北体育科技学院学报》2013 年第 11 期。

〔7〕 肖永平、周湘：《论兴奋剂违规处理中运动员权利的保护》，载《武汉体育学院学报》2012 年第 2 期。

否服用禁药进行判断，因为在孙杨事件发生后孙杨的样本已经不具备检测的可能性，任何人都无法知晓在事件发生时孙杨是否存在服用违禁药物的事实。

那么第2.3条和第2.5条是否适用严格责任原则，还是WADA对孙杨的指控以及IDTM工作人员当晚的检测行为都必须受到严格责任原则以外的其他规则的制约呢？比如孙杨的代理律师一直强调的正当程序原则。而FINA反兴奋剂委员会的裁决认为："孙杨没有被妥当通知；血样并不是在正当授权的程序下采集的，IDTM进行的样本收集是无效的。"因此，"孙杨没有因此事违反国际泳联反兴奋剂条例。"[8]从DP的裁决结果看，DP认为反兴奋剂的检测行为必须遵循正当的程序。

同样，在CAS的裁决中也认为，关于WADC第2.3、2.5条（同样也是FINA《反兴奋剂规则》的条款）并不适用严格责任原则。因此，CAS在对孙杨的裁决中提出了基于FINA反兴奋剂规则的"充分正当的理由"以及CAS以往判例中"客观上、生理上、道德上的情形"的要求，并基于仲裁庭的理解对IDTM以及孙杨是否存在符合前述标准要求的行为进行分析和阐释。在进行前述分析的时候，仲裁庭所援引的是FINA反兴奋剂规则中所载明的证据规则标准：高于"盖然性权衡"低于"排除合理怀疑"。而在WADC中则表述为："高于优势证据的标准，但低于无合理疑点的程度"。从这个角度看，FINA的证明标准某种意义上是高于WADC的。但从另一个角度说，FINA选择适用自己的《反兴奋剂规则》而非WADC，客观上给孙杨带来了抗辩的可能，但CAS适用的是WADC，而孙杨团队显然曲解了该规则，毕竟在WADC第2.5条释义中，已经明确列举了"例如：检测B样本时将B瓶打碎"的行为，而孙杨通过小区保安砸碎血样瓶（或者用其母亲的证言称之为"分离"）的行为显然与该释义所列举内容存在直接类比的可能。

---

〔8〕 参见《孙杨"抗检事件"泳联59页调查报告（中文版）》，载网易体育：https://sports.163.com/19/1115/06/EU0MHE8V00058782.html，最后访问日期：2020年4月5日。

而在孙杨案 CAS 裁决的结论部分，仲裁庭仍然通过对孙杨行为的分析去推论孙杨在事件发生时的主观状态，从而得出其存在主观故意的结论。也即在孙杨案的 CAS 裁决中，仲裁庭并未适用严格责任原则，而是基于反兴奋剂规则中对于证据规则的规定进行分析和推论，最终确认孙杨的主观状态。同时，基于查明的事实以及孙杨在听证会上的表现，尽管孙杨代理人希望适用"无重大过失或者疏忽"的规定，但仲裁庭显然无法从孙杨的表现中得出这样的结论。因此仲裁庭对于孙杨是否存在主观过错的认定中并没有进行自由裁量，而是采纳了 WADA 的处罚建议。对孙杨主观认识的分析和裁决，显然是基于过错责任原则的适用。

（三）严格责任原则和过错责任原则适用的原因

WADA 在其反兴奋剂工作中更多的适用严格责任原则，这招致不少批评。《欧洲人权公约》（the European Convention for the Protection of Human Rights and Fundamental Freedoms）第 8（2）条限定对个人权利的干涉应与其所要达到的合法公共目标要成比例（比例原则）。前文所提及的克拉贝案件中德国法院即认为兴奋剂检测中的无过错责任原则违背了比例原则。[9]因此在 CAS 既往的许多案例中，涉案运动员都会选择从人权的角度为自己辩护。乃至于在选择救济途径的时候最终会选择向欧洲人权法院上诉。当然关于欧洲人权法院的管辖问题，CAS 的当然申诉机关瑞士联邦最高法院，其态度是存在一定摇摆的，其在 1986 年指出《欧洲人权公约》第 6（1）条不适用于仲裁，但 1991 年又声称《欧洲人权公约》第 6 条不仅与国家法院有关，而且也与民间仲裁机构相关联。[10]

WADA 曾在 2003 年版《世界反兴奋剂条例》的注释中自我辩解：适用严格责任原则是因为过错责任原则"证明故意的成本过高，其很可能会压垮体育联合会，尤其是那些经济上捉襟见肘的协

---

〔9〕 参见黄世席：《比例原则在兴奋剂违规处罚中的适用》，载《天津体育学院学报》2013 年第 2 期。

〔10〕 参见刘雪芹：《〈世界反兴奋剂条例〉的修改与运动员人权的保障》，载《天津体育学院学报》2014 年第 4 期。

会"[11]。也即 WADA 规则制定的基本出发点在于效率。严格责任原则减轻了反兴奋剂机构的证明责任，从而提高了反兴奋剂工作的效率。在个案的公正与整个体育赛事的公平之间，WADA 选择了后者。如果在个案中深究禁药服用者的主观因素，不可避免地会掺杂涉及利益相关者的伪证行为。还是以孙英杰案为例，于海江在其后的民事案件中当庭承认了自己"下药"的行为。虽然民事判决并不会影响国家田协的裁决结果，但如果要求国家田协采用过错责任原则，试问国家田协有多少的精力和能力去判断可能出现的于海江式的人物呢？从孙杨案专家证人的出庭情况看，明星运动员常会有来自各方的潜在人士愿意为其进行开脱。甚至从孙杨案 IDTM 工作人员的相关证词也能看出类似的倾向。前文所提及的圭格里案中，虽然 CAS 撤销了国际射击联盟的处罚，但其裁决最后也指出："否定严格责任原则适用的目的是不能令人信服的。从原则上看，反兴奋剂斗争的崇高目标与实际需要充分论证了适用严格责任标准的正确性。"[12]

但正因为严格责任原则存在种种争议，因此在适用严格责任原则的过程中必须对其加以限制。从前述案件的分析中可以得出结论，CAS 将严格责任原则的适用限定在"发现禁用物质或其代谢物或标记物"和"使用或企图使用某种禁用物质或禁用方法"两部分规定中，除此之外 CAS 还是采用过错责任原则，要求 WADA 及其他兴奋剂检测和管理机构对其正当程序以及运动员的主观状态进行证明和考量。可以说，CAS 对于不同原则的选择适用，体现了其在效率与公平之间的平衡。

三、仲裁裁决后的救济途径

国际仲裁作为一个非常古老的争议解决制度，其最大的特点之一即在于一裁终局。不过，一裁终局并不意味着 CAS 的裁决便是孙

---

[11] 参见杨春然：《论兴奋剂处罚的归责原则与 WADC 目的的冲突及协调》，载《武汉体育学院学报》2017 年第 3 期。

[12] 参见肖永平、周湘：《论兴奋剂违规处理中运动员权利的保护》，载《武汉体育学院学报》2012 年第 2 期。

杨案的终点,孙杨及其团队仍然有救济途径可以探索,而现实的发展也正积极回应着孙杨团队的努力。

(一)向瑞士联邦最高法院提出上诉,要求撤销和/或中止执行仲裁裁决

1. 撤销仲裁裁决

根据《瑞士联邦最高法院法》(Loi sur le Tribunal fédéral)[13]及《瑞士联邦国际私法》(Loi fédérale surle droit international privé)[14]的相关规定,运动员有权在收到仲裁裁决后的 30 日内向瑞士联邦最高法院提起上诉,要求撤销仲裁裁决。该等上诉的理论基础在于CAS 是依据瑞士法律设立于瑞士境内的。

但是,从历史和法理两个角度,法院极少会推翻仲裁决定,这不仅是瑞士联邦最高法院不倾向于推翻 CAS 的决定,绝大多数主权国家的法庭亦极少推翻设立于本国仲裁庭的决定。因为法院和仲裁是两个截然不同的体系,当事人既然选择了仲裁,那么法院一般不会对案件本身再进行实体审查,即法院不会考虑任何的技术、细节、事实判断、规则解读等内容,而仅仅进行程序审查。具体到本案,根据《瑞士联邦国际私法》第 190 条之规定,仲裁裁决一经通知即为终局,只有存在以下情形时,仲裁裁决之效力才能被否定:①独任仲裁员之指定或仲裁庭之组成违反规定。②仲裁庭对其自身管辖权的认定存在错误。③仲裁庭超越或遗漏仲裁事项之范围进行裁决。④当事人在程序中的平等权或听证权未受保护。⑤仲裁裁决违反了瑞士的公共政策。

笔者在研读 CAS 裁决后认为,CAS 裁决中提到双方均明确表示对仲裁庭所采用的程序无任何异议,且孙杨此前已经针对仲裁庭的组成等问题提出过上诉,但均被驳回,因此在目前这个阶段,孙杨的上诉主张主要系援引第 4 项或第 5 项。例如,WADA 在庭审中选

---

〔13〕 "Loi sur le Tribunal fédéral (LTF)", available at https://www. admin. ch/opc/fr/federal-gazette/2005/3829. pdf, accessed at 2020-4-7.

〔14〕 "Loi fédérale sur le droit international privé (LDIP)", available at https://www. admin. ch/opc/fr/classified - compilation/19870312/201901010000/291. pdf, accessed at 2020-4-7.

择的专家证人为规则编撰委员会的成员，即 WADA 同时作为仲裁申请人和规则制定者的双重身份，可以说是以一种话语霸权的方式给孙杨的抗辩带来了极大的困难。另外，WADA 逾期提交上诉状的问题、仲裁庭让三名证人远程视频作证而非当庭作证的问题、在孙杨一方需要中英翻译的情况下仲裁庭却给了英英对话的 WADA 同等时长的听证时间等问题等，都涉及孙杨的平等权和听证权，也是孙杨在上诉到瑞士联邦最高法院时可能主张的依据。

不过瑞士联邦最高法院的最终理由令本案更具有戏剧化。因仲裁主席曾经发表过种族主义歧视性言论，本案被发回 WADA 重审。[15]虽在意料之外，但也在情理之中。显然在申请撤销仲裁阶段，孙杨团队利用了"西方思维"并合理利用了规则，为孙杨的职业生涯争取了宝贵的时间和机会。[16]

2. 中止执行仲裁裁决

由于《瑞士联邦最高法院法》规定的上诉本身不具有"中止效力"，孙杨仅向瑞士联邦最高法院就仲裁裁决本身提出上诉，并不影响仲裁裁决的执行。FINA 在收到仲裁裁决当日，即 2020 年 2 月 28日，便在其官方网站发布公告称，将按照 CAS 的仲裁裁决执行对孙杨的处罚。

根据瑞士法律，法院在决定是否中止 CAS 裁决之效力时，一般会同时考量以下三个因素：①仲裁裁决会造成严重且不可挽回的损害；②经比较相关方之利益，结果更偏向于申请人；③经表面审查，申请人上诉成功的机会较大。除了上述三个因素之外，若 CAS 和对方当事人（即本案中的 WADA）均未明示或默示反对中止裁决的申请，法院也可以适当考虑准予当事人的申请，作出中止仲裁裁决的

---

〔15〕 "Begründung des Urteils im Fall Sun Yang", available at https://www.bger.ch/files/live/sites/bger/files/pdf/de/4a_0318_2020_2021_01_15_J_d_15_04_04.pdf, accessed at 2021-1-15.

〔16〕 CAS 已于 2021 年 6 月 22 日宣布重审裁决结果：孙杨禁赛期从 8 年减至 4 年又 3 个月（51 个月），禁赛期自 2020 年 2 月 28 日起执行。CAS 2019/A/6148 World Anti-Doping Agency v. Mr Sun Yang & Fédération Internationale de Natation（FINA）ARBITRAL AWARD, available at https://www.tas-cas.org/fileadmin/user_upload/Award_6148__FINAL_.pdf, accessed at 2021-12-17.——编者注

决定。

在过往案例中，比较著名的是秘鲁国家足球队队长 Paolo Guerrero 案[17]，CAS 作出该案的裁决后，涉案球员提出了中止仲裁裁决的上诉，且 WADA、FIFA、CAS 均未反对瑞士联邦最高法院中止该案的仲裁裁决，故涉案球员仍然顺利地参加了俄罗斯世界杯。不过，瑞士联邦最高法院随后以"经进一步审查认为申请人上诉成功机会不大"为由撤销了中止执行的命令，是为后话。

笔者此前并未检索到孙杨这方面的努力，而且从中国游泳协会就孙杨入选国家集训队的事项发布了前后两份文件可见端倪，至少结果上来说尚未中止执行[18]。

发回重审的裁决更是意味着孙杨暂时恢复了"自由身"，虽然最终仍需禁赛，其已经履行的禁赛期可以折抵。

（二）向欧洲人权法院提出起诉，要求撤销仲裁裁决

《欧洲人权公约》[19]第 34 条规定："如果任何个人、非政府组织、个人组织宣称一个缔约国侵犯了其公约和公约议定书所规定的权利，则欧洲人权法院可以受理该个人、非政府组织、个人组织的申请。"若本事件的主体范围扩大到其他主体（如主权国家），而不只是孙杨和 WADA，那么其下一个上诉的地点可能会是欧洲人权法庭（European Court of Human Rights）。由于欧洲人权法院对《欧洲人权公约》的缔约国均具有管辖权，因此虽然孙杨并非欧洲公民，但鉴于瑞士为缔约国之一，孙杨亦有权以瑞士这一主权国家为被告向欧洲人权法院提出诉讼。

---

[17]　"Swiss Federal Judge Clears Peru Captain Paolo Guerrero to Play at World Cup", available at https://www. stuff. co. nz/sport/football/world - game/104385257/swiss - federal - judge-clears-peru-captain-paolo-guerrero-to-play-at-world-cup, accessed at 2020-4-7.

[18]　参见《中国游泳协会声明：孙杨处于禁赛期，其入选国家队的文件已作废》，载中国青年网：http://news. youth. cn/zc/202004/t20200423_ 12300314. htm，最后访问日期：2020 年 9 月 22 日。

[19]　"European Convention on Human Rights", available at https://www. echr. coe. int/Pages/home. aspx? p=basictexts&c, accessed at 2020-4-7.

四、我国兴奋剂制度建设的法律困境和展望

国际法是一个零零散散拼凑在一起的法律体系，哪怕是在体育法这一制度化和体系化均相对比较完善的领域（体育领域可能是整个国际社会里国际规则最被遵守和接受的地方）。WADA 似乎以一种话语霸权的形式控制着规则的解读权（近乎无理地要求所有运动员无条件服从），虽然规则或者对规则的解读不一定是完全合理的，但是既然加入了国际体育的大环境中，我们都应当接受并尊重这套规则，特别是现实环境下仅仅局限于某一国范围内的体育活动已经越来越少，体育的国际化程度越来越高。

中国反兴奋剂建设从一开始的缺失，到 1995 年出台《中华人民共和国体育法》这一纲领性规定，再到《反兴奋剂条例》《反兴奋剂管理办法》等专门文件的发布以及 2007 年中国反兴奋剂中心的设立，可以说已经越来越向法治化的方向靠拢。但是，从孙杨案我们仍然可以看到国内反兴奋剂法治建设的空白和不足，不论是规则层面，还是执行层面，都还需要进一步发展和加强。

（一）规则的完善

如前所述，我们可以清楚地看到国际规则和中国规则之间存在一定的差异，虽然这种差异的存在是正常的，但是如何更好地使中国规则和国际规则接轨，减少中国运动员对于不同规则之间的认知偏差，是可以探索和改进的地方。

现行的中国规则，相较于国际规则而言，存在一定的冲突或缺失，这就要求立法机关继续推进立法进程。考虑到国际反兴奋剂规则比较成熟，且于 2019 年底进行了又一次重大修订，我国可以在立法过程中适当参照。

另外，孙杨案警示了程序性规则对于庭审的影响，因此，对于中国反兴奋剂中心举行听证、听证是否公开、听证委员会的组成、证人等听证程序性事项，亦可以向 CAS 的制度靠拢，降低国内运动员及相关人士的认识偏差可能性。

（二）责任的程度

只有严格的责任才会产生有效的威慑力，实现法律的公平、公正。在国家体育总局公布的 2019 年 15 例兴奋剂违规处理结果中，有 5 例案件的教练承担了禁赛、承担检测费用的处罚，有 6 例案件对相关组织给予了警告、通报批评和承担检测费用的处罚，常见的民事责任和刑事责任在反兴奋剂执法过程中是比较少见的。虽然《关于审理走私、非法经营、非法使用兴奋剂刑事案件适用法律若干问题的规定》实施后，相关兴奋剂行为会被认定构成犯罪，但仍有较大局限，如非法使用兴奋剂构成犯罪的范围也仅限于未成年人、残疾人等，并非强调对使用兴奋剂的运动员进行刑事处罚。

（三）责任主体的识别

从运动员本身的角度而言，运动员是以运动为生的，而一旦出现兴奋剂问题，对其职业生涯往往会造成毁灭性的打击。不过需要注意的是，运动员的训练和比赛并不是仅靠自己便能独立完成的，通常需要依靠教练、护理人员等团队共同参与。而这其中的任何一个环节都可能触犯反兴奋剂的规定，但违反规则的原因并非全都当然地出于运动员本身。正如前文所言，过错原则中仲裁庭会考虑运动员的主观恶意，即便是在严格责任原则适用的情况下，主观因素也会对最终处罚的严重程度产生影响。在孙杨案中，仲裁庭也十分关心团队专家建议给孙杨行为产生的影响，希望了解团队成员的行为是否可能是最终结果的直接原因。但可惜的是，孙杨团队并没有从主观恶意程度的角度进行辩护，没有试图在确认违规情况下作减轻处罚的努力，导致在最终的处罚中仲裁庭对此没有进行任何自由裁量。而在裁决后，孙杨入选国家集训队的风波是否会加深其主观恶意程度，笔者对此深感忧虑。

因此，对于规则的细化，区分责任主体并针对不同的责任主体设置不同的措施，能够最大化的保障反兴奋剂规则的设计初衷，以及平衡运动员本身的利益。

（四）加强法治意识

反兴奋剂法治建设的闭环不能缺少对运动员及其团队的宣传教育，培养其法治意识。试想，如果孙杨在事发当晚是打电话给他的律师，而不是领导或者队医，情况很可能就会不一样。因为，任何一名负责任的律师，都不会在没有明确依据的情况下，告知当事人可以不遵守相关的规则，更不会建议其"砸碎"已采集的血样。

孙杨作为我国当代最优秀的运动员之一，在国际赛场上为国家赢得了无数的荣誉，其在运动状态的巅峰时刻遭遇禁赛是一件非常可惜的事情。而我们最终将孙杨案当作一个案例来学习和反思显得尤为残酷。希望我国的法律从业者能够以此为契机，更多地投入到国际反兴奋剂领域的研究和实践中去，为我国的体育法治事业做出更多的贡献。

《世界反兴奋剂条例》可卡因违规处罚条款评析

曾 惜*

近年来，滥用可卡因的丑闻在体育界经常出现。究其原因，可卡因不仅高频存在于社交圈，甚至出现在一些运动饮料中，因此，许多运动员并非出于故意，却因体内被检测出含有可卡因而付出惨重代价。可卡因是全球使用最广泛的毒品，也是最常被检测出的兴奋剂之一。一直以来，世界反兴奋剂组织（World Anti-Doping Agency，以下简称"WADA"）将可卡因视为一种能够提高运动能力的物质，将其列入《禁用清单》里的非特定物质类别，对可卡因呈阳性的情形给予严厉处罚。可卡因作为一种娱乐性毒品，加之一些国家并未禁止公民使用可卡因，致使一些运动员很容易在此社会背景下沾染可卡因。而由于可卡因代谢时间较长，从而导致运动员频频被检测出可卡因呈阳性的结果。这种与体育竞赛无关的私人生活方式被 WADA 严苛管控是可卡因违规处罚条款一直以来遭受诟病的原因。

可卡因是一种中枢神经兴奋剂，是从古柯叶中提取出来的粉末状生物碱，在医学上可以用作局部麻醉剂，[1] 是常见的五大类毒品之一。可卡因原产于南美洲的古柯叶，古柯叶可用于泡茶，其含有丰富的植物碱和多种维生素及其他营养成分。当地居民通过咀嚼古柯叶或饮用古柯叶茶来提神、减缓疲劳。19 世纪 50 年代，有化学家

---

* 湖南农业大学助教。

〔1〕 蹇斌等：《GC/MS 和 GC 法定性定量分析可卡因》，载《中国法医学杂志》2008 年第 3 期，第 166~168 页。

从古柯叶中首次提取出麻药成分，后又精炼出更高的纯度，命名为可卡因。可卡因作为一种最强的天然中枢兴奋剂，对中枢神经系统产生强烈的兴奋作用，其作用于大脑皮层，可使人极度兴奋。

具体而言，可卡因的性质不同于其他毒品，其非纯毒品。它是从古柯叶中提取的物质，而古柯叶是南美洲常见的一种植物，可直接用于咀嚼或泡茶，甚至饮用古柯叶茶已成为不少地区的文化特色。换言之，摄入古柯叶时，可卡因也会随之进入体内。这说明可卡因呈阳性的结果并非仅局限于有意注射或为满足毒瘾而使用的情形。因此，结合可卡因的特殊性质，当运动员体内含有可卡因时，不应直接将其定义为使用毒品的行为。此外，结合历年涉可卡因的违规案件来看，运动员由于饮用古柯叶茶以及在社交场合无意或非主动摄入可卡因导致构成违纪的情形较多。早在 1904 年圣路易斯奥运会上就出现运动员使用可卡因的情形，并且在对全国大学生体育协会（the National Collegiate Athletic Association）中 17% 的运动员对使用可卡因进行调查的结果显示，其中多数运动员称以娱乐目的使用可卡因。由此可见，可卡因是一种高频存在日常生活中的特殊物质。

一、WADA 禁用可卡因的缘由与规定

可卡因作为一种特殊性物质，自 2004 年被世界反兴奋剂组织纳入《禁用清单》并对其作出严厉的处罚规定后，人们才开始注意到可卡因本身存在的特殊性。了解可卡因的来源与性质以及 WADA 将其纳入《禁用清单》的原因，是研究《世界反兴奋剂条例》（World Anti-Doping Code，以下简称《条例》）处罚使用可卡因条款的重要基石。

（一）WADA 禁用可卡因的缘由

根据《条例》确定的违禁物质的三项标准，WADA 认为可卡因满足了该三项标准，从而将其列入《禁用清单》：①医学或其他科学证据、药理学作用或经验证明，使用该种物质或方法可能提高或能够提高运动能力。②医学或其他科学证据、药理学作用或经验证明，使用该种物质或方法对运动员的健康造成实际或潜在的危害。③使

用该物质或方法违背了体育精神。

首先，可卡因作为一种中枢神经兴奋剂，使用可卡因的几分钟内，脉搏与呼吸都会加快，使大脑产生更多的多巴胺，让使用者瞬间感到精力充沛。WADA认为可卡因所产生短暂高度的兴奋反应能够在一些特定的体育项目中发挥积极作用，例如短跑、举重等亟需爆发力的体育项目。而任何能在比赛中获取优势的物质或方法是WADA对其禁用的重要理由之一。其次，吸食可卡因会破坏生理各项组织平衡，容易引发脑血栓血管堵塞，进而诱发心肌梗塞等一系列心肌病，甚至可能出现呼吸或脉搏停止的痉挛或是阻止神经对心脏的控制，引发心脏节律紊乱等风险。使用可卡因不仅对运动员的身体造成危害，对运动员的职业生涯也将产生难以挽回的消极影响。最后，WADA将体育精神定义为以道德、和平以及健康为基础的价值观，依WADA的态度，体育精神是公正的标准，维护体育精神是确保公平竞赛的重要支撑，使用可卡因对体育精神构成损害也是WADA将其列入《禁用清单》的原因之一。

可卡因作为使兴奋剂检测呈阳性最频繁的物质之一，WADA将其列入《禁用清单》S6兴奋剂A类，即仅赛内禁止的非特定物质。WADA根据违禁物质的性质分为特定物质与非特定物质。特定物质指那些更容易被运动员用于提高运动能力以外目的的物质。相反，非特定物质则指容易提高运动能力的物质。自可卡因列入《禁用清单》后，一直被列为S6 A类的兴奋剂类，属于非特定物质。重要的是，WADA将其视为一种非阈值物质，即运动员体内含有可卡因及其代谢物，无论其浓度多少，都构成兴奋剂违规。[2]

（二）《世界反兴奋剂条例》处罚使用可卡因的规定

2009版《条例》第10.2条规定：“当发现运动员体内含有违禁物质或其代谢物或标记物、运动员使用或企图使用违禁物质或违禁方法、运动员持有违禁物质或违禁方法时，除运动员符合减免禁赛期的情形外，首次违纪时，禁赛两年。”违纪运动员可通过证明存在

---

〔2〕 Carlos Schneider, "Recreational Drugs in Sport: the Issue of Cocaine", *CAS Bulletin*, 2, 2018, pp. 26-28.

无过错或疏忽、无重大过错或疏忽，主张免除或减少禁赛期。关于减免禁赛期的要求，第10.5条作出了详细规定："如果运动员可以证明自己在个案中无过错或疏忽时，并且能够确认违禁物质进入体内的途径，可免除禁赛处罚"；第10.5.2条规定："涉非特定物质违纪的运动员证明自己在个案中无重大过错或疏忽时，并且能够确认违禁物质进入体内的途径，禁赛期可减至原禁赛期的一半，但不得超过二分之一，如果原禁赛期是终身禁赛，禁赛期不得减至低于八年。"

2015版《条例》不仅在禁赛时限上有所延长，在举证层面也极大程度地限制了运动员减少禁赛期的机会。2015版《条例》第10.2.1条规定禁赛四年的处罚情形如下：①违纪行为涉非特定物质，除非运动员可以证明非故意违纪；②违纪行为涉特定物质，当反兴奋剂组织可以证明该运动员故意违纪。第10.2.3条规定："涉非特定物质违纪的运动员需证明违禁物质在赛外使用，并且与提高运动能力无关，主观状态才不被视为故意，禁赛期减至两年。"在该基础上，运动员需继续通过证明无过错或无重大过错才能进一步减少禁赛期，满足无过错或无重大过错的前提条件即须证明违禁物质进入体内的途径。

相较于2009版与2015版《条例》，2021版《条例》处罚使用可卡因的规定更具合理性。WADA通过设立"滥用物质"类别，将一些常在体育运动之外的、在社会中被滥用且可能与提高运动能力无重大关联的物质囊括于该类别。"滥用物质"的违纪处罚具体规定在第10.2.4条："如果运动员可以证明任何地摄入和使用都在赛外，并且与提高运动成绩无关时，禁赛期为三个月。"另外，该条还规定如果运动员可以证明已完成由反兴奋剂组织制定的治疗计划，禁赛期可减至一个月。此外，若检测结果显示是赛内使用（运动员无法证明滥用物质在赛外使用），但运动员可证明该使用与提高运动能力无关时，其主观状态不被视为故意，不适用第10.2.1条对"故意"违纪者禁赛四年的处罚规定。根据该条款可得知，涉滥用物质的运动员适用第10.2.4条的前提是其能够证明在赛外使用违禁物质，如果只能证明违纪行为与提高运动能力无关时，则需适用非故意状态下禁赛两年的处罚规定。

二、《世界反兴奋剂条例》可卡因违规处罚条款的演变

WADA 将违禁物质分为特定物质与非特定物质，可卡因一直以来列在非特定物质类，适用 2009 版、2015 版《条例》对非特定物质违纪的处罚规定。但长期以来，《条例》对使用可卡因的处罚过于严厉而备受争议。直至 2021 版《条例》大幅度减轻了可卡因违规处罚。本章将探讨可卡因违规处罚条款变化背后的原因以及条款变化后所产生的影响与适用中存在的问题。

（一）2009 版《条例》处罚使用可卡因的规定单一化

通过分析 2009 版《条例》可卡因违规处罚条款，不难发现兴奋剂处罚规则存在单一化问题。该问题主要体现在未能区分故意与过失使用可卡因的违纪情形，使过失使用可卡因的运动员面临与故意使用可卡因相同幅度的禁赛处罚。比如网球运动员 H 诉职业网球联合会一案。网球运动员 H 在智利参加 "Bellsouth 公开赛" 时被抽检，检测结果显示该运动员的尿液样本中存在可卡因及其代谢物。[3] 根据网球反兴奋剂计划建立的审查委员会，随即对 H 的 A 样本与 B 样本进行分析确认，结果显示两个样本中都存在可卡因物质。H 对该结果并无异议，但 H 将反兴奋剂机构对其作出禁赛两年的处罚决定上诉至国际体育仲裁院（CAS），请求 CAS 撤销该决定，并主张自己的违纪行为与提高运动能力无关。根据 H 的辩词，其在拜访一位安第斯山脉（盛产古柯叶的地区）的朋友时，自己正处于感冒状态，朋友便沏了一壶用古柯叶泡的茶给 H，并告知 H 古柯叶可以用于治疗感冒，于是 H 饮用了古柯叶茶。H 认为当时的环境特殊，喝下朋友为其沏的茶是极为普通的日常行为，并且与体育竞赛无关，因此 H 主张该行为不具可责性。尽管 CAS 仲裁庭相信 H 的辩词，但根据《条例》的规定，仲裁庭坚持严格责任原则，认为 H 具有禁止任何违禁物质进入体内的义务。鉴于 H 未作出任何防范措施，仲裁庭认为 H 对违纪行为存在疏忽的主观状态。因此，仲裁庭不认为该案存

---

〔3〕 *CAS* 2004/A/690, H. v. Association of Tennis Professionals.

在可减少禁赛期的情形，即维持反兴奋剂机构对 H 作出禁赛两年的处罚决定。

在该案中，由于运动员缺乏提高运动能力的意图，甚至不知道茶里含有可卡因的事实，至少可认定其主观状态为过失，但该情形下的违纪行为仍然面临顶格处罚，这实际上对过失违纪运动员存在处罚不公平的问题。假设在同样的场景，某运动员明知茶里含可卡因而饮用，根据 2009 版《条例》对其处罚同样是禁赛两年。甚至故意利用可卡因的兴奋性而使用的运动员，仍然对其适用禁赛两年的处罚规定。由此可见，未区分过失使用可卡因与故意使用可卡因的违纪处罚幅度是 2009 版《条例》的弊端之一。

（二）2015 版《条例》加重了运动员可卡因违规处罚

2015 版《条例》在 2009 版《条例》基础上，不仅延长了禁赛时限，还加重了违纪运动员的证明责任。纵观历年案例，不难发现违禁物质来源的证明成为可卡因违规运动员减免禁赛期的最大障碍。

比如，格雷罗案就将 2015 版《条例》处罚使用可卡因的严厉性体现得较为透彻。[4]秘鲁足球国家队队长格雷罗在 2017 年 10 月 15 日的世界杯预选赛中被抽检，检测结果显示格雷罗体内含有 Benzoylecgonine（苯甲酰爱康宁），一种可卡因的代谢物。A 样本显示该物质的浓度为 77ng/ml，B 样本显示的浓度为 42ng/ml。随后，国际足联纪律委员会（Federation International Football Association Disciplinary Committee，以下简称"FIFA DC"）对格雷罗作出禁赛一年的纪律处罚。因该处罚有可能阻碍格雷罗参加 2018 年足球世界杯的总决赛，因此，格雷罗将该决定上诉至国际足联上诉委员会（Federation International Football Association Appeal Committee，以下简称"FIFA AC"）。FIFA AC 审议后，根据格雷罗的辩词以及结合当时环境分析，认为一年禁赛期有悖比例原则。因此，将禁赛期缩减至 6 个月。随即，WADA 将此裁决上诉至国际体育仲裁院（CAS），要求将格雷罗的禁赛期延长至 22 个月。CAS 根据 FIFA AC 提交的格

---

〔4〕 See José Paolo Guerrero v. FIFA, CAS 2018/A/5546; WADA v. FIFA & José Paolo Guerrero, CAS 2018/A/5571.

雷罗的辩词以及围绕本案的争议点进行分析，最终认为 14 个月禁赛期是合适的。根据《国际足联反兴奋剂规则》（Federation International Football Association Anti-Doping Regulatiⅰongs，以下简称"FIFA ADR"）第 66.2 条（实则与《条例》第 3.1 条一致）的规定，为满足优势证据标准，格雷罗须证明违禁物质如何进入至体内。格雷罗称在其职业生涯中，对违禁物质一直抱以十分谨慎的状态，没有任何一次违纪行为，同时自己也是戒毒形象大使。关于可卡因的来源，格雷罗认为是源于自己饮用过的三种茶里的其中一种。第一种是秘鲁球队专门的营养师为其泡制的茴香茶，用于治疗胃痛，该茶是在营养师的监督下以及在具备严格饮食标准的秘鲁国家队私人餐厅里饮用的；第二种是格雷罗在国家队的访客室向服务员要了一杯茴香茶，基于秘鲁有饮用古柯叶茶的文化以及秘鲁的瑞士酒店有向客人提供古柯叶茶的惯例，所以格雷罗认为是服务员递错了茶；第三种是营养师专门为其泡制的黑茶。格雷罗认为违禁物质最有可能源于第二种茶。CAS 分析格雷罗的陈述后，结合可卡因的低浓度，认为可卡因源于第二种茶的可能性更大，因此认可格雷罗无意使用可卡因并且与提高运动能力无关的主张。但 CAS 须遵守 FIFA ADR 以及《条例》的规定。FIFA ADR 第 19.1 条（实则与 2015 版《条例》第 10.2.1 条一致）规定，当违禁物质涉非特定物质时，除非运动员可证明非故意使用，否则基准罚是禁赛四年；第 19.3 条（实则与 2015 版《条例》第 10.2.3 条一致）规定，当违禁物质涉非特定物质时，通过证明该物质在赛外使用并且与提高运动能力无关，主观状态不被视为故意，基准罚是禁赛两年；第 22.2 条规定（实则与《条例》第 10.5.2 条一致），涉非特定物质的运动员通过证明存在无重大过错或疏忽，禁赛期可减至不超过原禁赛期的二分之一。在评估格雷罗的过错程度时，CAS 仲裁庭认为格雷罗完全可以以更多的方式确认茶的性质，比如向服务员询问，而不仅仅是个人假设。因此，CAS 认为格雷罗并未尽到最大注意义务，存在一定的过错。综上，CAS 根据格雷罗的过错程度，最终对其作出禁赛 14 个月的处罚决定。

在该案中，从不同机构对格雷罗作出不同禁赛期的处罚决定来看，各机构都认可格雷罗非故意违纪的主张，只是在评估其过错程度时，存在不同意见。格雷罗通过不断地举证，比如证明自己未曾违反条例、请专业人类学家证明秘鲁有喝古柯叶茶的文化以及通过毛发检测证明自己不是吸毒者等多项证明，才使仲裁庭认可其非故意违纪的主张。而在完成繁重的举证责任下，格雷罗实际上只跨越了减少禁赛期的第一道门槛，将禁赛期从四年减至两年。根据条款规定，格雷罗需继续举证以满足无过错或无重大过错的要求才能够进一步缩短禁赛期。

因此，格雷罗能否进一步缩短禁赛期，重点在于 CAS 如何评估其过错程度。根据格雷罗的辩词，是由于服务员递错茶的事实导致其摄入可卡因，实则是第三人的过错，但仲裁庭依据 2015 版《条例》，仍然将该错误归结于格雷罗，可见运动员被检测出可卡因呈阳性时，满足免除禁赛的要求十分困难。

另外，2015 版《条例》新增"故意"的概念在可卡因违规案件中也存在疑点。2015 版《条例》对故意的定义是运动员明知自己的行为会违反反兴奋剂规则或明知该行为可能构成违反反兴奋剂规则的风险，仍然明显无视该风险。这种将行为的违法性作为"明知"内容的方式不但不被大多数国家刑法所认可，还让运动员以不熟悉反兴奋剂规则为由来逃避严厉制裁，并且也会导致很多不是以该物质来提高运动能力的运动员受到过于严厉的处罚。例如，网球运动员丹尼尔·埃文斯（Daniel Evans）因将可卡因混存于非禁用药物的盒子中，由于赛前使用非禁用药物，导致检测出可卡因呈阳性。如果按照 2015 版《条例》处罚可卡因的规定，一旦检测结果呈阳性，其主观状态被推定为故意。那么像上述情形，根据运动员当时身处的环境，其显然不具备以使用可卡因来提高运动能力的故意，甚至不具备使用可卡因的故意，却要被纳入 WADA 所定义的故意范围内，适用禁赛四年的处罚规定。对于类似这样的情形，不但没能从实质上确认运动员使用可卡因的故意性，还使得这些无意违纪的运动员承受如此严厉的处罚。另外，可卡因作为仅赛内禁止的非特定物质，对它故意的认定，究竟是以"提高运动能力的目的"还是以"明知是违禁物质"为标准的问题，2015 版《条例》也未作出明确回应。如果以"提高运动能力的目的"作为故意的认定标准，那么对于可卡因这种无法控制其效果的毒品兴奋剂而言，四年禁赛期的处罚未免过于严厉，并且从以往的案件中也可看出，涉可卡因违规的运动员往往不是以提高运动能力的目的使用，此时，以此种目的为处罚重心也似乎偏离了方向。如果是以"明知是违禁物质"为认定标准的话，对于这类频繁出现于生活中的娱乐毒品，与那些故意服用兴奋剂的情形同样适用禁赛四年的规定也缺乏合理性。

由此可见，对不具备以提高运动能力为目的使用可卡因的运动员适用四年禁赛期的处罚规定过于严厉，不仅存在违背比例原则之嫌，还未能达到 2015 版《条例》重点强调保障人权原则的目的。

（三）2021 版《条例》极大减轻了运动员可卡因违规处罚

根据 2021 版《条例》规定，可以看到 2021 版《条例》处罚使用可卡因的条款有较大改变。其一，禁赛时限有所减少。在免除禁赛处罚的情形外，最低处罚已降至一个月。以往《条例》对相同情形的最低处罚是禁赛一年。其二，证明责任有所减轻。使用可卡因的运动员若能证明在赛外使用，并且与提高运动能力无关，就适用三个月禁赛期的处罚规定。而相同的证明要求在以往《条例》的规定下，仍需面临禁赛两年的处罚。

针对可卡因违规处罚规定，2021 版《条例》作出较大改变的主要原因有三：其一，可卡因提高运动能力有限。根据 WADA 确定违禁物质的三个标准，可卡因是否符合提高运动能力表现的标准长期以来备受争议。从医学角度分析，可卡因对中枢神经系统产生强烈的兴奋作用，其作用于大脑皮层，使人极度兴奋。具体来说，摄入可卡因后，短时间内会产生 5~10 分钟的兴奋反应。如果认为运动员想利用可卡因提高运动能力的话，根据可卡因只能产生十分短暂的兴奋效果来看，运动员应选择在比赛开始前十分钟使用，而不是像上述案例里的情形，检测结果显示可卡因几乎在赛前三天左右使用，只是由于很多运动员不清楚可卡因的代谢时间，以及可卡因的代谢时间较长，所以导致检测出体内含有可卡因或其代谢物的结果。另外，由于可卡因会破坏身体恒温，影响运动协调性，所以在体操、羽毛球等运动项目中，可卡因会极大程度地影响运动员的运动能力。多数案件证明可卡因呈阳性的结果很有可能与提高运动能力无关，甚至与体育竞赛无关。加之其短暂的兴奋效果，更难说明可卡因能够提高运动能力。在难以认为运动员具备提高运动能力的目的甚至未破坏比赛公平性时，仍然对其适用禁赛两年的处罚规定正是该条款遭受诟病的主要原因。

其二，有悖比例原则。比例原则已经成为被体育法认可的一项基本原则，也是 WADA 及其他反兴奋剂组织都应遵守的原则。比例原则要求处罚幅度须与运动员的过错程度成正比，避免对违规运动员给予过重或过轻的处罚。[5]曾有专家指出，为有效打击兴奋剂行为，当运动员在个案中不能证明无过错或无重大过错时，两年禁赛期不违反比例原则，也不涉及侵害运动员的基本权利问题。但针对提高运动能力有限的可卡因时，适用两年或四年禁赛期的处罚规定存在违反比例原则之嫌。比如 Darko Stanic 一案，[6]职业手球运动员 Darko Stanic（以下简称"D"）在一次比赛中被检测出可卡因呈阳性。D 称自己并非自愿吸食可卡因，甚至不知道自己吸食了可卡因。D 猜测自己在酒吧里吸食了老乡递的香烟导致违纪。随后瑞士奥林匹克纪律委员对其作出禁赛 6 个月的处罚。WADA 认为该处罚过轻，将其上诉至 CAS。由于 D 未能举证证明可卡因进入体内的途径，仲裁庭最终对其作出禁赛两年的处罚。分析该案，一是一根香烟里所含可卡因的量不足以产生兴奋效用。二是根据可卡因的物理性质，其产生的兴奋性所能维持的时间不高于一小时，而运动员于赛前两天吸食，在比赛过程中，可卡因就无法产生兴奋效用。三是手球是一项需要耐力及协调性的运动，而吸食可卡因会破坏生理组织平衡，影响身体协调性。由此可见，可卡因不仅难以提高运动能力，反而降低了运动员的运动能力。基于此情形，仲裁庭仍然依据《条例》对运动员作出禁赛两年的处罚，显然该处罚结果与运动员的过错程度不成比例。

其三，阻碍 WADA 统一反兴奋剂规则。协调全球反兴奋剂规则

---

〔5〕 参见黄世席：《比例原则在兴奋剂违规处罚中的适用》，载《天津体育学院学报》2013 年第 2 期。

〔6〕 See WADA v. Darko Stanic & Swiss Olympic，CAS 2006/A/1130.

是 WADA 的核心目标与一直以来所追求的方向。一直以来，各体育
组织的处罚制度基本与《条例》保持一致，但从多数涉可卡因违规
案件来看，不同层级的仲裁机构或不同项目的体育组织对运动员使
用可卡因的态度及处罚力度却不一样。这就导致涉可卡因违规的处罚
裁决结果差异化的问题。比如荷兰反兴奋剂机构（Doping Authority
Netherlands，以下简称"NADO"）诉台球运动员 N 一案。[7]荷兰
台球运动员 N 在 2009 年一次台球联赛中被抽检，检测结果显示其尿
液样本中含有 Benzoylecgonine（可卡因的代谢物），随即 NADO 依据
《体育法机构反兴奋剂规则》（the Doping Regulations of the Institute
for Sports Law，以下简称"ISR"）对其作出禁赛两年的处罚决定。
N 主张自己没有提高运动能力的意图，不应受到禁赛两年的处罚，
随之将该决定上诉至荷兰上诉委员会（the Dutch Appeals Committee，
以下简称"DAC"）。DAC 审议该案后，认为两年禁赛期不符合比
例原则，并且认可 N 在本案中存在无重大过错的主张，随即将禁赛
期减至为一年。针对 N 在本案中的过错程度问题，CAS 持不同观点。
CAS 根据 ISR 第 38.1 条与第 41.1 条规定，认为 N 不符合减免禁赛
期的要求。其一，可卡因属于 2009 年《禁用清单》里的非特定物
质，即使认可 N 在本案中使用可卡因与提高运动能力无关的主张，
但根据《条例》第 4.3.3 条"任何人不可以某种违禁物质可能不存
在提高运动能力的效用为由，质疑《禁用清单》的分类"的规定，
该主张不能成为减少禁赛期的条件。其二，根据 DAC 提交的事实：
N 承认自己使用可卡因，只是不清楚可卡因的代谢时间导致构成违
纪。基于该事实，CAS 认为 N 有意识地吸食可卡因的行为存在重大
过错。其三，依据严格责任原则，N 有义务禁止任何违禁物质进入
体内。因此，CAS 最终维持 NADO 对 N 禁赛两年的处罚决定。由此
可知，不同层级的仲裁机构或不同项目的体育组织对可卡因违规的
态度及处罚幅度大不相同，从而导致裁决结果差异较大的问题，不仅
有碍 WADA 力求实现统一反兴奋剂规则目标的实现，也存在浪费仲
裁资源的问题。

---

〔7〕 See Doping Authority Netherlands v. N., CAS 2009/A/2012.

三、新条款在适用中存在局限性及其应对策略

相比以往《条例》处罚使用可卡因的条款，2021 版《条例》对此规定得相对更合理。新条款大幅度地缩短了可卡因违规的禁赛期，想必是各界一直以来对该问题的激烈争议以及 WADA 转变管制毒品的态度所带来的变化。虽然新条款的改变对以往的争议作出了回应，但其在适用中仍然存在以下局限性。

（一）新条款在适用中存在局限性

首先，滥用物质违纪的运动员无法援引第 10.6 条缩短禁赛期的条款进行抗辩。第 10.6 条规定：当违禁物质或方法涉特定物质时（滥用物质除外），运动员可通过证明无重大过错或疏忽，处罚从训斥或警告至最高禁赛两年。而通过前文对 2021 版《条例》"滥用物质"条款的介绍可知，三个月禁赛期的处罚规定只适用于能够证明是在赛外使用违禁物质的情形。同时，完成治疗计划后可将禁赛期减至一个月的规定也是在运动员能证明其是在赛外使用违禁物质的基础上才可适用。此外，第 10.2.4.2 条规定，"涉滥用物质的运动员如果可证明违纪行为与提高运动能力无关，其主观状态不被视为故意，不适用第 10.2.1 条对故意违纪处罚禁赛四年的规定。"换言之，涉滥用物质的运动员不能证明违禁物质使用于赛外时，既不能适用第 10.2.4 条将禁赛期减至三个月，也无法援引第 10.6 条进行抗辩，其面临的最低处罚是禁赛两年。重要的是，由于可卡因的特殊性质，多数可卡因违规案件是由于运动员饮用古柯叶茶导致摄入了少量可卡因，该情形与故意利用违禁物质来提高运动能力的行为相比，可谴责性更低，但根据新条款的规定，其仍需面临禁赛两年的处罚。这似乎不符合 WADA 保障运动员权利的原则。

其次，根据 2021 版《条例》第 10.2.4.1 条规定：只有证明在赛外使用滥用物质，并且完成了治疗计划的运动员才可缩短禁赛期。该规定很有可能出现同一种毒品的违纪行为，由于不同的治疗计划而导致不同国家运动员面临不一样的"变相禁赛"的情形。比如，在加拿大吸食大麻不违法，基于该国的政策，加拿大反兴奋剂机构

对运动员戒除大麻的要求就没有那么严厉，完成治疗计划的进度与相同毒瘾的运动员相比也就更快一些。另外，并非每位运动员都存在完成治疗计划的必要性。例如，由于饮用古柯叶茶导致可卡因呈阳性的案件并不罕见。当这类运动员不存在毒瘾问题时，也没有完成治疗计划的必要性，此类运动员无法援引第10.2.4.1条的规定将三个月禁赛期减至一个月。换言之，没有毒瘾的运动员反而需面临更长的禁赛处罚，无论从新《条例》的制定背景，还是从仲裁实践中进行分析，都不符合公平原则与比例原则。

2021版《条例》虽然改善了可卡因违规处罚条款，但分析新条款改善的原因以及条款在适用中存在的问题，可卡因违规处罚条款仍值得深入探讨。

（二）新条款适用问题的相应对策

针对新条款在适用中存在的问题，可通过增设减少禁赛期条款及WADA统一治疗计划评估标准的途径解决。

1. 增设可缩短禁赛期的条款

根据前文提出的问题，即赛内非故意违纪与没有完成治疗计划必要性的运动员，两者援引缩短禁赛期条款受限制，该规定实则违背了保护运动员权益原则。根据"滥用物质"条款规定，运动员能够证明违纪行为与提高运动能力无关时，主观状态不被视为故意，不适用禁赛四年的处罚规定。言下之意，非故意违纪运动员已经证明违纪行为与提高运动能力无关后，由于不可援引第10.6条抗辩，仍需面临禁赛两年的处罚。一个与提高运动能力无关的非故意使用可卡因的行为，两年禁赛期与其过错程度显然不成比例。2015版《条例》规定，运动员通过证明非故意违纪，禁赛期减至两年后，仍然有继续自证清白的机会与权利，因为这是保障运动员实体权利的体现。

为契合保护运动员权益原则与比例原则，WADA增加涉滥用物质违纪可缩短禁赛期的条款具有合理性与必要性。针对上述情形，非故意违纪运动员应该同样拥有为自己违纪行为辩解的权利。因此，WADA可根据运动员的过错程度确定禁赛期，避免以偏概全。

2. WADA统一治疗计划的评估标准

由于各国的戒毒措施大不相同，加之治疗计划会随着各国医疗水平不同程度地进步而发生改变，因此由 WADA 统一制定治疗计划的规定不切实际。WADA 将评估运动员是否完成治疗计划的权力交由各仲裁机构，可能出现由于各国治疗计划与评估标准不同导致同种违纪行为的运动员面临不同"禁赛"处罚的问题。基于此，WADA 可通过统一治疗计划的评估标准来避免不平等现象地发生。

通过分析 WADA 制定"滥用物质"条款的目的可更好地了解该条款存在的意义与价值。条款中需完成治疗计划才可缩短禁赛期以及禁赛期时限的规定，与以往严厉的处罚制度大不相同，可看出 WADA 将运动员的健康视为首要价值。换言之，运动员存在健康问题是 WADA 对其处罚的目的之一。根据该目的，毒瘾性强的运动员过错程度较大，即违背了 WADA 保护运动员健康的宗旨，对其适用更严厉的处罚规定也符合公平原则。相反，因饮用古柯叶茶导致可卡因违规的运动员，过错程度更小。这样一来，运动员根据自身健康问题的程度付出与之相应代价的规定可避免同种违纪行为处罚尺度不一的现象。

因此，WADA 可通过统一制定治疗计划的评估标准避免上述问题的发生。即使存在各国治疗计划不相同的情形，依据 WADA 制定的评估标准，也可避免不公平现象地出现。例如，运动员的健康指数需达到某标准线、精神状态需专家出具意见书证明该运动员不存在精神疾病等问题。达标后的运动员才具备缩短禁赛期的资格，而非完成治疗计划即可缩短禁赛期。评估标准的统一是为避免出现同种违纪行为面临不同尺度处罚的现象，促进体育竞赛的公平性与公正性。

四、可卡因违规处罚条款的未来展望

2021 版《条例》的出台无疑将打开一个新的局面，但通过上述分析可看到可卡因违规处罚条款在适用中仍然存在需要完善的地方。

（一）WADA 管控可卡因的权力存在瑕疵

针对可卡因违规处罚条款在适用中存在的问题，前文虽然提出了相应的解决对策，但着眼于 WADA 长期稳固地发展，可卡因违规处罚条款还值得深入研究。可卡因异于普通兴奋剂，WADA 适用兴奋剂处罚规则对其处罚颇有疑点。

WADA 作为全球反兴奋剂斗争中最权威的机构，其主要职责是审定和调整违禁物名单，确定药检实验室，从事反兴奋剂研究、教育和预防工作。在欧盟、国际体育组织以及各成员方的推动下，打击体育竞赛中的兴奋剂行为是 WADA 的主要任务。由于可卡因的特殊性，至今各界对其是否应被视为兴奋剂观点纷呈。可卡因作为一种娱乐毒品，WADA 对其适用反兴奋剂处罚规则这一做法存在争议。

根据《奥林匹克宪章》规定，领导反对在体育运动中使用兴奋剂的斗争是国际奥委会（International Olympic Committee，以下简称"IOC"）的职能之一。19 世纪末，闻名世界的环法自行车兴奋剂丑闻加速了 WADA 的建立。WADA 于 1999 年在瑞士洛桑成立，是 IOC 下设的独立部门，打击国际体育界的兴奋剂行为是 WADA 成立的主要目的。目前，WADA 作为全球反兴奋剂行动中最权威的机构，其成立反映了国际社会反兴奋剂斗争的态度。《条例》作为 WADA 的核心产物，在国际反兴奋剂斗争中占据领导者地位。同时，《条例》也是国际反兴奋剂文件中的宪法性文件，各国反兴奋剂规则如处罚制度、检测标准等核心内容都需参照《条例》进行制定，不得与之相悖。《条例》的主要目的：①确保运动员在无兴奋剂污染的环境中参加比赛的权利；②为国际与国家间的各体育组织提供高效合理的反兴奋剂政策。由此可见，《条例》存在的意义即阻止一切在体育竞赛中与兴奋剂有关的行为发生。那么《条例》的适用范围也应仅限于损害体育竞赛公平的兴奋剂，因为悖逆竞赛公平的往往是能够提高运动能力的兴奋剂。

而通过前文分析得知，可卡因不仅更多地被定义为毒品，同时它也被视为一种频繁出现于日常生活中的茶饮。重要的是，可卡因在提高运动能力方面难以发挥积极作用。因此，适用《条例》对其处罚实则超越了《条例》的管辖范围。此外，使用兴奋剂是一种欺骗或作弊的行为，通过兴奋剂在竞赛中获得不正当优势。基于 WADA 成立的目的以及其职能，适用《条例》制裁兴奋剂行为具有正当性与合理性。但使用毒品是一种道德败坏的个人行为，适用反兴奋剂规则对其处罚不仅存在不合理之处，作为专门打击兴奋剂行为的机构对其进行管控也可能存在不合法的问题。曾有专家称，"WADA 不是执法机构，应将更多的精力集中于反兴奋剂斗争中。"如果将一切违反道德的行为都纳入 WADA 管控的范围，不仅存在浪费仲裁资源的问题，也容易"放任"真正意义上的兴奋剂行为。IOC 医务委员会的成员阿诺德·贝克特（Arnold Beckett）教授也曾发表声明，"如果我们着重关注社会层面的毒品问题，那我们就无法将矛头指向真正的兴奋剂行为。"[8]

长期以来，WADA 以"体育精神"为由为处罚运动员使用可卡因的规则提供依据，实际上超越了传统意义的体育价值观。在《禁用清单》的列入标准中，体育精神是唯一无法用科学验证的标准，其存在模糊性，也使仲裁机构拥有较大自由裁量权。WADA 将"体育精神"定义为以健康、道德、公平以及诚实等为基础的价值观，而这些价值观实则过于抽象，取决于特定时代的社会心态与政策。比如在玻利维亚，私人可以合法使用不超过 50 克的可卡因，换言之，在玻利维亚使用可卡因的行为不被认为违反道德或诚实等价值观。由此可见，WADA 适用反兴奋剂规则管制与体育竞赛无关的个人生活方式或社会活动的政策难以立足，甚至还可能与一国政治存在冲突，不利于 WADA 长期健康稳固地发展。

除此之外，WADA 前成员罗伯特·布切尔（Robert Butcher）曾称，"IOC 的药检职权应是为确保运动员享有公平竞争的权利，药检针对的应是可以提高比赛成绩的药物，而非大麻之类的娱乐毒品。虽然有人认为使用大麻之类的毒品是非法或不道德的行为，但 IOC 只是一个体育组织而非国家的执法机构，这些违法或不道德的问题并不属于 IOC 管辖的职权范围。"[9]由此可见，WADA 不应只以维护体育道德或体育纯洁性为依据禁用可卡因。

（二）将可卡因移出《禁用清单》

将娱乐毒品列入《禁用清单》是否合理的问题一直备受关注。

---

〔8〕 Carlos Schneider, "Recreational Drugs in Sport: the Issue of Cocaine", *CAS Bulletin*, 2, 2018, pp. 26-42.

〔9〕 Ivan Waddington, "Recreational Drugs Use and Sport: Time for a WADA Rethink?", *Performance Enhancement and Health*, Vol. 2, No. 2, 2013, p. 45.

在 1967 年 IOC 发布的第一份禁用清单中就包括了可卡因。根据《禁用清单》的列入标准，将可卡因纳入其中的论点经不起推敲。同时上述标准实际上揭露了一种反常现象：一种物质可能被禁止的理由是其存在损害运动员健康的风险，并且违背体育精神，即使该物质不具备提高运动能力的能力。因"体育精神"包含了"健康"这一内涵，从而导致了一种悖论：损害运动员健康的物质同时违背了体育精神，也即存在了被 WADA 禁止的理由。WADA 作为反兴奋剂机构，其目的是维护体育竞赛公平性，即使需要契合 IOC 强调保护运动员健康的宗旨，也不能只依据损害健康或体育精神为处罚依据。据调查，烟草和酒精同样存在损害健康的风险，更严格地说，滥用酒精和烟草的死亡率不亚于可卡因，甚至存在高概率地引发癌症等风险。

前文分析可卡因作为一种不可控的毒品，其短暂的兴奋作用以及对身体产生极大的负面影响使运动员难以在竞赛中获得某种优势。纵观历年涉可卡因案件，很难发现运动员有利用可卡因来提高运动能力的情形。由于可卡因的特殊性，运动员违纪情形更多地出现在娱乐场所或饮用古柯叶茶之中，加之多数可卡因呈阳性检测结果中的低剂量与运动员对可卡因违禁来源的证明，也能证明可卡因在提高运动能力方面表现甚微，未构成损害竞赛公平性的风险。同时，悉尼大学运动学讲师朗达·奥尔也认为在足球运动中，可卡因会产生阻碍运动员的能力的表现，如影响身体协调性和肌肉耐力。由此得知，可卡因并不完全满足《禁用清单》的列入标准，WADA 应将区别于兴奋剂的可卡因移出《禁用清单》。

此外，WADA 在 2004 年将咖啡因移出《禁用清单》的举措更应思考禁用可卡因的理由。咖啡因一直以来被认为可以提高运动能力，[10]但由于咖啡因被运动员在日常生活中高频使用，WADA 认为运动员使用咖啡因往往与提高运动能力无关，加之咖啡因代谢的时间不同，导致很难通过检测来确认其违禁来源。据《华盛顿邮报》

---

[10] Honor Whiteman, "Why Regular Coffee Intake Could Worsen Sports Performance", *Medical News Today*, 2018.

（*Washington Post*）报道，"由于 WADA 难以区分提高运动能力的兴奋剂与频繁使用的日常行为，为避免对运动员实施不成比例的处罚，从而将咖啡因移出《禁用清单》。"

按照该观点，将可卡因移出《禁用清单》的建议更具可行性与必要性。首先，两者在物理性质上相同，通过刺激中枢神经产生强烈的兴奋作用。其次，对身体造成的危害程度相同，高剂量使用会导致致命的危险。最后，同样频繁出现于与体育无关的环境中，违纪行为往往与提高运动能力无关。如果 WADA 将咖啡因移出《禁用清单》是出于其受大众喜爱，被频繁使用于与体育竞赛无关的环境的理由，那 WADA 实则忽略了其提高运动能力、损害运动员健康的事实。因此，基于相同观点，WADA 应将难以损害竞赛公平性的可卡因移出《禁用清单》。

（三）由各国政府负责管控可卡因

在质疑 WADA 管控可卡因等娱乐毒品权力的同时，也可看到 WADA 长期以来管控可卡因的政策遭受各界争议。基于各国管控可卡因的政策，以及联合国管制可卡因的国际公约，关于运动员使用可卡因的问题交由各国政府管辖具有合理性与可行性。

首先，大部分国家的法律全面禁止可卡因，运动员作为一国公民，不例外地受相关法律约束，那么就可能导致对运动员的一个违纪行为进行法律与体育组织内部规则的两次处罚，重要的是该两类处罚可以并存，不构成双重处罚的问题。但对运动员而言，两次处罚是否与其过错程度成比例的问题还有待商榷。

表 1　各国管控可卡因的法律

国　家	持　有	销　售	运　输	种　植
中国	非法	非法	非法	非法
加拿大	非法	医疗用途合法	医疗用途合法	医疗用途合法
阿根廷	私人使用合法	非法	非法	合法
巴西	私人使用合法	非法	非法	非法
美国	医疗用途合法	医疗用途合法	医疗用途合法	医疗用途合法

续表

国　　家	持　　有	销　　售	运　　输	种　　植
秘鲁	合法（不高于 2 克）	非法	非法	合法（古柯植物）
玻利维亚	合法（不高于 50 克）	非法	非法	合法

从上述表 1 可看到，不同国家管制可卡因的法律不同，就可能出现运动员相同的违纪行为，面临不同处罚幅度的问题。比如，我国全面禁止任何有关可卡因的行为；加拿大除禁止持有可卡因之外，在销售、运输和种植方面允许可卡因作为医疗用途使用；美国仅允许可卡因作为医疗用途使用；而阿根廷和巴西都允许公民私人持有可卡因，另外，在阿根廷饮用古柯叶茶是合法行为。《中华人民共和国治安管理处罚法》对使用可卡因的行为处以十日至十五日的拘留，同时可并处两千元以下的罚款，毒瘾严重的还需被强制戒毒两年。换言之，我国运动员因使用可卡因在受到相关法律的处罚后，仍需接受反兴奋剂组织的纪律处罚。而巴西运动员使用可卡因不需受到国家公权力的制裁，仅需接受反兴奋剂组织的处罚。显然会导致运动员因相同违纪行为，面临不同幅度处罚的问题。因此，运动员使用可卡因的行为仅受各国法律管制可避免出现对运动员处罚不平等的问题。

其次，纵观历年兴奋剂违规案件，其中涉可卡因违规的比例最大。由此可见，可卡因的违纪行为并未因 WADA 严厉的处罚规则而减少或销声匿迹，反而存在浪费大量司法资源的问题。另外，WADA 作为非营利性组织，其无法管制有关可卡因的其他根源性问题，如运输、贩卖、交易或种植可卡因等。因此，在考虑 WADA 的职权与能力的情形下，可卡因的相关问题由各国政府管控更合理。

虽然并非全部国家禁止可卡因的使用行为，但也可看到各国法律都作出了不同程度的限制，如秘鲁和玻利维亚对使用可卡因的克数进行了限制，以及巴西和阿根廷在其他方面对接触可卡因的途径进行了限制。由此可推测，即使在私人使用可卡因是合法的国家也不会出现加剧滥用可卡因的行为，因为运动员仍然会受到国家法律的其他限制。

同样，由于各国管制可卡因的法律不同，针对运动员使用可卡因的行为，各国政府可根据国情制定不同规则。如我国，《涉毒人员毛发样本检测规范》第 9 条规定，可卡因的检测含量阈值高于 0.5 纳克/毫克时，即认定检测结果为阳性。由此得知，我国运动员使用可卡因的行为仍然无法逃脱法律的制裁。这也十分契合我国长期以来严厉管控毒品的态度与政策。因此，由各国政府根据国情管控运动员使用可卡因的行为也具有可行性。

五、结语

在可卡因违规案件日渐增多的背景下，管控运动员使用可卡因的政策如何实现公平与平等是 WADA 亟须解决的问题。围绕可卡因提高运动能力效用有限的结论，本文提出了 WADA 管控运动员使用可卡因的权力存在瑕疵的观点。

结合医学研究以及仲裁实践，两者都难以证明可卡因在提高运动能力方面能够发挥关键作用，也即可卡因与一般兴奋剂存在差异，不属于 WADA 打击兴奋剂行为这一主要目的的范围。WADA 作为国际反兴奋剂斗争中最权威的机构，应将精力、人力和财力集中于打击兴奋剂行为。加之各国管制可卡因的政策不同，而联合国对可卡因的相关行为也有严厉的公约规制，在一定程度上能够限制运动员使用可卡因的行为。因此，针对运动员使用可卡因的问题可以改为由各国政府管控，不仅可以考虑到各国政策的差异，避免对运动员的一次违纪行为进行两次处罚，同时也有利于稳固 WADA 于国际反兴奋剂领域中的地位以及统一反兴奋剂规则这一目标的实现。

择善而从

——《美国职业体育法律问题研究》读后感

梁　婧*

近年来，中国体育产业蓬勃发展，人们的消费需求从传统的体育制造用品初次消费转向娱乐性消费、观赏性消费，单一的体育需求得到改善，消费者对丰富多元的赛事产品延颈举踵。2014 年 9 月李克强总理在国务院常务会议上提出了发展体育产业，推进职业体育改革的要求。在如火如荼的体制改革过程中，我国职业体育在提供人民群众所期待的高质量赛事方面的能力得到了较大提升。但改革仍然存在一些问题，其中之一是我国的职业体育法治建设还不完善，不能很好地服务职业体育的发展。

"他山之石，可以攻玉"，为中国寻找改革方向的学者纷纷将目光投向了拥有完备职业体育法律制度的美国，希望能从他国经验中觅得可为中国借鉴的内容。周青山教授的《美国职业体育法律问题研究》[1]一书正是这一研究路径的体现，该书选取了目前中国职业体育市场化改革中遇到的突出问题，并试图回答：襁褓之中的中国职业体育法制如何从已然成熟的美国职业体育法制中吸收有价值的经验？经过对美国相关制度的剖析和对比，本书对此给出的答案是：中国职业体育应该在充分了解美国制度逻辑的基础上，根据实际情况选择参照或反思美国经验来建设自身。

---

*　湘潭大学法学院硕士研究生。

〔1〕　周青山：《美国职业体育法律问题研究》，湘潭大学出版社 2020 年版。

一、实用主义视角下的美国职业体育法律制度

美国职业体育法制发展到今天，其所涉及的内容包罗万象。要在一本书中谈及所有问题，使之成为百科全书式的著作，对作者的学识和精力而言都是极大的挑战，耗费数年时间、倾尽毕生所学也未必能完成。先聚焦具有重要现实意义的问题，与中国的改革实践紧密结合，不失为一种循序渐进且有效的研究方式。本书就将关注点集中在职业体育运行过程中的主要法律问题上，主要包括职业体育的参与主体、职业体育劳资关系和职业体育发展的法律保障三个方面，其中又以职业体育劳资关系为核心，通过规范分析并结合代表性案例介绍了相应的法律制度。书中讨论的三大问题不仅在美国职业体育法制中具有突出的代表性，也是当前中国职业体育法制改革与建设实践中需要关注和解决的重点。

第一编重点讨论了职业体育参与主体的有关问题，包括职业体育联盟的法律性质、职业体育联盟总裁的职权以及职业体育经纪人制度。第二编则系统介绍了职业体育劳资关系法律制度，先对该制度进行基本介绍，再从集体合同、运动员工作合同、不当劳动行为和劳资纠纷解决制度四点入手，让读者对美国职业体育劳资关系产生一个清晰的框架性认识，了解体育劳资关系的"生老病死"。第三编关注职业体育发展，从职业与业余体育之间的关系、职业体育兴奋剂管制、相关知识产权法律保护和参赛资格四个方面所涉及的法律问题，展现美国职业体育维持自身正常发展的"造血"与"循环"方式。尽管除劳资关系外，其余编中选取的问题相互之间的关联性不强，可能会让初学者产生前后内容割裂的阅读体验，但全文联系起来，却能够让读者在脑海中快速建立起美国职业体育的法律制度框架。经过对书中内容的整理与再分类，我们不难总结出美国职业体育法律制度的一些特点：

第一，美国职业体育具有的强烈商业化色彩，所涉法律问题也与经济类法律，尤其是反垄断法密切相关。为了维持自己的竞争优势，获得更大的利益，职业体育联盟及其下属俱乐部的一些行为客

观上会带来限制竞争的效果；而在劳资关系中，作为资方的俱乐部联盟与作为劳方的运动员之间存在天然的利益冲突，通常处于强势地位的资方会运用各种手段来限制运动员的发展。但无论如何，这些行为都要通过反垄断法的审视，否则就会因违法而无效。因此，为了维护自己的利益，无论是职业联盟还是运动员，都积极地运用反垄断法在法庭上与对方展开拉锯战；而传统经济法律与体育案件的特殊性相结合，产生了创造性的适用成果。但对经济类法律的积极运用在中国的职业体育中是较为罕见的。

第二，美国职业体育联盟拥有高度自治权。在美国，职业体育的运作具有相当的独立性，这是因为"美国政府较少直接干预体育事务，给予体育组织较大的自治权，职业体育则是一种完全商业化的体育，形成了一个相对封闭的运营体系，是法律上所说的传统意义上的'私'领域"。也就是说，根据意思自治原则，在国家法律划定的界限内，职业体育可以按照自己的选择和市场的需要自由发展；只有越界，国家才会采取行动加以约束。这种自治保证了职业联盟有充分的活动空间进行市场化运作，联盟中代表不同资本的俱乐部为逐利而展开激烈竞争的同时，也为国民贡献了精彩纷呈的赛事产品。职业联盟享有的自治权也保证其有能力建立起自我监督机制，加强内部管理。而中国的职业体育，其自治权保障仍有很大进步空间。

第三，美国职业体育设置了多样的纠纷解决路径。劳资关系是职业体育内部运行制度的核心，在处理联盟内运动员的劳资纠纷上，可选择的纠纷解决途径种类较多，既有联盟内部的解决方式，也有诉诸外部力量的解决方式，但以内部解决机制为主。实际上不止劳资关系，体育经纪人之间的纠纷，也可以选择不同的解决方式。路径的多样化提高了纠纷解决效率，降低了争议双方解决纠纷的成本，方便当事人根据需要选择合适的解决机制以尽快确定双方的权利义务。中国的职业体育尽管也提供内部和外部解决机制以供选择，但是外部解决机制不够畅通，内部解决机制的独立性和公正性遭到质疑，因此纠纷发生后难以快速解决。

二、站在中国立场上看美国职业体育法制

（一）中国职业体育法制存在的问题

除了对美国职业体育法律制度进行了浓墨重彩的介绍外，本书也分析了中国职业体育法制存在的问题。在作者看来，中国职业体育法制建设的路途坎坷，主要是由于以下几点原因：

第一，中国职业体育主体职能混乱，组织结构不完整，职业体育联盟的正常运转难以开展。中国体育曾长期实施"举国体制"，时至今日，行政的影子仍然在职业体育运动中徘徊，职业联赛"管办不分离"的现象还没有彻底消失。各种权力集中于单项体育协会手中，职业赛事运营机构并不具备完整职能，这导致实践中出现了"既当裁判又当运动员"的情况，也使得运动员工会、职业联盟和监管部门三方制衡的职业体育劳资架构未能搭建起来，进而拖累了符合市场化需要的职业体育体制的构建。不完整的组织结构套在高速发展的职业体育上，有如一个双腿长短不一的成年人，只能跛足前进，甚至随时有摔伤的风险。

第二，实践与法律不相协调，这种不协调多源于未能在考虑体育特殊性的前提下对法律规范进行创造性适用。例如，在劳资关系中，尽管《中华人民共和国劳动法》《中华人民共和国劳动合同法》都规定了"集体合同"制度，但中国职业体育领域仍然较缺乏集体谈判的实践，除不具备开展集体谈判的适格主体外，缺少结合职业体育特殊性的制度与规范也是原因之一。没有细化的制度安排和规范指导，职业体育集体谈判的开展就无处下手。同样，尽管《中华人民共和国反垄断法》（以下简称《反垄断法》）为运动员通过该法挑战单项体育协会的规则提供了武器，但是大多数人不知道如何将《反垄断法》与职业体育联系起来，使得利用该法挑战协会规则的案例寥寥无几。

第三，制度具体内容不够精细，暴露出过去我国职业体育制度设计的末学肤受。以体育劳资关系为代表，劳动合同以及与劳动关系有关的职业体育联盟内部制度，其内容细节的精准性似乎总是有

所欠缺。运动员劳动纠纷主要为合同纠纷，既有关于合同效力的纠纷，也有关于合同内容解释和履行的纠纷，这说明中国职业体育虽然已经开始使用合同来确定劳资双方的权利义务关系，但具体内容却仍存在漏洞。而劳资纠纷的解决虽然既可通过内部途径也可借助外部途径解决，但内外部途径之间是平行备选还是存在层级关系，外部解决机制是否可对内部解决机制进行监督，这些都没有明确规定。这种一团乱麻式的程序设计将导致纠纷发生时不同部门之间互相推诿，最终损害的是运动员的合法权益。

（二）对美国经验的态度：择善而从

古语有云："三人行，必有我师焉。择其善者而从之，其不善者而改之。"在中国职业体育体制的发展完善过程中，也需要秉持这种态度去学习他国的成功经验。作者在本书中表现出了他对参考美国实践来设计中国相应制度的支持态度，多次肯定美国经验对中国职业体育法制建设的积极意义。在他看来，当前中国职业体育遭遇的许多问题，有相当一部分已经在美国漫长的实践中得到了解答，美国成熟的职业体育法律制度为正处于深化改革中的中国职业体育指明了清晰的发展方向。

但是，学习美国经验并不代表要全盘复制美国制度的做法。强化对美国制度的学习，参照美国职业体育的制度设计进行改革，并不意味着中国会亦步亦趋地跟随在美国身后，完全成为美国制度的翻版；也不代表我们要忽略甚至无视美国现行制度中存在的问题，盲目鼓吹美国制度的成功。制度土壤的不同决定了即使中国职业体育未来在发展过程中遇到了在相同阶段时美国职业体育也曾遇到的问题，双方在解决方式和逻辑上也会存在差别，中国最终要探索出有自己特色的道路。例如在兴奋剂监管问题上，中国的做法就与美国相去甚远，此时的美国经验对中国更多起的是对照作用，我们可通过与对方制度进行对比来发现自己需要改进的地方。而美国体育在知识产权保护上遇到的问题，同样是中国的困惑，但由于思考的角度存在差异，美国经验也许无法告诉我们问题的答案，唯有自行寻找出路。

研究美国职业体育的法律问题，学习其经验，为的是让中国职业体育能尽快建立起一套科学的现代管理制度以适应市场化发展。这种学习不仅节省了自行探索所需要的大量时间，还有利于我们的职业体育尽快与世界接轨，对于正在从"体育大国"向"体育强国"迈进的中国而言是十分重要的。美国职业体育在法律制度和组织结构的设计上固然有着出色的成就和丰富的经验，但倘若不顾客观存在的制度差异强行移植，"南橘北枳"的苦果也许会打击中国职业体育改革的信心。中国要根据自己的需要和实际情况移植他国制度，是作者一仍旧贯的基本立场。

三、对本书内容的一些建议

《美国职业体育法律问题研究》对所涉及的法律制度和提及的法律问题都做了简洁明了的展示和分析，即使是门外汉，都能够在阅读本书后触摸到美国职业体育法制的大致框架。然而，作为一本制度介绍更甚于学理探讨的书籍，笔者认为本书在内容上还存在以下一些值得完善的地方。

第一，作为美国职业体育劳资关系中一个无法被忽视的重要角色，运动员工会在本书中并没有作为职业体育的参与主体之一被单独分析，而是分别在"职业体育集体合同"和不"当劳动行为问题"中被提及。这或许是因为作者认为其重要性和可讨论性尚未达到需要专门展示的程度，也可能是考虑到其他学者对此已经进行了一定的研究探讨而无须在本书中赘述。书中的安排有助于对体育法所知尚浅的读者了解运动员工会的职能，对其在签订集体合同中发挥的作用产生深刻理解，但是，"作为劳动者的职业运动员处于一种结构性弱势地位，需要通过团结组成工会来与资方进行对抗"，如果对运动员工会能够进行专门且系统性的介绍，也许更有利于读者认识其存在的重要性，尤其在是中国职业体育需要通过组建工会来完善劳资结构、增强运动员谈判能力的情况下。

第二，尽管本书对作为纠纷内部解决方式的仲裁进行了详尽的介绍，但是作为联盟内设机构的仲裁委员会，其独立性和公正性是如何得到保障的，书中并没有提及。这一点在纪律处罚权的配置问题中尤为突出。美国设置了联盟总裁来行使处罚权并通过内部仲裁机制来对其作出处罚的行为进行审查；而中国由于没有实现"管办分离"，处罚权和监督权都由单项体育协会行使。以中国足协为例，如果足协的仲裁委员会无法得到充分信任的原因是其隶属于足协，而争议的一方当事人很可能也是足协的专门机构，那么同时拥有处罚权和监督权的美国职业体育联盟，其内部仲裁是如何避免自身公正性和独立性受到质疑的？

第三，由于本书侧重于介绍美国职业体育法制，就相应制度在中国实践的可行性论述上比较简略。虽然认可学习美国经验时应"以我为主，为我所用"，但美国职业体育中的做法在中国的环境下是否一定能发挥出同样的作用，作者并没有就此详细论述，而是直接指出中国职业体育法制存在的短板和缺漏，并参考美国经验给出了针对性的解决意见。尽管书中已经暗示，不考虑中国实际而直接复制美国经验，产生"水土不服"结果的可能性很高，但制度移植的可行性论述被简略处理了。

四、结语

《美国职业体育法律问题研究》从法律的角度较为系统地介绍了美国职业体育的发展和现状。但这本书的写作目的不只是为了让读者了解中美职业体育法制上的差别，更重要的是要认识到职业体育法制本身的特殊性，如果不能把握这一点，职业体育法制研究就只能停留在表面而无法深入核心。为了强化这一认识，作者在书中指出了不少有继续深入研究价值的问题，以期读者能在阅读时进一步探索。实际上，无论读者对这些问题的思考深浅程度如何，都可以因作者的启示而点燃研究兴趣，从这一点看，本书是成功的。

2018版《国际足联球员身份与转会规则》[*]

董金鑫[**]　译

定　义

为本规则之目的，下列术语定义如下：

1. 原足协：原俱乐部所属的足协；

2. 原俱乐部：球员正在离开的俱乐部；

3. 新足协：新俱乐部所属的足协；

4. 新俱乐部：球员正在加盟的俱乐部；

5. 官方比赛：在有组织的足球赛事框架下进行的比赛，例如国内冠军联赛、杯赛以及俱乐部的国际冠军赛，但不包括友谊赛和表演赛；

6. 有组织的足球赛事：由国际足联、洲际足联及各国足协主办的有组织的足球赛事或由其授权的足球赛事；

7. 保护期：职业球员在 28 周岁赛季之前所签订的合同生效日起的连续三个赛季或三年或职业球员在 28 周岁赛季之后所签订的合同生效之日起的连续两个赛季或两年的一段期间；

8. 注册期：由有关足协根据第 6 条确定的期间；

9. 赛季：从相关国内冠军联赛的第一场官方比赛开始到最后一场官方比赛结束的期间；

---

　[*]《国际足联球员身份与转会规则》（FIFA Regulations on the Status and Transfer of Players）为解决跨国性的足球转会争议以及与之相关的足球劳动合同争议的基本法。本文系译者主持的国家社科基金后期资助项目"国际体育仲裁中的法律冲突问题研究"（项目编号：18FFX060）的阶段性研究成果。

　[**]　中国石油大学（华东）文法学院副教授，硕士生导师，法学博士。

10. 训练补偿：根据附件四为青少年球员发展而支付的金额；

11. 未成年球员：未满 18 周岁的球员；

12. 足球学院：以通过供应所需训练的设施和基础设施的方式为球员提供长时间的训练为主要、长期目标的组织或独立法人实体。他们主要包括但不限于足球训练中心、足球训练营、足球学校；

13. 转会匹配系统（TMS）：一个基于网络的数据信息系统，其主要目标是简化国际球员的转会程序，并提高透明度和信息流动；

14. 第三方：球员转出或转入的两家俱乐部以及其他先前注册过该球员的俱乐部之外的一方；

15. 十一人制足球：根据国际足球协会理事会授权制定的《足球竞赛规则》开展的足球运动；

16. 五人制足球：根据国际足联在经与国际足球协会理事会下属的委员会协商后起草的《五人制足球竞赛规则》开展的足球运动；

可以援引《国际足联章程》中定义部分的内容。

注意事项：条款中所指的自然人适用于两性。任何单数的术语适用于复数，反之亦然。

第一章　介绍性条款

第 1 条　范围

1. 本规则为球员的身份、球员参加有组织的足球比赛的资格以及球员在隶属于不同足协的俱乐部之间的转会确立有约束力的全球性规则。

2. 在符合本条第 3 款的前提下，同属于一个足协内的俱乐部之间发生的球员转会应当符合该足协制定的具体规则规范，并应得到国际足联的批准。在满足本规则中的原则的基础上，此类规则应当包含解决球员和俱乐部之间争议的规定。而且，此类规则应当设置一套在培训和教育青少年球员事项上的俱乐部奖励体系。

3. （1）第 2~8 条、第 10 条、第 11 条、第 18 条、第 18bis 条、第 18ter 条、第 19 条以及第 19bis 条在国内层面具有约束力，应当不加修改地并入到各国足协的章程当中。

（2）在充分遵从国内强行法以及集体谈判协议的基础上，各国足协都应当在其章程当中规定维护合同稳定性的适当方法，并应特别考虑以下原则：

第13条：契约必须信守原则；

第14条：如存在正当理由，合同的任何一方都可以解除合同而无须承担责任的原则；

第15条：如存在正当理由，职业球员可以解除合同的原则；

第16条：合同在赛季未结束时不能解除的原则；

第17条第1、2款：当出现没有正当理由解除合同的情形，违约方应当作出违约损害赔偿且此种违约金可以规定在合同当中的原则；

第17条第3~5款：当出现没有正当理由解除合同的情形，应当对违约的一方施加体育制裁的原则。

4. 根据附件1的规定，本规则同样适用于应国家队征召球员的放行。此类条款对所有的足协和俱乐部都具有约束力。

第二章 球员的身份

第2条 球员的身份：业余球员与职业球员

1. 参与有组织的足球比赛的球员应为职业球员或业余球员。

2. 职业球员是指与俱乐部签订书面合同且在从事相应足球运动中获得的报酬多于其所实际发生的费用的球员。所有其他球员皆为业余球员。

第3条 业余球员身份的重新获取

1. 职业球员只有在以该身份参加最后一场比赛的至少30日后才能重新注册为业余球员。

2. 职业球员重新获得业余球员身份不能获得任何的补偿。如果球员在恢复业余球员身份后的30个月之内重新注册为职业球员，则该球员的新俱乐部应当根据第20条支付训练补偿。

第4条 足球活动的终止

1. 对于合同期满后退役的职业球员和终止足球活动的业余球员仍应在30个月内保留其在最后效力的俱乐部所属足协的注册。

2. 该期限应当从球员代表其俱乐部参加最后一场官方比赛之日

起开始计算。

第三章　球员的注册

第 5 条　注册

1. 根据第 2 条的规定，球员必须在一国足协被注册为所属俱乐部的职业球员或业余球员。只有注册球员才有资格参加有组织的足球活动。球员的注册行为表明其同意遵守国际足联、洲际足联及所属足协的章程规定。

2. 球员在同一时期只能在一家俱乐部注册。

3. 球员在一个赛季最多只能在三家俱乐部注册。在此期间，球员仅有资格代表两家俱乐部参加官方比赛。例外规定是，当球员转会的两家俱乐部所属的足协赛季交叉（即赛季开始于夏季或秋季而终止于冬季或春季），则其有资格在该赛季内代表第三家俱乐部参加官方比赛。此例外规定适用的前提是球员完全遵从与前俱乐部的合同义务，以及遵守关于注册期（第 6 条）和合同最短期限（第 18 条第 2 款）的规定。

4. 在任何情况下，应当充分考虑到竞赛的体育诚信。特别是受制于足协更为严格的竞赛规则，球员不得在同一赛季代表两家以上俱乐部参加同一全国冠军赛或杯赛。

第 6 条　注册期

1. 球员只能在所在足协规定的每年两个注册期间内注册。足协可以为男子和女子足球竞赛规定不同的注册期。例外规定是，在注册期截止前合同到期的职业球员可以在注册期外注册。足协有权在充分考虑相关竞赛的体育诚信之后为其进行注册。如合同因正当理由解除，为避免规则被滥用，国际足联根据第 22 条的规定可以采取临时措施。

2. 第一个注册期应当在赛季结束后开始并通常在新赛季开始前截止。该期限不得超过 12 个周。第二个注册期应当在赛季中期开始，不得超过 4 个周。各足协应至少在赛季两个注册期开始前的 12 个月将其输入转会匹配系统（参照附件 3 第 5.1 条第 1 款）。对于未及时输入的足协，国际足联应决定注册期。

3. 球员只能以在注册期内向俱乐部所属足协递交有效申请的方式注册，第 6 条第 1 款的例外规定除外。

4. 有关注册期的条款不适用于只有业余球员参加的比赛。有关足协应当在充分考虑相关竞赛的体育诚信之后为参加这类比赛的业余球员特别规定注册期。

第 7 条　球员参赛证

球员在足协注册后，该足协应当向俱乐部提供载明球员相关信息的球员参赛证。参赛证上应标明球员自 12 周岁生日后所在赛季注册过的所有俱乐部名称。如果球员的生日在两个赛季之间，球员参赛证上应当注明该球员生日后的赛季所注册的俱乐部名称。

第 8 条　注册申请

职业球员的注册申请必须与球员合同的复印件 1 并提交。相关决定作出机构有权要求补充提交没有按时提交的合同修订本或附加协议。

第 9 条　国际转会证明

1. 只有在新足协收到原足协签发的国际转会证明（ITC），在某一足协注册的球员才可以在新足协注册。国际转会证明应当无条件、无时间限制地免费签发。任何相反的规定均属无效。签发国际转会证明的足协应当向国际足联提交一份复印件。签发国际转会证明的行政程序规定在本规则附件 3 第 8 条和附件 3a 中。

2. 禁止足协以允许球员参加表演赛为目的请求签发国际转会证明。

3. 新足协在收到国际转会证明后应当将球员注册为职业球员的事宜书面通知该球员在 12 周岁到 23 周岁之间（参照第 7 条）受训和受教育的俱乐部所属足协。

4. 10 周岁以下的球员不需要签发国际转会证明。

第 10 条　职业球员的租借

1. 在职业球员与相关俱乐部签订书面协议的基础上，该职业球员可以被租借到其他俱乐部。包括训练补偿和联合机制补偿等适用于球员转会的规定同样适用于球员的租借。

2. 在不影响第 5 条第 3 款规定适用的前提下，最短租借期为两次注册期之间的期间。

3. 未经出租球员所属俱乐部和球员本人的书面同意，租借球员的俱乐部不得将租借球员转会至第三家俱乐部。

第 11 条　未经注册的球员

未在足协注册的球员出现在俱乐部的官方比赛当中构成非法比赛。在不影响为纠正此种行为后果所需的任何措施的情况下，也可以对球员和/或俱乐部进行制裁。此类处罚的实施权原则上属于足协或相关赛事的主办方。

第 12 条　纪律性处罚的执行

1. 原足协对球员施加的 4 场以下或 3 个月以内的纪律性处罚如果在转会时没有或没有完全执行，则为了使处罚在国内层面实现，球员注册的新足协应当继续执行。在签发国际转会证明时，原足协应当通过转会匹配系统（对注册为职业球员的球员）或者书面（对注册为业余球员的球员）将需要执行或继续执行的此类纪律性处罚通知新足协。

2. 对于球员没有执行或没有完全执行的任何超过 4 场或 3 个月的纪律性处罚，如果国际足联纪律委员会将其效力扩及世界范围内，则球员注册的新足协应当继续执行。此外，在签发国际转会证明时，原足协应当通过转会匹配系统（对注册为职业球员的球员）或者书面（对注册为业余球员的球员）将要执行的此类纪律性处罚通知新足协。

第 12bis 条　逾期付款

1. 俱乐部应当按照其与职业球员签订的合同以及转会协议中约定的条款向球员以及其他俱乐部履行金钱给付义务。

2. 如果逾期支付不存在表面的合同基础，任何逾期付款超过 30 日的俱乐部都将面临本条第 4 款下的制裁。

3. 为了使俱乐部知悉其已经构成本条下的逾期付款，作为债权人的球员或其他俱乐部应书面通知作为债务人的俱乐部已经违约的事实，并应当给予债务人至少 10 日的最后期限来履行金钱债务。

4. 在各自管辖权的范围内（参照第 22 条以及第 23、24 条），球员身份委员会、争端解决委员会、球员身份委员会的独任裁判员或争端解决委员会的独任裁判员可以施加如下制裁：

(1) 警告；

(2) 严重警告；

(3) 罚金；

(4) 禁止在连续两个完整的注册期内注册任何国内或国际的新球员。

5. 上述第 4 款下的制裁措施可以并用。

6. 多次违反被视为加重情节，将导致加重处罚。

7. 上述第 4 款第 4 项下的注册禁令的执行可以暂停。在注册禁令的执行暂停后，作出决定的机构应给予受处罚的俱乐部以 6 个月至 2 年的观察期。

8. 如果受到暂停注册禁令的俱乐部在观察期内再次违反本规定，则处罚暂停的决定将自动撤销且注册禁令应予以执行，并将与新的违规行为一并处罚。

9. 在单方解除合同关系的情形下，该条的规定不影响本规则第 17 条下的进一步救济措施的运用。

第四章 职业球员和俱乐部之间合同稳定性的维持

第 13 条 遵守合同

职业球员和俱乐部签订的合同只有在合同期限届满或双方协议解除的情况下才能解除。

第 14 条 有正当理由的合同解除

1. 具有正当理由，合同的任何一方当事人都可以解除合同，而且不需要作出违约损害赔偿或被施加以体育制裁。

2. 任何旨在迫使对方解除或变更合同条款的滥用行为都将给予对方（球员或俱乐部）以解除合同的正当理由。

第 14bis 条 因拖欠工资引发的有正当理由的合同解除

1. 如果俱乐部非法拖欠球员至少 2 个月的到期工资，则该球员将被认为拥有解除合同的正当理由，前提是其已经通过书面方式向作为债务人的俱乐部发出违约的通知，并且给予至少 15 日的作为债务人的俱乐部以充分履行给付义务的最后期限。在本规定生效时已经缔结的合同中的替代性条款可以加以考虑。

2. 对于那些并非按月支付的球员工资，应考虑相当于 2 个月工资的比例价值。在满足上述第 1 款规定的解除通知的前提下，延迟支付至少 2 个月工资的情况同样应视为球员具有解除合同的正当理由。

3. 由雇主和员工双方的代表在国内层面根据国内法有效协商的集体谈判协议可以偏离上述 1、2 款规定的原则。此类协议的条款应当优先适用。

第 15 条　有体育正当理由的合同解除

如果一名主力职业球员在单个赛季的上场率低于其所在俱乐部官方比赛的 10%，则他可以基于体育正当理由提前解除合同。在评价此类案件时，应充分考虑球员所处的环境，故是否具有体育正当理由应当建立在个案分析的基础上。如存在体育正当理由，此时球员无需遭受体育制裁，但仍需要支付违约损害赔偿。职业球员只有在其注册的俱乐部所处赛季最后一场官方比赛后的 15 日内方可以此为由解除合同。

第 16 条　对赛季未结束时解除合同的限制

合同在赛季未结束时不得被单方解除。

第 17 条　无正当理由解除合同的后果

如果合同在无正当理由的情况下解除，则应当适用如下条款：

1. 只要存在无正当理由解除合同的情形，则违约的一方就必须予以赔偿。在不影响本规则第 20 条以及附件 4 中有关训练补偿条款适用的前提下，除合同中另有约定，违约损害赔偿的计算应充分考虑到有关国家的法律、体育的特殊性以及任何其他的客观标准。此类标准应特别包括球员在现有合同和（或）在新合同中的薪金及其他福利、最长不超过 5 年的现有合同的剩余期限、分摊到合同期限内的原俱乐部支付的费用或发生的花费以及违约是否发生在保护期之内。

在考虑上述原则的同时，球员可获得的赔偿应按照如下要求计算：

（1）如果球员在原合同解除后没有签订任何新的合同，所获得的赔偿原则上应等于提前解除合同的剩余价值。

（2）如果球员在决定作出时签订了新的合同，则相当于提前解除合同剩余时间的新合同的价值应当从提前解除合同的剩余价值中扣除（即"减少赔偿"）。而且，如果合同的提前解除是由于逾期支付造成的，则除了减少赔偿的部分之外，球员应有权获得相当于3个月工资的赔偿（即"额外赔偿"）。在严重的情况下，额外的补偿可增加至为6个月的工资，但总的赔偿数额不应超过提前解除合同的剩余价值。

（3）由雇主和员工的双方代表在国内层面根据国内法有效协商的集体谈判协议可以偏离上述两项规定的原则。此类协议的条款应当优先适用。

2. 请求违约损害赔偿的资格不得转让给第三方。如果职业球员被要求赔偿，则该球员及其所在的俱乐部对此应当承担连带责任。赔偿的数额可以规定在合同当中，或者由当事人约定。

3. 在合同保护期内违约的球员，除了要承担损害赔偿责任之外，还要受到体育制裁。该处罚通常为4个月禁止参加官方比赛，情节严重的可对其处以6个月的禁赛期。体育制裁在球员被通知相关决定后立即生效。体育制裁在本赛季的最后一场官方比赛至下赛季的第一场官方比赛期间仍要实施，这包括俱乐部参加的国内杯赛以及国际冠军赛。然而，体育制裁不及于球员在本赛季的最后一场官方比赛至下赛季的第一场官方比赛期间有资格代表国家队参加国际性赛事决赛阶段的比赛。保护期外无正当理由或体育正当理由单方解除合同将不会导致体育制裁的发生。即便如此，如果球员没能在其注册的俱乐部所处赛季的最后一场官方比赛（包括国内杯赛）后的15日内发出解除合同的通知，则仍然会面临纪律性处罚。如果合同更新或原合同期限被延长，则保护期将重新开始起算。

4. 在合同保护期内违约及引诱球员在保护期内违约的俱乐部，除了要承担违约损害赔偿责任之外，还要受到体育制裁。除非能证明不存在此种情况，否则任何与先前无正当理由解除合同的球员签约的俱乐部都将被推定为曾实施引诱该球员违约的行为。此时，俱乐部要受到在连续两个完整的注册期内不得为任何国内或国际新球员注册的处罚。俱乐部只有在有关的体育制裁完全履行完毕的下一个注册期方可注册国内或国际的新球员。特别要强调的是，俱乐部不得为了提前注册球员的目的而滥用本规则第 6 条第 1 款规定的例外或临时措施。

5. 任何受制于《国际足联章程》或其他规则的人，只要出于促使球员转会的目的而实施了引诱违反职业球员和俱乐部所签订合同的行为，都应当受到制裁。

第 18 条　有关职业球员和俱乐部之间合同的特别条款

1. 如果经纪人参与到合同缔结的过程，则其应当在合同上签名。

2. 合同的最短期限从合同生效之日至该赛季结束，最长不得超过五年。只有在国家法允许的情况下，当事人才可以签订其他长度的合同。不满 18 周岁的球员不得签订为期 3 年以上的职业合同，规定更长期限的合同条款将不被认可。

3. 在开始洽谈之前，意图与职业球员缔结合同的俱乐部应当以书面方式告知球员目前所在的俱乐部。职业球员只有在与原俱乐部签订合同的期限已经届满或将在未来 6 个月内届满时方可自行与其他俱乐部缔结合同。违反该条的任何行为都应当受到相应的处罚。

4. 合同的有效性不受体检结果或能否获得工作许可的影响。

5. 如果职业球员同时缔结两个或两个以上的合同，则应当适用第四章的规定。

6. 给予俱乐部额外的时间向职业球员支付合同项下已到期款项的合同条款（即所谓的"宽限期"）将不被承认。然而，由雇主和员工双方的代表在国内层面根据国内法有效协商的集体谈判协议中的宽限期应当具有法律约束力并得到承认。在本规定生效时已经缔结的合同不受该禁止的影响。

第五章　第三方的影响及对球员经济权利的所有权

第 18bis 条　第三方对俱乐部的影响

1. 任何俱乐部不得签订能够使得对立的俱乐部或任何第三方获得影响劳动以及转会相关事宜的独立性、政策或球队表现能力的合同。

2. 国际足联纪律委员会有权对不履行本条规定义务的俱乐部采取处罚措施。

第 18ter 条　第三方对球员经济权利的所有权

1. 俱乐部或球员都不得与第三方签订使得第三方有权全部或部分参与分配因未来球员在俱乐部间转会而支付的赔偿或受让与未来转会及转会赔偿有关权利的协议。

2. 第 1 款下的禁止规定自 2015 年 5 月 1 日起生效。

3. 于 2015 年 5 月 1 日之前签订的第 1 款所涵盖的协议可以在合同到期前继续有效，但其期限不得延长。

4. 于 2015 年 1 月 1 日至 2015 年 4 月 30 日签订的第 1 款所涵盖协议合同期限自生效之日起不得超过一年。

5. 至 2015 年 4 月底，所有尚存的第 1 款所涵盖的协议都需要记录在转会匹配系统。所有签署此类协议的俱乐部都应当将包括附件和修改版本的协议内容完整地上传至转会匹配系统，以明确有关第三方的详细信息、球员的全名以及协议的期限。

6. 国际足联纪律委员会有权对不履行本条规定义务的俱乐部或球员采取处罚措施。

第六章　涉及未成年球员的国际转会

第 19 条　未成年球员的保护

1. 只有年满 18 周岁的球员方可进行国际转会。

2. 但以下三种情况除外：

（1）球员的父母因为与足球无关的原因搬迁到新俱乐部所在的国家。

（2）转会发生在欧盟（EU）或欧洲经济区（EEA）的领域之内，且球员的年龄在 16 至 18 周岁之间。此时，新俱乐部必须履行以下最低程度的义务：

为球员提供国内最高水平的足球教育和（或）训练；

除提供足球教育和（或）训练外，还应确保球员接受文化教育、学校教育和（或）职业技能培训，使其在结束职业足球运动后仍可从事其他足球之外的职业；

提供所有必要的安排以确保球员受到尽可能最好的照顾（如提供当地家庭或俱乐部里的住所中的最好的生活条件、在俱乐部安排导师等）。

此类球员一经注册，俱乐部须向有关足协提供其遵守以上义务的证明。

（3）如球员居住在离国境线不到 50 公里的地方，而球员希望注册的毗邻足协下属的俱乐部同样距离国境线 50 公里内，且球员的住所和俱乐部的所在地之间的最远距离为 100 公里。在这种情况下，球员必须继续居住在家里，且有关的两个足协必须明确表示同意。

3. 本条中的规定也适用于任何之前从未在俱乐部注册的球员，且不是该球员希望首次注册的国家的国民，并且在过去至少 5 年内没有在上述国家连续居住。

4. 所有根据第 2 款进行的国际转会、根据第 3 款进行的首次注册以及在其希望注册的国家持续居住至少 5 年的外国未成年球员的首次注册都必须获得由球员身份委员会指定的下属委员会的批准方可进行。批准的申请应由希望注册该名球员的足协提出。应给予原足协表明立场的机会。下属委员会的批准应当在足协申请国际转会证明和/或首次注册之前获得。任何违反本条的行为都应由纪律委员会依据《国际足联纪律准则》进行制裁。除了没有向下属委员会提出申请的足协之外，未经下属委员会批准为未成年球员签发国际转会证明的原足协以及就未成年球员转会达成协议的俱乐部均应受到制裁。

5. 有关为了青少年球员的首次注册和国际转会而向下属委员会提交申请的程序包含在本规则的附件 2 当中。

第 19bis 条　未成年球员在足球学院的注册和报告

1. 通过法律和财务或事实上的联系运营足球学院的俱乐部有义务向足球学院所在的足协报告所有参加其足球学院的未成年球员。

2. 各足协有义务确保所有的足球学院与俱乐部不具有法律和财务或事实上的联系：

（1）运行一家俱乐部并相应参加国内冠军赛；所有的球员都应被报告给足球学院所在的足协，或在自己的俱乐部注册；

（2）向足球学院所在的足协报告所有以培训为目的加入足球学院的未成年球员。

3. 各足协应留存由俱乐部或足球学院报告的未成年球员的姓名及出生日期的记录。

4. 通过报告制度，足球学院和球员按照《国际足联章程》从事足球活动，并遵守和推动有组织足球活动下的道德原则。

5. 任何违反本条的行为都将由国际足联纪律委员会依据《国际足联纪律准则》进行处罚。

6. 第19条同样适用于那些并非希望被报告的国家的未成年球员的报告。

第七章　训练补偿和联合机制补偿

第20条　训练补偿

在球员首次签订职业合同或者职业球员在23周岁赛季结束前的每次转会时，都应当给予曾训练过该球员的所有俱乐部以训练补偿。无论转会发生在合同履行期内还是到期之后，都将产生支付训练补偿的义务。与训练补偿有关的条款将在本规则附件4当中加以规定。

第21条　联合机制补偿

如果职业球员在合同到期前转会，则所有之前对该球员的训练和教育做出贡献的俱乐部都可以分享一定比例的球员原俱乐部所获得的赔偿（联合贡献）。与联合贡献有关的条款将在本规则附件5当中加以规定。

第八章　管辖权

第22条　国际足联的管辖权

在不损害球员或俱乐部就与劳动有关的争议向民事法院寻求赔偿的权利的基础上，国际足联有权审理如下案件：

（1）当存在国际转会证明请求以及利益相关方就该国际转会证明提出主张时，尤其关乎国际转会证明的签发、体育制裁以及违约赔偿问题，俱乐部和球员之间关于维护合同稳定性（第13条至第18条）的争议。

（2）俱乐部和国际领域的球员之间的与劳动有关的争议。然而，双方当事人可以书面的方式明确选择此类争议由协会和/或集体谈判协议框架内设立的国家一级的独立仲裁法庭裁决。此类仲裁条款都必须直接包含在合同或适用于双方的集体谈判协议当中。该独立的国内仲裁庭必须能够确保公正审理并尊重球员和俱乐部的平等代表原则。

（3）俱乐部或一国足协与国际领域的教练员之间的与劳动有关的争议，除非在国内层面存在能够确保公正审理的独立仲裁庭。

（4）隶属于不同足协的俱乐部之间的训练补偿（第 20 条）和联合机制补偿（第 21 条）争议。

（5）隶属于相同足协的俱乐部之间的联合机制补偿（第 21 条）争议，只要作为争议基础的球员转会发生在隶属于不同足协的俱乐部之间。

（6）隶属于不同足协的俱乐部之间的不属于上述第 1、4、5 项案件情形的争议。

第 23 条　球员身份委员会

1. 球员身份委员会应当裁判第 22 条第 3、6 项下的案件以及在不影响第 24 条适用的前提下所有源自本规则适用的争议。

2. 球员身份委员会对涉及经纪人的合同争议的审理没有管辖权。

3. 在不确定由球员身份委员会还是争端解决委员会管辖的情况下，球员身份委员会的主席有权决定管辖权的归属。

4. 除非案件的性质表明可以由球员身份委员会的独任裁判员解决，否则案件应当由包括主席或副主席在内的至少 3 名成员组成的球员身份委员会进行裁判。当出现案情紧急、案件不存在复杂的事实或法律问题以及案件根据附件 3 第 8 条以及附件 3 第 3a 条涉及就国际转会核查有关的球员临时注册作出决定的情况下，主席或主席可以在球员身份委员会当中指定人员以独任裁判员的身份行事。每位当事人在程序进行中都应当经历一次庭审。由球员身份委员会的独任裁判员或球员身份委员会作出的决定可以上诉至国际体育仲裁院。

第 24 条　争端解决委员会

1. 除涉及签发国际转会证明的争议之外，争端解决委员会应当裁判第 22 条第 1、2、4、5 项下的所有案件。

2. 除非案件的性质表明可以由争端解决委员会的独任裁判员解决，否则案件应当由包括主席或副主席在内的至少 3 名成员组成的争端解决委员会进行裁判。争端解决委员会的成员应当从其成员当中为俱乐部和球员各指定 1 名裁判员。争端解决委员会的独任裁判员可以裁判如下案件：

（1）所有诉讼标的不超过 100 000 瑞士法郎的争议；

（2）那些不存在复杂的事实或法律问题或者争端解决委员会已经构建清晰法理基础的与训练补偿有关的争议；

（3）那些不存在复杂的事实或法律问题或者争端解决委员会已经构建清晰法理基础的与联合机制补偿有关的争议。

本款 2、3 项下的争议也可以由作为独任裁判员的主席或副主席裁判。

争端解决委员会的独任裁判员有义务将涉及基本问题的案件提交争端解决委员会。除非案件由争端解决委员会的独任裁判员审理，否则应当由数量相等的俱乐部和球员代表组成的争端解决委员会审理。每位当事人在程序的进行中都应当经历一次庭审。由争端解决委员会或争端解决委员会的独任裁判员作出的决定可以上诉至国际体育仲裁院。

3. 通过转会匹配系统（参见附件 6）处理的训练补偿和联合机制补偿应当由球员身份委员会的下属委员会解决。

第 24bis 条　金钱给付决定的执行

1. 当指令一方（俱乐部或球员）向另一方（俱乐部或球员）支付一笔款项（拖欠款项或赔偿）时，球员身份委员会、争端解决委员会、球员身份委员会的独任裁判员或争端解决委员会的独任裁判员（视案情而定）应当同时裁定未能及时支付相关款项的后果。

2. 此类后果应包括在决定的事实查明当中，具体如下：

对俱乐部而言，在支付应付款项之前禁止其注册任何国内或国际的新球员，包括由此可能发生的体育制裁在内的注册禁令的总最长期限为连续三个完整的注册期；

对球员而言，在支付应付款项之前限制其参加官方比赛，包括由此可能发生的体育制裁在内的上述限制的总最长期限为参加官方比赛的 6 个月。

3. 一旦支付了应支付的款项，则该禁令或限制将在完成送达之前解除。

4. 在相关的决定已产生终局性约束力的情况下，如果应付的款项在债权人已经向债务人提供为完成付款所需的银行信息后的 45 日仍然没有支付，则上述禁令或限制应当适用。

第 25 条　程序性指南

1. 球员身份委员会的独任裁判员及争端解决委员会的独任裁判员原则上应当在收到有效申请后的 30 日内进行裁判。而球员身份委员会及争端解决委员会原则上应当在收到有效申请后的 60 日内进行裁判。程序问题应当适用《国际足联球员身份委员会及争端解决委员会程序规则》。

2. 由包括球员身份委员会的独任裁判员在内的球员身份委员会以及包括争端解决委员会的独任裁判员在内的争端解决委员会审理的因训练补偿和联合机制补偿发生的争议而进行的程序的最高费用为 25 000 瑞士法郎。该费用原则上应由败诉一方支付。费用的分配应当在决定中加以说明。由争端解决委员会和争端解决委员会的独任裁判员审理的为解决俱乐部和球员之间关于维护合同稳定性的争议以及俱乐部和国际领域的球员之间发生的与劳动有关的争议而进行的程序应当免于收费。

3. 除非本规则已有规定，否则违反本规则的纪律性程序应当遵循《国际足联纪律准则》的相关规定。

4. 如果有理由相信某起案件将产生纪律处罚问题，则球员身份委员会、争端解决委员会、球员身份委员会的独任裁判员或争端解决委员会的独任裁判员（视案情而定）应当向纪律委员会提交文件，并同时请求根据《国际足联纪律准则》的规定启动纪律处罚程序。

5. 如果争议事件的发生已超过两年，则球员身份委员会、争端解决委员会、球员身份委员会的独任裁判员或争端解决委员会的独任裁判员（视案情而定）不再审理本规则下的任何案件。此种时间限制的适用与否应当在每个案件中主动依职权加以审查。

6. 在作出决定时，球员身份委员会、争端解决委员会、球员身份委员会的独任裁判员或争端解决委员会的独任裁判员（视案情而定）应当适用本规则，并同时考虑所有国内层面的相关安排、法律以及集体谈判协议和体育的特殊性。

7. 源自本规则适用的争端解决的具体程序应当由《国际足联球员身份委员会及争端解决委员会程序规则》进一步加以规定。

第九章　最后条款

第 26 条　过渡措施

1. 任何在本规则生效之前向国际足联提起的案件都应根据先前版本的规则审理。

2. 在通常的情况下，除以下情形外的所有其他案件都应根据本规则审理：

（1）有关训练补偿的争议；

（2）有关联合机制补偿的争议；

（3）与 2001 年 9 月 1 日之前订立的合同有关的劳动争议。

不适用上述一般规则的任何案件都应当根据存在争议的合同签订时或争议事实发生时有效的规则进行审理。

3. 会员足协应当根据第 1 条修订各自的规则，以确保其遵守本规则并将之提交国际足联批准。尽管有前述规定，每个会员足协都应当实施第 1 条第 3（1）款的规定。

第 27 条　未规定的事项

任何在本规则中没有规定的事项以及存在不可抗力的案件将由国际足联执行委员会裁决，该裁决具有终局效力。

第 28 条　官方语言

如果本规则的英文、法文、西班牙文或德文的翻译文本存在差异，以英文本为准。

第 29 条　生效

本规则于 2018 年 3 月 16 日经国际足联理事会批准，并自 2018 年 6 月 1 日起生效。

苏黎世，2018 年 3 月 16 日
国际足联理事会
主席：詹尼·因凡蒂诺
秘书长：法特玛·萨穆拉

2020版《与体育有关的仲裁法典》[*]

董金鑫^{**}　王彩凤^{***}　译

第一部分　解决与体育有关争议的组织规章

一、共同条款

第 S1 条　为通过仲裁和调解的方式解决与体育有关的争议，特此创设如下两个机构：

（1）国际体育仲裁委员会（ICAS）；

（2）国际体育仲裁院（CAS）。

联合会、协会或其他与体育有关的组织作为当事人的争议构成本法典下的仲裁事项，只要上述组织的章程、规章或具体协议有此规定。

国际体育仲裁委员会和国际体育仲裁院的所在地均位于瑞士的洛桑。

第 S2 条　国际体育仲裁委员会旨在通过仲裁或调解的方式便利

---

　*　该仲裁法典是确立国际体育仲裁院组织、运行以及仲裁庭审理程序的基本法，包括 S1 条至 S26 条的《解决与体育有关争议的组织规章》（Statutes of the Bodies Working for the Settlement of Sports-Related Disputes）与 R27 条至 R70 条的《程序规则》（Procedural Rules）两大部分。法典自 1994 年颁布以来，相继于 2004 年、2011 年、2012 年、2013 年、2016 年、2017 年、2019 年、2020 年多次修订。本文系国家社科基金后期资助项目"国际体育仲裁中的法律冲突问题研究"（项目编号：18FFX060）的阶段性成果。

　**　中国石油大学（华东）文法学院副教授，法学博士。

　***　中国石油大学（华东）硕士研究生。

与体育有关争议的解决，并且维护国际体育仲裁院的独立性和当事人的权利。它同时也需要对国际体育仲裁院的日常管理和财务负责。

第 S3 条 国际体育仲裁院备有一份或多份仲裁员名册，并通过由 1 名或 3 名仲裁员组成的仲裁庭解决与体育有关的争议。

国际体育仲裁院由普通仲裁分院、反兴奋剂分院以及上诉仲裁分院组成。

国际体育仲裁院备有调解员名册，并通过调解的方式解决与体育有关的争议。该调解程序应适用《国际体育仲裁院调解规则》。

二、国际体育仲裁委员会

（一）组成

第 S4 条 国际体育仲裁委员会由 20 名成员组成，此类资深的法律人士按下列方式任命：

a. 4 名成员由国际单项体育联合会（IFs）任命。其中 3 名由夏季奥运会项目国际单项体育联合会总会（ASOIF）任命、1 名由冬季奥林匹克项目国际单项体育联合会总会（AIOWF）从其成员或非成员当中任命。

b. 4 名成员由国家和地区奥林匹克委员会协会（ANOC）从其成员或非成员当中任命。

c. 4 名成员由国际奥委会（IOC）从其成员或非成员当中任命。

d. 4 名成员经过适当的磋商由前述国际体育仲裁委员会的 12 名成员为维护运动员利益的目的任命。

e. 4 名成员由前述 16 名成员从独立于国际体育仲裁委员会成员指定机构的人士当中任命。

第 S5 条 国际体育仲裁委员会的成员每届任期为 4 年，可以连任。该任命必须发生在每 4 年任期的最后一年。

一经任命，国际体育仲裁委员会的成员即应签署一份声明。承诺以私人身份履行职能，并要完全客观和独立地遵守本法典的规定，尤其应受第 R43 条下的保密义务的约束。

国际体育仲裁委员会的成员不得出现在国际体育仲裁院的仲裁

员或调解员名册当中，也不得担任所有参与国际体育仲裁院仲裁程序的当事人的律师。

如果出现国际体育仲裁委员会的成员辞职、死亡或因其他原因不能履行职能的情况，则剩余的任期应替换为符合该任命条件的其他人选。

国际体育仲裁委员会可以授予国际体育仲裁委员会或国际体育仲裁院做出杰出贡献的前国际体育仲裁委员会的成员以荣誉成员称号。该荣誉成员称号可在成员去世之后授予。

（二）权限

第 S6 条 国际体育仲裁委员会应当履行以下职能：

1. 通过并修改本法典。

2. 从其成员当中选举 1 名或若干名人士担任如下职务。每届任期为 4 年，可以连任：

（1）主席。

（2）在必要时根据年龄、资历的排序可以代替主席的 2 名副主席。如果主席职位空缺，在新的主席选出之前，年长的副主席应当履行主席的职能和责任。

（3）国际体育仲裁院普通仲裁分院、反兴奋剂分院以及上诉仲裁分院的主席。

（4）上述分院主席的副手，在分院主席不能履行其职能的情况下可代替。

在与国际奥委会、夏季奥林匹克项目国际单项体育联合会总会、冬季奥林匹克项目国际单项体育联合会总会以及国家奥林匹克委员会协会磋商之后，主席、副主席的选举方可进行。

主席、副主席、分院的主席及其副手的选举应在任命国际体育仲裁委员会成员未来 4 年任期后的国际体育仲裁委员会会议上进行。

3. 任命第 S7 条 a、b、c 项下所列举的常设委员会。

4. 在国际体育仲裁院资格委员会的提议下任命组成国际体育仲裁院仲裁员名册上的仲裁员以及组成国际体育仲裁院调解员名册上的调解员，同时也有权将其罢免。

5. 通过申请回避委员会解决有关申请回避及撤换仲裁员的争议，

以及按照程序规则授予的其他职能。

6. 负责国际体育仲裁院的财务工作以及财务报告。为此目的，尤其需要行使以下职能：

（1）收取并掌管为其运作而拨付的资金；

（2）批准由国际体育仲裁院的院办公室以及反兴奋剂分院的院办公室拟定的国际体育仲裁委员会的预算；

（3）批准根据瑞士国内法要求拟定的国际体育仲裁委员会的年度报告和财务报表。

7. 根据主席的提议，任命国际体育仲裁院的总干事，并有权终止其职务。

8. 建立包括替代性听证中心在内的区域性、地方性、永久性或临时性的仲裁中心。

9. 为帮助没有足够资金的自然人能够在国际体育仲裁院提起仲裁，创设法律援助基金。为了该基金的运作，设立包括就此类请求作出决定的法律援助委员会在内的国际体育仲裁院的法律援助指南。

10. 为保护当事人的权利，推动与体育有关的争议通过仲裁和调解的方式解决，采取其他其认为必要的行动。

第 S7 条 国际体育仲裁委员会可以自行行使自身的职能，也可通过如下方式行使职能：

1. 由国际体育仲裁委员会的主席、2 名副主席以及普通仲裁分院的主席和上诉仲裁分院的主席共同组成的理事会。

2. 下列常设委员会：

a. 由 2 名根据本法典第 S4 条 d、e 项任命的国际体育仲裁委员会的成员（其中 1 名担任本委员会的主席）以及 3 个分院的主席组成国际体育仲裁院资格委员会。该委员会负责向国际体育仲裁委员会提议新的国际体育仲裁院的仲裁员和调解员的任命，以及建议将仲裁员和调解员从国际体育仲裁院的名册当中移除。

b. 由国际体育仲裁委员会的主席（担任本委员会的主席）以及 4 名根据本法典第 S4 条 d 项任命的国际体育仲裁委员会的成员组成法律援助委员会。该会应根据法律援助指南履行其职能。

c. 由 1 名从国际奥委会、国际体育联合会以及国家奥林匹克委员会协会的选任或成员之外任命的国际体育仲裁委员会的成员（担任本委员会的主席）以及 3 个分院的主席和副主席（只要申请回避的特定程序涉及分院的主席和副主席，则其自动不具有资格）组成申请回避委员会。该会应根据本法典第 R34 条和第 R35 条履行其职能。

国际体育仲裁委员会不得授权其理事会行使第 S6 条第 1、2、6.2 和 6.3 款所列之职能。

（三）运行

第 S8 条

1. 当国际体育仲裁院的活动有需要时，国际体育仲裁委员会应召开会议，而且每年应至少召开 1 次会议。

国际体育仲裁委员会参加会议的法定人数为至少一半的成员。决议由与会或经包括电子邮件或任何其他适当的电子手段在内的通信作出表决的多数意见通过。在计算上述的多数票时，弃权票、空白票以及毁损票不被考虑。不允许代理投票。如果主席同意或应至少出席人数的 1/4 的成员请求，投票应当以无记名投票的方式进行。在票数相等的情况下，主席拥有决定性的一票。

国际体育仲裁委员会可以通过电话会议、视频会议或任何其他电子方式召开会议并作出决定。

2. 本法典的任何修改都须由国际体育仲裁委员会成员的 2/3 以上通过方可进行，并且应适用第 S8.1 条的规定。

3. 国际体育仲裁委员会的成员均可以竞选国际体育仲裁委员会的主席职位。竞选人登记应当在不晚于选举会议召开 4 个月之前以书面的形式完成并提交总干事。

国际体育仲裁院主席的选举应当在任命国际体育仲裁委员会成员未来 4 年任期之后举行的国际体育仲裁委员会会议进行。选举国际体育仲裁院主席的法定人数为国际体育仲裁委员会 3/4 的成员。主席只有经出席人员的绝对多数通过方得以选举产生。如果有 1 位以上的竞选人竞选主席职务，则应组织循环投票。如果没有人获得绝对多数票，则每一轮得票最少的竞选人应当被淘汰。如果 2 位或 2 位以上的竞选人的票数相等，则应当在他们之间组织投票，从而淘汰得票较少的竞选人。如随后的投票结果仍然相等，则年长的竞选人胜出。

如果出席投票的人数没有达到法定人数或者循环投票中的最后竞选人或唯一竞选人在最后一轮投票中未获得绝对多数票，则现任主席将继续担任其职位直至新的选举举行。新的选举应当根据以上规则在失败选举后 4 个月之内进行，但通过简单多数从剩下的 2 位或更少的竞选人当中选出主席的除外。

上述选举应当以无记名投票的方式进行，且不得以通信的方式投票。

4. 国际体育仲裁院总干事以提供咨询建议的身份参与决策，担任国际体育仲裁委员会的秘书，并监督国际体育仲裁院的院办公室的活动。

第 S9 条 国际体育仲裁委员会的主席同时担任国际体育仲裁院的主席，并负责国际体育仲裁委员会交办的日常行政事务。

第 S10 条 在国际体育仲裁委员会主席的召集之下，国际体育仲裁委员会的理事会应当召开会议。

国际体育仲裁院总干事以提供咨询建议的身份参与决策，并担任理事会的秘书。

参加理事会会议的法定人数为其 3 名。上述决定由与会或通过包括电子邮件或任何其他适当的电子方式在内的通信表决的成员简单多数作出。如票数相等，主席拥有决定性的一票。

国际体育仲裁委员会的理事会可以通过电话会议、视频会议或任何其他电子方式召开会议并作出决定。

第 S11 条 如存在对国际体育仲裁委员会或其理事会的某位成员的独立性产生合理怀疑的情势，则仲裁的当事人可以申请回避。国际体育仲裁委员会或其理事会应根据第 S6 条第 4 款的规定作出决定。如在决定事项之仲裁程序当中，其所属的与体育有关的组织是一方当事人或其所属的律师事务所的一名成员是仲裁员或律师，则该成员应当主动提出回避。

除了被申请回避的成员之外，国际体育仲裁委员会应当就该申请回避的程序作出决定。

已回避的成员不得再参与相关仲裁的讨论，且不得接收任何国际体育仲裁委员会以及理事会有关此类仲裁所采取行动的信息。

三、国际体育仲裁院

（一）任务

第 S12 条 根据第 R27 条及下述的程序规则，国际体育仲裁院组建负责通过仲裁和/或调解的方式解决体育领域争议的仲裁庭。

为此目的，国际体育仲裁院须提供设施、实现仲裁庭的组建，并监督程序的有效开展。

仲裁庭的职责特别包括以下内容：

a. 通过普通仲裁解决提交给他们的争议；

b. 作为一审或者唯一的裁判机构解决与反兴奋剂有关的事项；

c. 通过上诉仲裁程序解决关于联合会、协会或其他与体育有关的组织等决定的争议，只要该体育组织章程、规章或具体协议对此作出规定；

d. 通过调解解决提交给他们的争议。

（二）仲裁员和调解员

第 S13 条 根据第 S6 条第 3 款，国际体育仲裁委员会所指定的人员应列于国际体育仲裁院的名册，每届任期为 4 年，可以连任。国际体育仲裁委员会每 4 年审查完整的名册，新名册将自形成后的次年的 1 月 1 日起生效。

上述名册应至少包括 150 名仲裁员以及 50 名调解员。

第 S14 条 国际体育仲裁委员会应指定经过适当的法律训练、在体育法和（或）国际仲裁领域拥有被认可的能力、拥有体育的基本知识且至少掌握一门国际体育仲裁院工作语言的人士进入仲裁员名册。此类人士的姓名和资质应通过国际奥委会、国际体育联合会、国家奥林匹克委员会以及上述体育组织的运动员委员会以推荐等方式引起国际体育仲裁委员会的关注。国际体育仲裁委员会可以确定仲裁员具有处理某些类型争议的专业知识。

国际体育仲裁委员会应指定拥有调解经验且掌握体育方面基本知识的人士进入调解员名册。

第 S15 条 国际体育仲裁委员会应公布此类国际体育仲裁院的仲裁员和调解员的名册以及随后的修订版本。

第 S16 条 当任命仲裁员和调解员时，国际体育仲裁委员会应当考虑到各大洲的代表以及不同的法律文化。

第 S17 条 在不违反第 R27 条及下述的程序规则的前提下，如果出现国际体育仲裁院的仲裁员辞职、死亡或因其他原因不能履行职能的情况，则其剩余的任期应替换为符合任命条件的其他人。

第 S18 条 名列仲裁员基本名册的仲裁员可以服务于由国际体育仲裁院各分院组成的仲裁庭。然而，名列国际体育仲裁院反兴奋剂分院仲裁员特别名册的仲裁员不得以仲裁员的身份服务于国际体育仲裁院上诉仲裁分院进行的任何程序当中。

一经任命，国际体育仲裁院的仲裁员和调解员需签署一份法定声明，承诺以私人身份履行职能，且完全客观、独立和公正地遵守本法典的规定。

国际体育仲裁院的仲裁员和调解员不得在国际体育仲裁院仲裁程序中担当当事人的律师。

第 S19 条 国际体育仲裁院的仲裁员和调解员应受本法典规定的有关保密义务的约束。尤其不能向第三方当事人披露诉诸国际体育仲裁院发生的所有相关事实或其他信息。

如果国际体育仲裁院的仲裁员或调解员违反本法典的规定或其行为影响国际体育仲裁委员会或国际体育仲裁院的声誉. 则国际体育仲裁委员会可以暂时或永久性地将该仲裁员或调解员从国际体育仲裁院成员名册当中移除。

（三）国际体育仲裁院的组织

第 S20 条 国际体育仲裁院由普通仲裁分院、反兴奋剂分院和上诉仲裁分院三大分院组成。

a. 普通仲裁分院组成其职责在于解决通过普通程序提交争议的仲裁庭，并通过该分院的主席或其副手行使第 R27 条及下述的程序规则授予的有关程序有效运行的所有其他职能。

b. 反兴奋剂分院组成其职责在于作为一审或者唯一的裁判机构解决与反兴奋剂有关事项争议的仲裁庭，并通过该分院的主席或其副手行使第 A1 条〔4〕及下述的程序规则授予的有关程序快速、有效运行的所有其他职能。

c. 上诉仲裁分院组成其职责在于解决关于联合会、协会或其他与体育有关的组织决定争议的仲裁庭，只要上述体育组织章程、规章或具体协议对此加以规定。其通过该分院的主席或其副手行使第 R27 条及下述的程序规则授予的有关程序有效运行的所有其他职能。

提交国际体育仲裁院的仲裁案件应由国际体育仲裁院的院办公室通过适当的方式分配给某一分院。当事人不得针对此类分配提出异议或认为其构成违规的事项。如果在仲裁程序过程中情况发生变化，在征求仲裁庭的意见之后，国际体育仲裁院的院办公室可以将案件分配给另一分院。该重新分配不妨碍此前进行的仲裁庭的组成以及任何程序、决定或者命令的有效性。

国际体育仲裁院的调解机制应根据《国际体育仲裁院调解规则》进行。

第 S21 条 如存在对任一分院主席的独立性产生合理怀疑的情势，则在分院仲裁的一方当事人可以请求其回避。在分配给该分院的仲裁程序当中，其所属的与体育有关的组织是一方当事人，或其所属的律师事务所的一名成员担任仲裁员或律师，则该分院的主席应主动回避。

国际体育仲裁委员会应当就该申请回避的程序作出决定。此时，被申请回避的分院主席不应参加。

当分院的主席被申请回避时，则根据第 R27 条及下述的程序规则授予他的有关程序有效运行的职能由他的副手实施；如果副手也被申请回避，则由国际体育仲裁院主席行使。被提请回避的人不得获取国际体育仲裁院就有关导致其回避的仲裁案件所作行动的所有信息。

第 S22 条 国际体育仲裁院包含由 1 位总干事及 1 位或 1 位以

---

〔4〕 此处的 A 为 Article 的简写，特指《国际体育仲裁院反兴奋剂分院仲裁规则》（Arbitration Rules applicable to the CAS Anti-doping Division）的规定。译文参见董金鑫、于凯乐：《国际体育仲裁院反兴奋剂分院仲裁规则》，载《中国国际私法与比较法年刊》2016 年。

上的顾问组成的院办公室。在必要时，顾问可以代替总干事。

国际体育仲裁院的院办公室应履行本法典授予的职能。

四、杂项规定

第 S23 条　本规章由国际体育仲裁委员会通过的程序规则以及《国际体育仲裁院反兴奋剂分院仲裁规则》加以补充。

第 S24 条　英文文本、法文文本和西班牙文文本具有同等效力。如存在差异，以法文文本为准。

第 S25 条　根据第 S8 条的规定，本规章可以由国际体育仲裁委员会作出的决定予以修订。

第 S26 条　本规章和程序规则经国际体育仲裁委员会 2/3 以上的成员作出决定方能生效。

第二部分　程序规则

一、基本条款

第 R27 条　规则的适用

如当事人约定将与体育有关的争议提交国际体育仲裁院解决，则适用本部分的程序规则。就普通仲裁程序而言，此类提交可以产生于合同或规章中包含的仲裁条款或事后达成的仲裁协议；就上诉仲裁程序而言，可能会涉及对联合会、协会或与体育有关的组织作出决定的上诉，只要此类组织的章程、规章或具体协议对此加以规定。

此类争议可以关涉体育的原则问题、金钱问题或体育实践或发展的其他利益，包括与体育有关的任何一般性的活动或事项。

第 R28 条　仲裁地

国际体育仲裁院及各个仲裁庭的仲裁地都位于瑞士洛桑。但在必要的情况下，经各方当事人的同意，首席仲裁员可以决定在其他地点进行庭审，并公布与该庭审相关的适当指示。

第 R29 条 语言

法语、英语和西班牙语构成国际体育仲裁院的工作语言。如当事人未能对此达成协议，首席仲裁员，或在尚没有指定他（她）时的相关分院的主席，应当于程序开始时在考虑所有相关情形后选择其中的一门语言作为仲裁工作语言。此时，除非当事人和仲裁庭另有约定，本案程序应完全使用该门语言。

经仲裁庭以及国际体育仲裁院的院办公室同意，当事人可以主张选用英语、法语和西班牙语之外的其他语言。如经同意，国际体育仲裁院的院办公室与仲裁庭可共同决定选择语言的条件；仲裁庭可以要求当事人承担全部或部分的翻译和解释的费用。如果将要举行庭审，仲裁庭可以允许当事人使用由仲裁所选择使用语言之外的语言，只要其自行负担费用并加以解释且该语言也来自仲裁官方语言。

仲裁庭以及在仲裁庭组建之前的分院主席，可以要求所有未以本程序使用的工作语言形式提交的文件附有经证明合格的工作语言译文。

第 R30 条 代理和协助

当事人可选择由他人代理或协助。当事人的代理人的姓名、地址、电子邮件地址、电话和传真号码应告知国际体育仲裁院的院办公室、对方当事人以及仲裁庭。由律师或其他人代理的当事人应当向国际体育仲裁院的院办公室提交书面授权委托确认书。

第 R31 条 通知和通信

国际体育仲裁院或仲裁庭向当事人下达的所有通知和通信均应通过国际体育仲裁院的院办公室作出。通知和通信应送至仲裁申请、上诉状所载明的地址，或任何在此之后确定的地址。

国际体育仲裁院和仲裁庭作出的所有仲裁裁决、命令以及其他的决定都应以快递、传真和（或）电子邮件的方式通知。通讯方式至少要满足证明接收的需要。

仲裁申请、上诉陈述或其他任何书面陈情，无论是以印刷还是储存在数字媒介的形式，都应当由当事人通过快递提交国际体育仲裁院的院办公室。除了要向国际体育仲裁院提交之外，所提交的复印件数应与其他当事人、仲裁员的人数相等。否则，国际体育仲裁院不会启动仲裁程序。如果书面陈情事先以电子传真或经由国际体育仲裁院官方电子邮件地址（procedure@ tas-cas. org）的电子邮件形式传递，只要书面陈情及其复印件在前述相应的期限内之后的第一个工作日由快递或上传至国际体育仲裁院电子提交平台的方式提交，则在国际体育仲裁院的院办公室收到此类电子传真或电子邮件时，提交是有效的。

如果满足国际体育仲裁院有关电子提交指示所规定的条件，则允许上述陈情通过电子邮件的方式提交。

附在任何书面陈情之后的证据可通过电子邮件方式提交国际体育仲裁院的院办公室，只要它们被详细列明且每项能清晰地认定；国际体育仲裁院的院办公室可以相同的方式提交。当事人与国际体育仲裁院的院办公室或仲裁庭的任何其他通信都应当经由快递、传真或电子邮件的方式送达国际体育仲裁院的院办公室。

第 R32 条　时间限制

本法典所确定的时间限制应自国际体育仲裁院收到通知的次日起计算。法定节假日和非工作日包括在时间限制的计算之内。如当事人在该期限届满的最后一日的晚上 12 点（以其住所地及在有代理人的情况下以他们的主要法定代理人的住所地的时间计算）之前发出通信，则本法典确定的时间限制应予以尊重。如果时间限制届满前的最后一日是通知目的地国的法定节假日或非营业日，则时间限制应于此后的第一个工作日届满。

除了就上诉陈述提交确定的时间限制之外，如果在最初给定的时间限制尚未到期的情况下，基于正当的理由申请且同其他当事人协商，首席仲裁员，或在尚没有指定首席仲裁员时的相关分院的主席，可以延长程序规则规定的时间限制。除了上诉陈述的时间限制之外，任何首次最长 10 日的延期申请可以由国际体育仲裁院的总干事决定，而无须与其他当事人协商。

仲裁庭或在仲裁庭尚未组成时的相关分院的主席，可以基于当事人正当的理由申请，在有限的期间内停止正在进行的仲裁。

第 R33 条　仲裁员的独立性和资格

每位仲裁员都应当独立于当事人，而且公正无私。仲裁员需要立即披露可能会影响到自身对任何一方当事人独立性之情势。

仲裁员应当列入国际体育仲裁委员会根据作为本法典一部分的规章拟订之名册，能熟练运用仲裁的语言，并具备迅速完成仲裁的各项能力。

第 R34 条　申请回避

如果对仲裁员的独立性或公正性存在合理怀疑之情势，可以对仲裁员申请回避。回避请求应在知悉回避理由的 7 日内提出。

申请回避委员会应作出回避与否的决定，并有权将案件提交至国际体育仲裁委员会。仲裁员的回避申请应当由主张回避的一方当事人以阐述引起回避的事由的申请书形式提出，并提交国际体育仲裁院的院办公室或国际体育仲裁院反兴奋剂分院的院办公室。申请回避委员会或国际体育仲裁委员会应在要求其他当事人、被申请回避的仲裁员以及其他仲裁员提交书面意见后就回避事项作出决定。此类意见应当由国际体育仲裁院的院办公室或国际体育仲裁院反兴奋剂分院的院办公室负责向当事人和本案的其他仲裁员通知。申请回避委员会或国际体育仲裁委员会应就其决定给出简要的理由，并决定是否公布。

第 R35 条　撤换

当出现仲裁员拒绝、因故不能履行职责或在一段合理的时间内未履行本法典规定职责的情况时，申请回避委员会可以撤换仲裁员。申请回避委员会应邀请当事人、被质疑的仲裁员以及本案其他仲裁员（如果有的话）提交书面意见，并就其决定给出简要的理由。当事人不得请求撤换仲裁员。

第 R36 条　替换

如出现仲裁员辞职、死亡、撤换或回避的情形，则应根据任命该仲裁员的规定加以替换。如果在国际体育仲裁院的院办公室确定的期限内，申请人或上诉人没有指定取代其先前任命的仲裁员的新的仲裁员，则仲裁不应当启动，已经启动的程序也应当终止。除非当事人另有约定或仲裁庭另有决定，程序应继续进行，而不再重复替换之前的任何程序。

第 R37 条　临时和保全措施

在用尽联合会或与体育有关组织的规则所规定的内部法律救济之前，任何一方当事人均不得根据本程序规则申请临时或保全措施。

如果申请人提出临时措施请求，申请人应当支付 1000 瑞士法郎且不予返还的院办公室费。如不支付，国际体育仲裁院将不会启动该程序。就同一案件提出仲裁要求或上诉陈述时，则无需再次支付国际体育仲裁院的院办公室费用。

应一方当事人的申请，在将案卷移交仲裁庭之前，由相关分院的主席，或者在此之后，由仲裁庭作出采取临时或保全措施的命令。在同意将按本程序规则进行的普通仲裁程序或上诉仲裁程序处理争议时，当事人有明示放弃向国家机关或法庭请求作出此类措施的权利。

如果此类临时措施的申请被受理，则根据具体情况由相关分院的主席或仲裁庭的首席仲裁员要求另一方当事人在 10 日内或于必要时在更短的期限内表明其立场。相关分院的主席或仲裁庭的首席仲裁员应迅速地作出命令并对是否有初步证据证明国际体育仲裁院拥有管辖权的事项作出决定。如果分院的主席决定国际体育仲裁院明显不具有管辖权，则可以终止仲裁程序。在特别紧急的情况下，于将案卷移交仲裁庭之前由相关分院的主席，或者在此之后由仲裁庭的首席仲裁员作出命令，可以仅根据当事人的申请作出命令，但是随后应听取异议一方的意见。

在决定是否要作出先行救济的裁决时，分院的主席或仲裁庭的首席仲裁员应考虑该救济是否为保护申请人免于遭受不可弥补伤害所必需、案件实体问题胜诉的可能性以及申请人的利益是否大于对方。

如果要求作出命令的一方当事人没有于申请普通程序中临时措施之后的 10 日内或于上诉程序在符合本法典第 R49 条规定的时间限制内作出的任何上诉陈述之后的 10 日内提出有关的仲裁请求，则临时措施程序以及已经采取的临时措施将自动废止。上述时间限制不得延长。

可以将担保条款作为作出临时和保全措施的前提条件。

二、适用于普通仲裁程序的特别条款

第 R38 条　仲裁申请

意图根据本程序规则提起仲裁的当事人即申请人应向国际体育仲裁院的院办公室提交申请书。该申请书应包括：

（1）被申请人的姓名和详细地址；

（2）事实和法律依据的简要陈述，包括对将要提交国际体育仲裁院审理事项的陈述；

（3）所请求的救济；

（4）包含仲裁协议的合同复印件，或规定应根据本程序规则进行仲裁的任何文件的复印件；

（5）关于仲裁员的人数和人选的相关信息；如仲裁协议约定由3名仲裁员审理，则应写明申请人从国际体育仲裁院的仲裁员名册当中选择的1名仲裁员的姓名。

在提起申请时，申请人应向国际体育仲裁院的院办公室支付第R64.1条规定的费用。

如果上述要求在提出仲裁申请时不能完成，国际体育仲裁院的院办公室可以给予申请人一个较短的时间期限来完成要求。如果在该期限届满仍没有完成，则国际体育仲裁院的院办公室不应启动程序。

第 R39 条　国际体育仲裁院对仲裁的启动、答复以及国际体育仲裁院的管辖权

除非一开始即清晰无误地表明没有提交国际体育仲裁院仲裁的协议，否则国际体育仲裁院的院办公室应采取所有适当的行动启动仲裁程序。国际体育仲裁院的院办公室应将仲裁申请书送达被申请人，要求当事人明确争议实体问题应适用的法律，确定被申请人提交关于仲裁员的人数和从国际体育仲裁院名册当中加以选择的任何相关资料以及对仲裁申请书的答复。

答复应包括：

(1) 抗辩的简要陈述；

(2) 任何无管辖权的抗辩；

(3) 任何反诉。

在申请人支付本法典第 R64.2 条规定的费用预付款中所占的份额后，被申请人可要求确定提交答复的时限。

仲裁庭应就其自身的管辖权作出裁决。除非存在实质理由要求中止程序，管辖裁决的作出无须考虑此前由各国法院或其他的仲裁庭就相同当事人之间的相同事项正在进行的任何法律程序。

如果当事人对国际体育仲裁院的管辖权提出异议，则国际体育仲裁院的院办公室或已经组建的仲裁庭应当要求提出异议的一方就管辖权问题提供书面陈情。仲裁庭可以在先决裁定或实体裁决当中就是否具有管辖权问题作出决定。

如果当事人一方提出的仲裁请求与国际体育仲裁院正在进行的普通程序案件所依据的仲裁协议及事实类似，则在与当事人协商之后，仲裁庭的首席仲裁员或在尚未指定首席仲裁员时的分院主席可以决定将两个程序的案件合并审理。

第 R40 条　仲裁庭的组成

第 R40.1 条　仲裁员人数

仲裁庭应由 1 名或 3 名仲裁员组成。如果仲裁协议未明确仲裁员的人数，分院的主席应在考虑案件的具体情况的基础上确定仲裁员人数。在申请人要求时，或在被申请人没有在国际体育仲裁院的院办公室规定的期限内预缴其应缴纳份额的费用时，分院的主席可以选择任命独任仲裁员。

第 R40.2 条　仲裁员的任命

当事人可以约定从国际体育仲裁院名册中任命仲裁员的方法。如无此约定，则应根据下列规则任命仲裁员。

如果按照仲裁协议或分院主席的决定将任命 1 名独任仲裁员，则当事人可在院办公室收到仲裁申请书后的 15 日之内达成共同选择的协议。如在该期限内未达成协议，则由分院的主席进行任命。

如果按照仲裁协议或分院主席的决定将任命 3 名仲裁员，则申请人应在其仲裁申请中或在确定仲裁员数量的决定所规定的期限内提名仲裁员。如果未作选择，则申请人的仲裁申请应当被视为撤回。被申请人在确定仲裁员数量的决定所规定的期限内任命仲裁员，该期限应自收到仲裁申请之日起计算。如果未作出选择，则分院的主席应代被申请人任命。依照上述方式任命的 2 名仲裁员应在国际体育仲裁院的院办公室确定的期限内共同指定 1 名首席仲裁员。如果 2 名仲裁员在此期限内未达成一致，则分院的主席应代其任命仲裁庭的首席仲裁员。

第 R40.3 条　仲裁员的确认和案卷的移交

当事人和其他仲裁员提名的仲裁员仅在分院的主席确认后才被视为任命。分院的主席应证实该仲裁员符合第 R33 条的要求。

一旦仲裁庭组成，则除非双方当事人都没有根据第 R62.4 条的规定预缴费用，国际体育仲裁院的院办公室应通告仲裁庭的组成情况并向仲裁员移交案卷。

可以指定 1 名独立于当事人的临时职员协助仲裁庭开展工作，其报酬应当包括在仲裁费用当中。

第 R41 条　多方当事人的仲裁

第 R41.1 条　多个申请人和/或被申请人

如仲裁申请列有多个申请人和（或）被申请人的姓名，则国际体育仲裁院应根据当事人约定的仲裁员人数及任命方式组成仲裁庭。如当事人未作出约定，分院的主席应根据第 R40.1 条确定仲裁员的人数。

如任命独任仲裁员，则适用第 R40.2 条。如需要任命 3 名仲裁员且有多个申请人，则申请人应共同提名 1 名仲裁员；如需要任命 3 名仲裁员且有多个被申请人，则被申请人应共同提名 1 名仲裁员。如未能作出共同提名，分院的主席应进行此种特别任命。

如存在代表不同利益的三方或三方以上的当事人，应根据当事人的协议任命 2 名仲裁员。如不存在此种协议，则 2 名仲裁员应根据第 R40.2 条由分院的主席任命。

无论任何情况，2 名仲裁员均应根据第 R40.2 条选择首席仲裁员。

第 R41.2 条 （第三人的）加入

如果被申请人希望使第三人参加仲裁程序，应在其答复中明确提出此种要求和理由，并提交额外的一份答复。院办公室应将该复印件送达该被要求参加仲裁的第三人，并确定其关于参加仲裁的立场并根据第 R39 条确定作出答复的期限。院办公室亦应确定申请人就该第三人参加仲裁的立场作出答复的期限。

第 R41.3 条 （第三人的）介入

如果第三人希望作为当事人参加仲裁，应在其知道仲裁的 10 日内向国际体育仲裁院的院办公室提交申请和理由。但该申请必须在审理开始之前提出，或者在审理尚未开始但质证程序已经开始时，需在该程序结束之前提出。院办公室应将该申请的复印件相应地送达给每位当事人，并确定各当事人就该第三人参加仲裁的立场及根据第 R39 条作出答复的期限。

第 R41.4 条 加入和介入的共同条款

只有在受仲裁协议约束或与其他当事人达成书面协议的情况下，第三人才可以参加仲裁程序。

在第 R41.2 条及第 R41.3 条确定的期限届满时，分院的主席或已被任命的仲裁庭的首席仲裁员应就第三人能否参加仲裁作出决定，并应当特别考虑第 R39 条关于仲裁协议依初步证据是否存在的规定。分院主席的决定不应损害仲裁庭就此相同事项作出的决定。

如分院的主席同意第三人参加仲裁，国际体育仲裁院应根据所有当事人约定的仲裁员人数及任命方式进行仲裁庭的组建。如当事人之间不存在此种协议时，分院的主席应根据第 R40.1 条确定仲裁员的人数。如果需任命独任仲裁员，则应适用第 R40.2 条的规定；如果需任命 3 名仲裁员，应根据第 R40.2 条的规定由分院的主席任命 2 名仲裁员，并由该 2 名仲裁员提名首席仲裁员。

无论仲裁庭就第三人参加仲裁作出何种决定，第三人对仲裁庭的组成都不得提出异议。如仲裁庭同意第三人参加仲裁，则应在必要时作出相关的程序性指示。

在考虑所有有关当事人的陈情后，仲裁庭应当决定第三方在程序中的身份和权利。

在考虑所有有关当事人的陈情后，仲裁庭可以允许第三方提交法庭之友书状，并确定其用语和条件。

第 R42 条　调解

分院的主席在将案卷移交仲裁庭之前，仲裁庭在接收案卷之后，可随时通过调解的方式解决争议。调解内容可以包含在经当事人同意的仲裁裁决当中。

第 R43 条　保密性

根据本程序规则进行的程序应当保密。未经国际体育仲裁院的允许，当事人、仲裁员以及国际体育仲裁院承诺不向任何第三方披露与争议或程序有关的事实及其他信息。除经所有当事人的同意或分院的主席另有决定外，裁决不应公开。

第 R44 条　仲裁庭的程序

第 R44.1 条　书面陈情的提交

仲裁庭的审理程序包括书面陈情，且原则上应开庭审理。一经收到案卷且必要时，首席仲裁员应发出有关书面提交陈情的决定。一般而言，应有一份请求以及答辩状。如情况需要，还应有一份答复和对此的答辩。当事人可在请求及答辩状中提出未在仲裁申请及对申请的答复中提出的请求。此后未经对方当事人的同意，任何一方当事人均不得提出新的请求。

在提交书面陈情的同时，当事人应提交作为依据的所有书面证据。在交换书面陈情之后，除非双方同意或仲裁庭根据案件的特殊情况允许，否则当事人无权继续提交书面证据。

在提交的书面陈情中，当事人应列出其拟传唤证人的姓名，包括拟证明内容的简要总结以及所选择专家的姓名以及其专业领域，并陈述其请求的任何其他举证方式。除了仲裁庭首席仲裁员作出其他决定，任何证人证言的陈述应与当事人的请求一并提交。

如果提起反诉申请和（或）管辖权异议，国际体育仲裁院的院办公室应指定申请人针对反诉和（或）管辖权异议作出答复的期限。

第 R44.2 条　庭审

如果需要举行庭审，首席仲裁员应当尽快作出开庭的决定，并确定庭审日期。一般应举行一次庭审，以此仲裁庭可以听取当事人、证人以及专家的意见，特别是当事人的最后口头陈述。被申请人的最后陈述应最后听取。

仲裁庭的首席仲裁员主持庭审，并确保当事人所作之陈述简明扼要，且不超出书面陈述的事项及限于与其相关的范围。除非当事人另有约定，庭审不得公开进行，并应加以记录。参与仲裁庭审理的任何人都可以由翻译人员协助，并由传唤他的当事人负担提供翻译的费用。

当事人只能传唤其在书面陈情中指明的证人和专家。每一方当事人应负担其传唤的证人和专家出席庭审的费用。

首席仲裁员可以决定以电视会议的方式进行庭审，也可以电话或电视会议的方式听取当事人、证人或专家的意见。经当事人的商定，如果证人或专家事先已经提交了声明，则首席仲裁员也可以免除证人或专家出席庭审的义务。

基于与案件无关，仲裁庭可以限制或不允许某些证人、专家到庭，或不接受某些证言。

在听取任何证人、专家或翻译人意见之前，仲裁庭应郑重告知前述人员应说明真相以及作伪证将遭受制裁的后果。

一旦庭审结束，除非仲裁庭下达命令，当事人无权进一步提交书面陈述。

征询当事人的意见，仲裁庭如认为已充分获悉案件的有关情况，可以决定不举行庭审。

第 R44.3 条　仲裁庭下的证据程序

一方当事人可以要求仲裁庭命令另一方当事人提交其占有或控制的文件。寻求获得此种文件的当事人应证明文件存在的可能性并且该文件与案件相关。

如果认为补充当事人的陈述是适当的，则仲裁庭可以在任何时候要求当事人提交额外的文件以及对证人进行询问，并采取任何其他的程序性措施。仲裁庭可以裁令当事人承担任何与庭审相关的证人和专家的额外费用。

仲裁庭应就专家的任命及其权限范围与当事人协商。专家应独立于当事人。在任命之前，仲裁庭应要求专家立即向当事人披露任何有可能影响其对当事人的独立性的情势。

第 R44.4 条　快速程序

经得当事人同意，分院的主席或仲裁庭可以快速的方式进行仲裁程序，并为此作出适当的决定。

第 R44.5 条　缺席

如申请人未能根据本法典第 R44.1 条提交请求陈述，则被视为撤回仲裁申请。

如被申请人未能根据本法典第 R44.1 条提交答复，则仲裁庭仍可以进行仲裁程序，并作出裁决。

如果任何一方当事人或其证人经适当传唤而未出庭，仲裁庭可以继续庭审并作出裁决。

第 R45 条　实体事项的法律适用

仲裁庭应根据当事人选择的法律规则解决争议；在他们未作出法律选择时，应根据瑞士的法律进行裁决。当事人可授权仲裁庭根据公允及善良原则作出裁决。

第 R46 条　裁决

裁决应依多数意见作出；如仲裁员未形成多数意见，则由首席仲裁员单独作出。裁决应以书面的形式作出，注明日期并由仲裁员签名。除非当事人另有约定，裁决应当简要地说明理由。裁决由首席仲裁员 1 人签名，或在首席仲裁员未签名时由其他的 2 名仲裁员签名。在签发前，裁决应当提交至国际体育仲裁院的总干事。总干事可以作纯粹形式上的修改，还可以提醒仲裁庭注意基本的原则问题。不同的意见不被国际体育仲裁院认可，且不会通知。

仲裁庭可以决定在理由作出前是否告知当事人裁决的关键部分。裁决自关键事实通过快递、传真和/或电子邮件的方式进行通知之时即可以执行。

除了在裁决通过邮件或快递通知后的 30 日内可求助于瑞士法下的救济外，经国际体育仲裁院的院办公室通知的裁决是终局性的，对当事人具有约束力。如果双方当事人在瑞士均无住所、惯常居所或营业机构，而且在仲裁协议或随后特别是仲裁开始后签订的协议中明确排除所有撤销程序的启动，则其不得通过撤销之诉的方式对裁决提出异议。

三、适用于上诉仲裁程序的特别条款

第 R47 条　上诉

上诉人可以针对联合会、协会或其他与体育有关的组织所作决定向国际体育仲裁院提起上诉，只要该组织的章程、规章如此规定或当事人订立了具体的仲裁协议且上诉人在上诉前已经用尽该组织的章程、规章规定的法律救济。

上诉人可以就国际体育仲裁院充当一审仲裁庭作出的裁决向国际体育仲裁院提起上诉，如果此种上诉明确为相关联合会或与体育有关的组织的规则所规定。

第 R48 条　上诉申请

上诉人应当向国际体育仲裁院提交一份上诉申请。该上诉申请应包含：

（1）被上诉人的姓名和详细地址；

（2）上诉所针对的决定的复印件；

（3）上诉人所请求的救济；

（4）在不影响第 S18 条适用的前提下，除非要求任命独任仲裁员，上诉人从国际体育仲裁院名册中提名的仲裁员；

（5）如有必要，停止执行被上诉决定的申请书，并附具理由；

（6）作为国际体育仲裁院上诉对象的章程、规章或具体协议的条款的复印件。

在提起上诉申请时，上诉人应向国际体育仲裁院的院办公室支付第 R64.1 条或第 R65.2 条规定的费用。

如果上述要求在提出上诉申请时尚不能完成，则国际体育仲裁院的院办公室可以给予上诉人一个较短的时间期限来完成此类要求。如果在该期限届满时仍没有完成，则国际体育仲裁院的院办公室不应启动程序。

第 R49 条　上诉的期限

如联合会、协会或与体育有关的组织的章程、规章或其他的事

先协议未加以规定，则上诉期限为收到可提出上诉的决定之日起的21日内。如果上诉申请明显超过这一期限，分院的主席不应启动程序，并需要告知提交文件的当事人。当程序已经开始，如果上诉申请明显晚于这一期限，则当事人可以要求分院的主席或在仲裁庭已组建时的首席仲裁员终止该程序。在考虑其他当事人提交的陈情之后，分院的主席或首席仲裁员应当作出决定。

第 R50 条　仲裁员的人数

除非当事人一致同意仲裁庭由独任仲裁员组成，或在当事人没有对仲裁员的人数进行约定时，分院的主席在考虑包括被上诉人是否在国际体育仲裁院的院办公室规定的期限内预缴其应缴纳份额的费用在内的案件具体情况后决定将上诉案件交由独任仲裁员审理，否则上诉原则上应当交由 3 名仲裁员组成的仲裁庭解决。

当 2 个或 2 个以上的案件明显涉及同一问题，则上诉仲裁分院的主席可以要求当事人将上述案件交由同一仲裁庭审理；如果当事人未获得一致意见，则上诉仲裁分院的主席应当作出决定。

第 R51 条　上诉摘要

在上诉期限届满之后的 10 日内，上诉人应向国际体育仲裁院的院办公室提交一份简要阐述对引起上诉的事实和法律看法的摘要，并附具其拟作依据的所有证据及其他证据的说明。如果上诉人在相同的期间内以书面形式告知国际体育仲裁院的院办公室，则该上诉陈述应当被视为上诉摘要。如果上诉人未在此时间内提交，则会被视为撤回上诉。

在其书面陈情中，上诉人应列出其拟传唤证人的姓名，包括拟证明内容的简要总结以及所选择专家的姓名以及其专业领域，并应陈述其要求的任何其他证据措施。除了仲裁庭首席仲裁员作出其他决定外，证人证言的陈述应与上诉摘要一并提交。

第 R52 条　国际体育仲裁院仲裁程序的启动

除非一开始即清晰无误地表明没有提交国际体育仲裁院仲裁的协议，仲裁协议明显与争议无关，或上诉人可以获得的内部法律救济明显没有穷尽，国际体育仲裁院应采取所有适当的行动启动仲裁程序。国际体育仲裁院的院办公室应将上诉申请送达被上诉人。分院的主席应根据第 R53 条和第 R54 条进行仲裁庭的组成程序。如有必要，他（她）也应就任何中止程序或临时措施的申请作出快速决定。

出于告知的目的，国际体育仲裁院的院办公室应当将上诉申请和上述摘要的副本送至被上诉决定的机构。

除当事人另有协议之外，国际体育仲裁院的院办公室可以公开发布任何上诉仲裁程序的启动以及随后关于仲裁庭的组成以及开庭的日期。

经当事人同意时的仲裁庭，或在仲裁庭尚未组成时的分院的主席，可以快速的方式进行仲裁程序，并为此作出适当的决定。

如果当事人一方提出的上诉请求与国际体育仲裁院正在进行的上诉程序案件相关，仲裁庭的首席仲裁员，如尚未任命，则该分院的主席，在听取当事人提交陈情之后，可以决定将两个程序的案件合并。

第 R53 条　由被上诉人提名的仲裁员

除非当事人一致同意仲裁庭由独任仲裁员组成，或分院的主席认为案件应当交由独任仲裁员审理，否则被上诉人应当在收到上诉申请的 10 日内提名仲裁员。如果在此时间期限内没有提名，则分院的主席应当作出任命。

第 R54 条　独任仲裁员或首席仲裁员的任命以及国际体育仲裁院对仲裁员的确认

如根据当事人的协议或分院主席的决定应任命 1 名独任仲裁员，则分院的主席自收到上诉意见或作出仲裁员人数的决定时即任命独任仲裁员。

如应委任 3 名仲裁员，则于被上诉人提名仲裁员时，在征询仲裁员的意见后，分院的主席应任命首席仲裁员。当事人提名的仲裁员仅在分院的主席予以确认之后才视为任命。在此种确认进行之前，分院的主席应证实该仲裁员符合第 R33 条的要求。

一旦仲裁庭组成，除非双方当事人都没有根据本法典第 R64.2 条预缴费用，否则，国际体育仲裁院的院办公室应通知仲裁庭的组成情况并向仲裁员移交案卷。

可以指定 1 名独立于当事人的临时职员协助仲裁庭。其报酬应当包括在仲裁费用当中。

除了首席仲裁员由上诉仲裁分院的主席任命的规定之外，第R41条法庭之友的规定适用于上诉仲裁程序。

第 R55 条　被上诉人的答辩状及国际体育仲裁院的管辖权

自收到上诉理由之日起的 20 日内，被上诉人应向国际体育仲裁院的院办公室提交一份答辩状，该答辩状应当包括：

（1）抗辩的理由；

（2）任何无管辖权的抗辩；

（3）被上诉人试图依赖的证据或其他证据的说明；

（4）任何证人的姓名，包括拟证明内容的简要总结。除非首席仲裁员另行决定，应当与答辩状内容一起提交的证人证言；

（5）所邀请的专家的姓名，应说明其专业的领域，并陈述其要求的任何其他证据措施。

如被上诉人未在规定的时限内提交答辩状，仲裁庭可以继续仲裁程序，并作出裁决。

被上诉人可以在请求上诉人根据本法典第 R64.2 条的规定预缴其应缴纳份额的费用之后的一段时间期限内提交答辩状。

仲裁庭应就其自身的管辖权作出裁决。除非存在实质理由要求中止程序，管辖裁决的作出无须考虑此前由各国法院或其他的仲裁庭就相同当事人之间的相同事项正在进行的任何法律程序。

如果当事人对国际体育仲裁院管辖权提出异议，则国际体育仲裁院的院办公室或已经组建的仲裁庭必须要求提出异议的一方就管辖权提供书面陈情。仲裁庭可以在先决裁定或实体裁决当中就管辖权作出决定。

第 R56 条　上诉申请、答辩状的完善以及调解

除非当事人另有约定或首席仲裁员根据特殊情况另有指令，在提交上诉申请和答辩状后，当事人无权补充或修改其请求和主张、提交新的证据或详述其拟依据的新证据。

仲裁庭可随时寻求通过调解的方式解决争议。经当事人的同意，所有和解内容可以包含在仲裁裁决当中。

第 R57 条　仲裁庭审查的范围以及庭审

仲裁庭应拥有审查事实和法律的充分权力。它可以作出一个新的决定以取代被提出上诉的决定，或者撤销某项决定从而使案件回复到原审的状态。首席仲裁员可要求那些其决定被上诉的联合会、协会或与体育有关的组织提交组织的案卷。一旦国际体育仲裁院的案卷移交仲裁庭，仲裁庭的首席仲裁员应当作出有关审理当事人、证人和专家以及口头陈述的决定。

在征询当事人的意见之后，仲裁庭如认为已充分获悉案件的有关材料，可以决定不举行庭审。除非当事人另有约定，庭审程序应不公开进行。如在作为程序一方当事人的自然人的请求下，那些纪律性的事项应当举行公开庭审。然而当出于如未成年人的利益或保护当事人的私人生活而有此需要等道德、公共秩序、国家安全的考虑，公开会损害正义的利益，程序仅关乎法律问题或者在一审中的庭审已经公开进行，则可以拒绝此类请求。

如果在被上诉的决定作出之前，此种证据能够为该方当事人所获取，或者有合理理由认为其能够发现，则仲裁庭有权排除当事人提交的此类证据。第 R44.2 条和第 R44.3 条的规定同样应予适用。

如果任何一方当事人或其证人经适当传唤未出庭，仲裁庭可以继续庭审，并且作出裁决。

第 R58 条　实体事项的法律适用

仲裁庭应当根据可以适用的体育组织的规章以及作为补充的当事人选择的法律规则解决争议；在当事人没有选择的情况下，则根据作出被上诉决定的联合会、协会或与体育有关的组织住所地国的法律或者仲裁庭认为适合的法律规则。就后一种情形，仲裁庭应当给出裁判的理由。

第 R59 条　裁决

裁决应依多数意见作出；如仲裁员未形成多数意见，则由首席仲裁员单独作出。裁决应以书面的形式作出，注明日期并由仲裁员签名。裁决应当简要地说明理由。裁决由首席仲裁员独自签名或在首席仲裁员未签名时由其他 2 名仲裁员签名即可生效。

裁决在签发之前应当提交至国际体育仲裁院的总干事。总干事可以作单纯形式上的修改，还可以提醒仲裁庭注意基本的原则问题。不同的意见不被国际体育仲裁院认可，且不会通知当事人。

仲裁庭可以决定在理由作出前是否告知当事人裁决的关键部分。裁决自关键事实通过快递、传真和（或）电子邮件的方式进行通知之时即可以执行。

除了在裁决通过邮件或快递通知后的 30 日内可求助于瑞士法下的救济外，经国际体育仲裁院的院办公室通知的裁决是终局性的，对当事人具有约束力。如果双方当事人在瑞士均无住所、惯常居所或营业机构，而且在仲裁协议或随后特别是仲裁开始后签订的协议中明确排除所有撤销程序的启动，则其不得通过撤销之诉的方式对裁决提出异议。

裁决的关键部分应在仲裁庭自收到提交案卷后的 3 个月告知当事人。应仲裁庭首席仲裁员的合理请求，上诉仲裁分院的主席可延长该时限。

在下列机构或组织不构成程序当事人的情况下，裁决的关键部分以及整体的复印件应当告知作出被上诉决定的机构或体育组织。

除非双方当事人协议要求对裁决结果予以保密，否则国际体育仲裁院应当公开裁决、阐述案件结果的总结和（或）新闻。无论如何，案件记录的其他要素仍应当保密。

四、适用于咨询程序的特别条款

第 R60 条　　（已废止）
第 R61 条　　（已废止）
第 R62 条　　（已废止）

五、解释

第 R63 条　　如裁决的认定部分不清楚、不完善、模棱两可或裁决的内容自相矛盾或与理由相抵触，或裁决有抄写或数学上的错误，当事人在裁决公布之日起的 45 日内可以申请国际体育仲裁院对普通仲裁或上诉仲裁所作出的裁决进行解释。

提交解释申请后，相关分院的主席应当审查是否存在解释的理由。如果存在，其应将申请提交作出该裁决的仲裁庭进行解释。任何不能在此期限内采取行动的仲裁庭成员应根据第 R36 条进行替换。仲裁庭应在申请解释提交仲裁庭后的一个月之内作出决定。

六、仲裁程序的费用

第 R64 条　基本规则

第 R64.1 条　当提交仲裁申请或上诉陈述时，申请人或上诉人应支付将不予返还的 1000 瑞士法郎的院办公室费用；如未支付，则国际体育仲裁院不会继续进行程序。在计算最终费用时，仲裁庭应将该笔费用考虑在内。

如果仲裁程序在仲裁庭组建之前即已经结束，分院的主席应当在终止命令当中作出有关费用的决定，然而其可以仅在当事人请求的情形之下且给予所有当事人提交费用的书面请求的机会之后才作出有关法律费用的决定。

第 R64.2 条　仲裁庭一经组成，除随后改变外，院办公室应确定预缴费用支付的数额、方法及时间限制。反诉或新请求的提交可能会导致额外金额的计算。

为确定预缴费用的数额，院办公室应预估当事人根据第 R64.4 条应承担的仲裁费用的数额。预付款由申请人（上诉人）和被申请人（被上诉人）平均分担。如一方未支付其份额，另一方可以代付；如在国际体育仲裁院确定的时间期限内未全部预缴该费用，则该请求或上诉被视为撤回，国际体育仲裁院应当终止仲裁；该规定同样适用于任何反诉当中的法庭之友。

第 R64.3 条　各方当事人应支付其证人、专家或翻译人的费用。

仲裁庭如任命专家、翻译人或决定询问证人，在适当的情况下，其应就预付费用作出指示。

第 R64.4 条　在程序结束时，院办公室应确定最终的仲裁费用数额，该数额应包括：

（1）院办公室的费用；

（2）根据国际体育仲裁院的费用表计算出来的行政费用；

（3）仲裁员的报酬和开支；

（4）如果聘用临时职员，则应根据国际体育仲裁院费用表计算的临时职员的报酬；

（5）对国际体育仲裁院花费的捐献；

（6）证人、专家和翻译人的费用。

仲裁费用的最终数额既可以包含在裁决书中，也可以单独告知当事人。除了超出总体仲裁费用的部分外，国际体育仲裁院将不返还当事人已经预付的费用。

第 R64.5 条　仲裁庭在仲裁裁决中应当确定承担仲裁费用的当事人，或者当事人分摊仲裁费用的比例。通常且在当事人没有提出具体要求时，仲裁庭可以对胜诉方因仲裁程序所发生的律师费用和包括证人和翻译人在内的其他费用给予补偿作出自由裁量。在作出补偿决定时，仲裁庭应特别考虑仲裁的复杂程度和结果以及当事人的行为和财务状况。

第 R65 条　针对国际体育联合会纪律决定的上诉

第 R65.1 条　第 R65 条适用于由国际体育联合会或与体育有关的组织作出的完全是纪律处罚决定的上诉，而不适用于那些作为经济性质争议的后果而施加制裁有关的决定的上诉。在任何当事人就适用第 R64 条而非第 R65 条提出反对时，国际体育仲裁院的院办公室可以要求根据第 R64.2 条预先支付仲裁费用，直到仲裁庭就此问题作出决定为止。

第 R65.2 条　在不影响第 R65.2 条及第 R65.4 条规定适用的前提下，本程序应当免费。根据国际体育仲裁院费用表计算的仲裁员报酬和开支，以及国际体育仲裁院的费用应由国际体育仲裁院承担。

当提交上诉陈情时，上诉人应支付将不予返还的 1000 瑞士法郎的院办公室费用；如未支付，则国际体育仲裁院不应继续进行仲裁程序，上诉被视为撤回。

如果仲裁程序在仲裁庭组建之前即已经结束，分院的主席应当在终止命令当中作出有关费用承担的决定，然而其可以仅在当事人请求的情形之下且给予所有当事人提交费用的书面请求的机会之后才作出有关法律费用的决定。

第 R65.3 条　各方当事人应当支付其证人、专家或翻译人的费用。在当事人没有提出具体要求时，仲裁庭在仲裁裁决中可以对胜诉方因仲裁程序而所发生的律师费用和包括证人和翻译人在内的其他费用给予补偿作出自由裁量。在作出补偿决定时，仲裁庭应特别考虑仲裁的复杂程度和结果以及当事人的行为和财务状况。

第 R65.4 条　如能证明案情有此需要，包括作出被上诉决定的联合会不是协议组建国际体育仲裁委员会的签订者时，在依职权或经仲裁庭首席仲裁员的请求，上诉仲裁分院的主席可以决定上诉仲裁适用第 R64 条的规定。

第 R66 条　咨询程序（已废止）

七、杂项规定

第 R67 条　以上规则适用于 2020 年 7 月 1 日之后开始启动的所有程序。除非双方当事人要求适用本规则，否则那些于 2020 年 7 月 1 日尚在进行中的程序仍受该日期之前的规则支配。

第 R68 条　国际体育仲裁院的仲裁员和调解员、国际体育仲裁委员会及其成员与国际体育仲裁院及其雇员无须就其与国际体育仲裁院所进行程序有关的作为或不作为承担责任。

第 R69 条　法文文本、英文文本与西班牙文文本具有同等效力。如存在差异，以法文文本为准。

第 R70 条　本程序规则可根据第 S8 条的规定加以修订。

中国法学会体育法学研究会
2021年学术年会综述

姜　熙*

　　2021 年 4 月 29 日至 30 日，中国法学会体育法学研究会 2021 年学术年会在上海政法学院上海合作组织国际司法交流合作培训基地成功举办。本次学术年会以"学习贯彻习近平法治思想，加快推进体育法治建设"为主题，由中国法学会体育法学研究会主办，上海政法学院承办，上海市法学会体育法学研究会、上海政法学院体育法治研究院联合协办。

　　29 日上午举行了大会开幕式。国家体育总局党组成员、副局长及中国法学会体育法学研究会会长李建明同志，上海政法学院校长刘晓红教授，中国法学会研究部二级巡视员李仕春同志，上海市法学会党组副书记、专职副会长施伟东同志，中国法学会体育法学研究会常务副会长王小平、田思源教授，国家体育总局政策法规司副司长李志全同志，以及来自政府机关、各高校科研院所及法律实务部门等嘉宾、学者、专家 170 余人参加了开幕式。开幕式由中国法学会体育法学研究会常务副会长王小平教授主持。

　　在开幕式上，中国法学会张苏军副会长以视频形式致辞、上海政法学院校长刘晓红致辞、上海市法学会党组副书记及专职副会长施伟东致辞，中国法学会体育法学研究会常务副会长及学术委员会主任田思源宣布年会获奖论文名单，国家体育总局党组成员、副局长及中国法学会体育法学研究会会长李建明同志发表了讲话。

---

　　* 上海政法学院副教授、博士，上海政法学院体育法治研究院常务副院长，中国法学会体育法学研究会副秘书长。

开幕式之后，中国法学会体育法学研究会副会长关保英、王家宏、周爱光教授分别作了大会主旨报告。关保英教授在《学习贯彻习近平法治思想对体育法治建设的重大指导意义和作用》的主旨报告中，详细阐述了习近平法治思想的源流、习近平法治思想的科学内涵和实践理性，并就习近平法治思想对体育法治的指导进行了深入的分析。王家宏教授在《中国体育深化改革重大问题的法律研究》的主旨报告中，结合习近平总书记十九大重要讲话精神，从全民健身、竞技体育、体育产业、中国足球、体育纠纷解决机制等五个方面，提出了深化体育改革的法律意见。周爱光教授在《〈中华人民共和国体育法〉的修改设想》的主旨报告中，对当下的热点法律问题——《体育法》的修改进行了深刻论述，阐述了《体育法》修改的指导思想和修改思路，并对《体育法》修改的建议文本进行逐条解读。

29 日下午大会针对《体育法》修改召开了专题会议，全国人大社会建设委员会社会事务室刘新华副主任、余宏宇同志出席会议听取意见。共有 11 位体育法专家学者有针对性地提出了自己的《体育法》修改建议。于善旭教授提出《体育法》修改的草案稿，并对第一章至第九章的重点条款进行逐一解读。王家宏教授提出要特别处理好《体育法》与各运动体育规则与体育不同业态的关系，加强学校体育方法的立法。闫丽彬律师对《体育法》修改的整体结构和内容进行分析，提出应增加一章关于体育对外交流与合作的建议。此外，李智教授、袁钢教授、陈华荣教授、闫成栋教授、裴洋教授、安寿志律师、赵建军律师、裴娜律师等也分别发表了各自对《体育法》修改的建议。

30 日上午，与会专家分四个模块进行专题报告，参会专家根据主题的不同可自由选择会场进行讨论。大会分为第一分会场与第二分会场。

第一分会场上半场为"习近平法治思想与体育法治建设"专题报告。裴娜律师以《贯彻习近平法治思想推进体育行政执法改革》为题，从《体育总局关于进一步规范和加强地方体育行政执法工作的若干意见》的解读出发，提出了完善体育行政执法机制、强化体育执法程序意识、提升体育执法能力、明确体育执法责任等建议。于善旭教授以《依法治体在新时代全面依法治国统筹推进中的奋进之路》为题，提出了在深化改革和加强法治互动中促进体育高质量发展、着力体育法治体系整体发展，构建依法治体新格局、全面发挥多元组织力量和制度规范的依法治体效能、软硬结合综合施策重视依法治体的文化与环境建设等几方面的主张。王洪兵副教授对《体育法》修改理念的更新发表了自己的研究成果。孔伟副教授从我国体育行政执法失范及执法权运行模式的角度对《体育法》修改提出了建议。

第一分会场下半场为"《民法典》与体育法治"专题报告。韦志明教授以《论学校体育伤害事故中的国家责任》为题，从学校体育伤害事故中的法治困境、学校体育伤害事故中的"国家缺场"、学校体育伤害事故中国家责任的法理论证、学校体育伤害国家责任的实现方式四个方面进行了阐述，并对学校体育伤害国家责任在《体育法》中的立法修改提出了建议。姜璐璐以《民法典下校园体育伤害事故法律责任之探析》为题，对《民法典》下自甘风险的法律适用，以及风险管理机制构建进行了阐述。韩富鹏以《论民法典自甘冒险规则在体育运动侵权中的适用》为题，围绕自甘冒险规则的正当性基础、构成要件、体系定位与举证责任等几个方面进行了报告。乞雨宁对《民法典》自甘风险条款在体育运动中的理解与适用进行了解读，并提出了自甘风险条款的司法适用建议。康欣卓以《论竞技体育的法治化》为题作了报告。

第二分会场上半场为"体育权利与体育纠纷解决"专题报告。闫纪红对新中国成立70年来我国体育权利研究进行了可视化分析，认为未来的研究可以从国际化、多元化、技术化的视角展开，使体育权利的关注领域更加宽广，关注人群更加细化，关注内容更加贴近普通大众的生活实际，以保障每一位公民的体育权利得到更加普遍而真实的享有。闫成栋教授以我国专业运动员为分析对象，从法哲学侧面对运动员权利保障进行了思考。李智教授作了《建立与国际体育仲裁平行且竞争的国内体育仲裁机制》的主旨发言，提出了"整合协会内部仲裁，与国际仲裁平行""一裁终局效力，与国际仲裁协调且竞争"的观点，主张借鉴 CAS 发展，建成 CCAS。熊瑛子副教授基于"孙杨案件被推翻"的原因分析，对瑞士法框架下针对 CAS 的司法审查作了发言，认为瑞士法框架下对体育仲裁司法审查的方式有两种：撤裁申请（Appeal）、裁决修正（Revision）。新修改的《瑞士联邦国际私法》新增了"Revision"的理由：仲裁员中立性。徐伟康基于瑞士最高法院实践的分析，对国际体育仲裁裁决重审问题进行了分析。

第二分会场下半场为"反兴奋剂与北京冬奥会法治保障"专题报告。罗小霜从 WADC 框架出发，对未成年运动员保护机制变革进行了分析，并就我国对未成年运动员的保护提出了应对建议。李书潇针对妨害兴奋剂管理罪罪状进行了解读，对其中涉及的"兴奋剂""运动员"等关键性概念进行了分析。宫晓燕就反兴奋剂仲裁案件中的"最罕见情况"与"最狭窄通道"的适用进行了主旨发言，提出认定"最狭窄通过"以及"最罕见的情况"缺少客观的标准，"最狭窄通道"及"最罕见的情况"的主观性导致了同类案件结果的不一致，间接导致了裁决结果的不公正性，与"严格责任"原则的冲突。任国征以《北京冬奥会法律风险简析与金融对策研究》为题作了报告，提出了防范北京冬奥会相关法律风险的建议。赵建军围绕北京 2022 年冬奥会知识产权法律问题进行了主旨报告，从比较法角度分析近几届奥运会主办国对奥林匹克知识产权的保护情况，并对 2022 北京冬奥会知识产权类权利保护的法律依据，可能面临的知识产权类法律问题进行了分析。

在专题报告结束后举行了大会闭幕式。中国法学会体育法学研究会常务副会长、学术委员会主任田思源教授在闭幕式上作研究会学术活动综述及大会总结发言。最后，上海政法学院副校长胡继灵教授在闭幕式上致欢送辞。

本次会议是中国法学会体育法学研究会新一届领导班子诞生以来的首届年会，李建明会长高度重视此次年会的召开。本次年会共收到学术论文 130 余篇，共 100 多万字，评选出 53 篇优秀论文，100 篇论文入选年会论文集，现场参会人数 170 余人，线上参会人数近百人。

在中国特色社会主义的伟大实践中，习近平总书记创造性发展了法治理论，形成了具有科学理论形态的习近平法治思想。本次会议的主题紧紧围绕习近平法治思想对中国体育法治建设的重要指引作用展开，是体育法学界深入学习贯彻习近平法治思想的最高级别学术盛宴，参会专家对习近平法治思想在加强新时代中国体育法治建设中的重大意义有了更加深刻的理解和领会。

图书在版编目（CIP）数据

体育法前沿. 第4卷/田思源，姜世波主编. —北京：中国政法大学出版社，2022.9
ISBN 978-7-5764-0697-9

Ⅰ.①体… Ⅱ.①田… ②姜… Ⅲ.①体育法－研究－中国 Ⅳ.①D922.164

中国版本图书馆CIP数据核字(2022)第200809号

出 版 者	中国政法大学出版社
地　　址	北京市海淀区西土城路 25 号
邮寄地址	北京 100088 信箱 8034 分箱　邮编 100088
网　　址	http://www.cuplpress.com (网络实名：中国政法大学出版社)
电　　话	010-58908289(编辑部) 58908334(邮购部)
承　　印	北京九州迅驰传媒文化有限公司
开　　本	650mm×960mm　1/16
印　　张	19.75
字　　数	290 千字
版　　次	2022 年 9 月第 1 版
印　　次	2022 年 9 月第 1 次印刷
定　　价	79.00 元